Ilse Kleberger

Der Wanderer im Wind – Ernst Barlach

Ilse Kleberger

Der Wanderer im Wind – Ernst Barlach

Mit 97 Abbildungen,
davon 63 auf Kunstdrucktafeln

Erika Klopp Verlag

CIP-Kurztitelaufnahme der Deutschen Bibliothek
Kleberger, Ilse
Der Wanderer im Wind: Ernst Barlach / Ilse Kleberger. –
Berlin: Klopp, 1984
ISBN 3-7817-7111-3

Die Vignette auf Seite 40 ist nach der Kohlezeichnung »Heiterer Leser« von 1927, die übrigen Vignetten sind nach Steinzeichnungen zu den Goethegedichten »Grenzen der Menschheit« (Seite 104), »Paria« (Seiten 178 und 201), »Harzreise im Winter« (Seite 183) und »An den Mond« (Seite 242), 1924, reproduziert.

Typographie und Layout Kurt Thöricht
Schutzumschlag- und Einbandgestaltung Rudolf Nagel

Printed in Germany
Satz: IBV Lichtsatz KG, Berlin
Druck: Druckhaus Langenscheidt KG, Berlin
Lithographie der Abbildungen: JUP Industrie- und Presseklischee, Berlin
Lithographie des Schutzumschlages: Brandt & Vejmelka, Berlin
Auflagenbezeichnung (letzte Ziffern maßgebend)
Auflage: 5 4 3 2 1
Jahr: 1988 87 86 85 84

Dieses Buch widme ich
Annemarie Koch

Um die Schultern
Den frischen Frost geschlagen,
Mit den Füßen die harte Erde tretend,
Mit den Blicken
Die kalte Ferne zerteilend,
Such ich meinen Weg
Immer auf dem Zuge ins Unbekannte
Mitten ins Herz hinein
Dem unbekannten Gebiet
Des neusten Abends.
Und bin lange beim Wandern...

Ernst Barlach (aus »Zukunft«)

Bei der Lektüre der vorliegenden Biographie von Ilse Kleberger war es für mich ein Vergnügen, der Chronik meiner großväterlichen Familie in dieser gelungenen erzählerischen Form zu begegnen. Es ist ein Verdienst von Ilse Kleberger, daß sie das Leben und das Werk Ernst Barlachs als Chronik verfaßt hat, in der die Wandlungen der Persönlichkeit von Ernst Barlach und die Entwicklung seines Werkes beschrieben werden. Einfühlsam gelingt es ihr, mosaikartig ohne falsche Dramatisierung und ohne überpointierte Schilderung, Barlach und sein Werk nebeneinander bestehen zu lassen.
Ernst Barlach wächst in den Kapiteln dieses Buches nicht zu einem übermenschlichen Genius. Die Autorin führt uns ein Leben voller Suchen, voller schöpferischer und menschlicher Qual vor Augen, ein Leben aus dem organisch ein großes und zugleich menschennahes Werk entstanden ist. In spannender Weise gelingt es Ilse Kleberger, die Person und die Dreifachbegabung Ernst Barlachs zu schildern. Der Verfasserin gehört unser Dank, daß sie die menschliche Nähe und die übergreifende geistige Botschaft des Werkes von Ernst Barlach so umfassend wiedergegeben hat.

Hans Barlach

1.

Die Häuser der Kindheit

Immer wieder begegnen uns in Ernst Barlachs künstlerischem Werk Gestalten, die mit weitem Schritt durch Landschaften gehen, denn es ist ein weiträumiges Land, die gegen Wind und Wetterunbilden ankämpfen, denn es ist keine liebliche Natur. Sie ist herb, und ihre Menschen sind urwüchsig und versponnen. In solcher Landschaft, mit solchen Menschen zusammen lebte Barlach durch Zufall und aus freier Wahl mit kurzen Unterbrechungen ein ganzes Leben lang.

In der norddeutschen Tiefebene war die väterliche wie auch die mütterliche Familie seit Generationen zu Hause. Die väterlichen Ahnen waren Kleinbauern, Handwerker, Kaufleute und wohnten in Lemgo, Braunschweig, Rendsburg, Itzehoe und Eckernförde. Der erste Akademiker der Familie, der Großvater Gottlieb Ernst Barlach, ein Pfarrer, der zuletzt in Bargtheide, einem Ort zwischen Hamburg und Lübeck, lebte, war humorvoll und für einen Pastor ungewöhnlich lebenslustig. Als Frauenliebhaber heiratete er schnell wieder, wenn ihm eine Ehegattin gestorben war.

Die Familie der Mutter stammte aus Holstein. Ein Urgroßvater, Michel Junge, war Ölmüller und Zollpächter in Elmshorn. Mit seiner hohen Stirn und den verhangenen Augen ähnelte ihm der alternde Ernst Barlach sehr. Ebenfalls Zollkontrolleur war der Großvater Vollert. Der Enkel ließ in seinem Roman »Der gestohlene Mond« den Helden auch Steuerbeamten sein.

Die Tochter des Kontrolleurs, Louise Vollert, ein hübsches Mädchen, sollte im Dorf Satrup in Angeln beim dortigen Pastor die Haushaltsführung lernen. Sie verliebte sich in den schwarzlockigen Arzt Dr. Georg

Gottlieb Barlach, der damals im Dorf die Kranken versorgte. Ihre Neigung wurde leidenschaftlich erwidert, und die beiden entschlossen sich 1869 rasch zur Heirat.

Den ersten Hausstand gründeten sie im holsteinischen Städtchen Wedel, wo auf dem Marktplatz ein naiv-komischer bunter Roland steht, der in Barlachs späterem Werk immer wieder eine Rolle spielt. Dr. Gottlieb Barlach eröffnete hier eine Praxis, doch weil er kein guter Geschäftsmann war und nicht verstand, seine Liquidationen einzutreiben, ging es im Haushalt oft recht knapp zu. Sogar Hochzeitsgeschenke mußten bald nach der Trauung ins Leihhaus nach Hamburg gebracht werden. Den dickköpfigen, geizigen Bauern war der junge Arzt nicht immer gewachsen. Als einer seiner Patienten an der Rechnung herummäkelte, brauste er auf und meinte wütend, der Mann solle »den ganzen Schiet wedder mitnähmen«. Worauf der Bauer sein Geld stillvergnügt einstrich.

Gottlieb Barlach war ein energischer, aktiver Mensch, der ungeduldig und jähzornig sein konnte, doch die Patienten ließen sich davon nicht abschrecken, erkannten sie doch bald seine ständige Hilfsbereitschaft und das große Pflichtbewußtsein. Die Versorgung der Kranken nahm ihn so in Anspruch, daß nicht viel Zeit für die Familie blieb, geschweige denn für das Ausleben seiner musischen Begabungen. Diese nahm der Arzt auch nicht allzu ernst, denn, wie sein Sohn später schrieb: »Ein bißchen Zeichnen oder Malen oder Schreiben mehr oder weniger fiel in der Familie nicht auf.«

In dem schönen alten Eckhaus am Markt, sozusagen unter den Augen des Rolands, wurde Sohn Ernst am 2. Januar 1870 geboren, 1871 der zweite Sohn Hans. 1872 siedelte die Familie in das Städtchen Schönberg, die Hauptstadt des Fürstentums Ratzeburg, um. In der frühen Kindheit bot das Elternhaus Liebe und Geborgenheit. Die Ehe der Eltern war glücklich, die beiden Brüder spielten unbekümmert fröhlich miteinander. Ein Foto der drei- und zweijährigen Buben zeigt sie, fein mit dunklen Anzügen mit weißen Knöpfen herausgeputzt, nebeneinander aufgebaut, der Jüngere lehnt sich mit ängstlichem Gesicht hilfesuchend an den Bruder, der Ältere guckt neugierig und gespannt dem Fotografen zu.

So heil die Welt schien, gab es auch Ängste, unbestimmbare noch,

Links oben: Michel Junge, Ölmüller, der Urgroßvater, dem Barlach in seinen späten Lebensjahren ähnelte
Rechts oben: Der Arzt Dr. Georg Gottlieb Barlach und seine Ehefrau Louise, die Eltern
Rechts unten: Als Dreijähriger mit dem ein Jahr jüngeren Bruder Hans, dem er das ganze Leben lang eng verbunden war

◀ Der Marktplatz von Wedel mit Geburtshaus. »Die Welt, die ich anzuschauen bekam, ließ es sich von meinem guten Platz aus gefallen, dem Eckhaus am Markt.« (Aus *Ein selbsterzähltes Leben*)

Gefahren, die der phantasievolle Ernst abends, wenn die Kinder im Bett lagen, durch die Wände zu erkennen meinte. Er verpflichtete den kleinen Hans, daß dieser, genau wie er selbst, eine Wand »bewachen« sollte, damit das »Unheimliche« nicht eindringen konnte. Doch gesunder Kinderschlaf trug sie stets über die Ängste hinweg.

Im Laufe des Jahres 1872 vermehrte sich die Familie gleich um zwei Personen, die, so klein sie waren, allerhand Wirbel verursachten. Die Zwillinge Nikolaus und Joseph wurden geboren, und die überlastete Mutter konnte sich nun nicht mehr viel um die älteren Buben kümmern. Dadurch fand Ernst früh den Weg aus dem bergenden Heim auf die Straße hinaus.

Edmund Steffan nahm sich seiner an, ein etwas älterer Freund und rechter Straßenjunge. Dessen kühne und ungebundene Lebensart bewunderte der kleine Ernst und suchte ihm nachzueifern. Aus einem ganz neuen Blickwinkel heraus lernte er die Erwachsenen sehen, und Geld, welches bis jetzt für ihn noch kaum eine Bedeutung gehabt hatte, wurde plötzlich erstrebenswert. Er ließ sich willig zum Schmied schicken, um ein gefundenes Hufeisen dort zum Verkauf anzubieten, was ihm aber nichts als eine Ohrfeige eintrug. Er ließ sich auch von Edmund dazu bestimmen, Wechselgeld, das der Milchmann zu Hause auf dem Küchentisch hatte liegenlassen, zu stibitzen. Mit trotzigem Übermut tat man allerlei Verbotenes, ging zum Beispiel immer wieder zum nahen Teich und fiel von Zeit zu Zeit immer wieder einmal hinein. Diese »Untaten« beschworen manches Strafgericht herauf, wozu der heftige, aufbrausende Vater schnell bereit war. Die Mutter aber verzieh und entschuldigte ihren

◀ Der »Roland« auf dem Marktplatz zu Wedel, der in Barlachs Dichtung öfter eine Rolle spielt

»Dege«, wie sie Ernst nannte. Sie schob die Schuld an den Streichen nicht ganz zu Unrecht Edmund zu und versuchte, ihn mit Butterbroten zu bestechen, zusammen mit ihrem »Dege« ein sittenreineres Leben zu führen. Edmund, der ewig hungrige, verzehrte die Schnitten gierig, zog aber keine Konsequenzen daraus.

Der Vater nahm Ernst manchmal zu Überlandfahrten mit, um Patienten auf entfernteren Höfen zu besuchen. Das Kind, der Kutscher und das Pferd mußten während der Visite vor dem Haus warten, oft lange Stunden, weil der Doktor sich stets viel Zeit für seine Kranken nahm. Er wollte keine »Dampfdoktorei« betreiben, wie er sagte, und vergaß dann, daß die drei dort draußen in der Kälte froren. Doch der Junge empfand das Warten- und Frierenmüssen nie als Zumutung. Er sah die Notwendigkeit ein und erkannte, daß das wichtigste war, die Kranken zu heilen, und daß der Vater es vermochte, erfüllte Ernst mit tiefem Stolz. In seinen Erinnerungen schrieb er später: »Ich meine, die beste Erziehung liegt im Beispiel wertvollen Tuns...«

Schön waren die Heimfahrten beim Trappeln der Pferdehufe, manchmal im Dunkeln und stets schweigend. Der Vater war in Nachdenken versunken und vertrug kein Kindergeschwätz. Auch der Junge träumte vor sich hin und hatte seine ersten verzaubernden Naturerlebnisse.

1877 zog man wieder einmal um, nach Ratzeburg, die Inselstadt. Zuerst wohnte die Familie in der Seestraße, später in einem alten Haus neben der Stadtkirche, dem »Vaterhaus«. Unter seinem tief herabgezogenen, mächtigen Dach bot es Geborgenheit und manches Geheimnis, denn in den Verschlägen und Ecken des verwinkelten Dachbodens häufte sich altes Gerümpel von den Vormietern, in dem die Kinder stöbern und sich verstecken konnten.

Nicht weit vom Dom entfernt war »Tante Lohmeyers Spielschule«, in die Ernst und Hans nun jeden Tag pilgerten. Wunderbares lernte man dort, vor allem, mit dem quietschenden Griffel auf die schwarze Tafel zu schreiben. Das brachte keine Mühe, nur Freude, und bald standen in steifer Kinderschrift die ersten wenigen Zeilen einer selbsterdachten Geschichte auf Ernsts Tafel. Aber welche Wonne war es erst, als er in ein Heft mit Blei oder Feder und Tinte schreiben durfte! Geschichten zum

Aufschreiben hatte Ernst genug im Kopf, denn jeden Abend nach dem Nachtgebet mußte er den Brüdern vor dem Einschlafen etwas erzählen.
Neue Spielkameraden tauchten auf, Hans Hudemann und Vetter Richard, ein Sohn von Vaters Bruder. Sie waren wilde Jungen, die schnell dafür sorgten, daß aus Ernsts braven Kleinkinderspielen »männlichere« Taten wurden. Im nahen Wald verwandelten sie sich in Waldläufer und Indianer, bauten Höhlen, kletterten auf Bäume, versuchten ungeschickt zu jagen, überfielen und erschreckten »unschuldige Eingeborene«. Etwas davon mußte dem vielbeschäftigten Vater zu Ohren gekommen sein, denn da er fürchtete, daß der Junge nun einem allzu zuchtlosen Leben verfiele, beabsichtigte er, Ernst in eine preußische Kadettenanstalt zu stecken. Doch zu Ernsts großer Erleichterung widersprach die Mutter heftig, und der Vater gab den Plan auf. Aber von nun an schwebte, wenn Ernsts Gewissen nicht ganz rein war, die Aussicht »Soldat« zu werden wie ein Damoklesschwert über dem Jungen. Nichts schien schrecklicher zu sein. Statt dessen lieber sterben! Die Phantasie arbeitete nun fast lustvoll in Abgründen: Ernst konnte sich auf der Straße von einem Wagen überfahren lassen, er konnte auch im Wald eine Giftpflanze finden und sie verspeisen. Wie traurig würden alle sein, Vater, Mutter, die Brüder, die Freunde!
Doch statt Schrecken suchte er viel eher Freuden im Wald, der ein Land immer neuer Abenteuer war, ein Tummelplatz für übermütige Spiele, für Ängste und Mut; wenn er ohne die Freunde dort war, ein Ort der Geheimnisse und der Poesie: Licht, das durch Äste filterte, wirres Gestrüpp, mächtige Bäume, Moos – so weich, Geruch nach Kiefernnadeln, Pilzen und vermoderndem Laub – Schönheit, die erlebt wurde, aber noch nicht dargestellt werden konnte.
Nur ein Teil des Tages konnte verspielt und verträumt werden. Die Schule brachte nun selten die lustvollen Erlebnisse der Spielschulzeit, die Lehrer zeigten sich kaum als Freunde, wirkten oft unverständlich und kritikwürdig. Der eine hieß »Tieck«, konnte wunderschön auf der Orgel spielen, beim Herumtoben ein lustiger Kamerad sein und doch ganz plötzlich, ohne jeden Anlaß, die ganze Klasse, einen nach dem andern, verprügeln, weil »Prügel guttun«, wie er behauptete. Im Winter liebte er

es, die schon vom Frost schmerzenden Finger der Schüler mit einem Stöckchen wund zu klopfen.
»Kuhgesicht« war der Spitzname eines anderen Lehrers, der, als er sich ärgerte, einen Schüler mit eben diesem Namen traktierte. Wehren konnte man sich damals gegen eine solche Behandlung kaum. Wurde doch auch von den Eltern angenommen, daß nur eine strenge Zucht die wilden Jungen zügeln konnte. Doch schufen diese sich selber entlastende Ventile. Ernst schmierte bizarre Karikaturen der Lehrer an Schul- und Hauswände und erfand phantastische Geschichten über sie, in denen sie als skurrile Gespenster auftauchten und stets von Ernst, dem Helden, besiegt wurden. Wieder waren die Brüder am Abend das andächtigste Publikum beim Erzählen, nur Niko schlief zu Ernsts Ärger dabei manchmal ein.
Doch drückten die Schulsorgen ab und zu sehr, und außer in den Wald flüchtete sich Ernst vor ihnen oft in eine andere Welt: Er las mit Begeisterung, was ihm in die Hände fiel, Gutes und Schlechtes bunt durcheinander: »...alles war gut, wenn es nur den Zauber besaß, mich meiner selbst ledig und von mir vergessen zu machen...« Das besorgten am besten die Bücher »Lederstrumpf« und »Sigismund Rüstig«, »Grimms Märchen« und die »Griechischen Sagen«.
Besonders spannende und aufregende Abenteuer bot ihm aber ein Schriftsteller, dessen Bände er im Bücherschrank des Vaters fand und der den Namen »Shakespeare« trug. Diese Geschichten erlebte er auch praktisch nach. Manchmal zogen er und die Freunde als »antike und mittelalterliche Helden« gegen die Dorfjugend in den Kampf.
So liebevoll das häusliche Leben war, brachte es doch Bedrückungen, die das sensible Kind belasteten. Die Mutter verfiel ab und zu einer Schwermut, die sie fremd und fern machte. Auch empfand der Junge oft heftig die große Verantwortung, die der Vater trug. Mit Herzklopfen fuhr er nachts hoch, wenn der schrille Ton der Glocke den Arzt zu einem Krankenbesuch rief, und die immer rege Phantasie malte ihm traurige Erlebnisse des Vaters aus. Er litt den Schmerz des Arztes mit, als ein von ihm behandeltes Kind an Diphtherie starb, und mit Grausen sah er einmal auf der Diele vor der Praxis einen blutenden Mann liegen, dem von einer Maschine der Arm halb abgeschnitten worden war. Das alles war er-

schreckende Wirklichkeit, doch die Sicherheit des Vaters in dessen Beruf brachte Vertrauen, und die Wärme und Herzlichkeit des Familienlebens gab ein Gefühl von Halt und Geborgenheit.

Auch gab es viele Schlupflöcher, durch die man aus einer beunruhigenden Realität in andere Bereiche entweichen konnte. Neben dem Lesen war es das Zeichnen, zauberhaft, wenn unter dem Stift auf dem Papier kleine Bilderwelten entstanden. Doch wagte Ernst dabei noch nicht, wie beim Erzählen, der Phantasie freien Lauf zu lassen, die technische Bewältigung schien ihm allzu schwierig zu sein. So begann er mühsam, Illustrationen aus Hauffs Märchen zu kopieren. Dem Vater gefielen die Zeichnungen so gut, daß er eine davon in seinem Sprechzimmer aufstellte und von den Patienten bewundern ließ.

Die Möglichkeit für ein neues Tummelfeld der Phantasie kam für Ernst ganz plötzlich und unerwartet. Zu einem Weihnachtsfest erhielt er ein Kasperletheater geschenkt. Er hatte es sich nicht gewünscht und betrachtete es zuerst mißmutig, glaubte, kaum etwas damit anfangen zu können. Doch als er, halb aus Langeweile, eine Puppe über die Hand stülpte, erwachte diese zu eigenem Leben, bewegte sich und fand ihre Sprache durch den Mund des Jungen. Das war für Ernst ein kleines Wunder und neue Verzauberung, an der die Brüder und Freunde als Zuschauer begeistert teilnahmen.

Ein fröhlicher, nicht unbegabter, ganz normaler Junge wuchs da heran, ein wenig phantasievoller als andere seines Alters, aber nicht auffallend besonders. Und doch gab es etwas, was er intensiver erlebte als seine Spielkameraden, ohne daß diese es bemerkten. In seinen Erinnerungen berichtet Barlach, daß er einmal als Dreizehnjähriger auf der Veranda saß und las. Als er aufblickte, überfiel ihn plötzlich mit solcher Gewalt die Erkenntnis vom Wunder der Natur vor ihm, daß er es später »...vielleicht doch das heftigste Erlebnis, das mir beschieden gewesen ist...« nannte.

Sein ganzes Leben lang sollte die Natur ihm Kraft, Halt und Hilfe geben. Er flüchtete sich in sie, wenn er das Leben mit den Menschen nicht mehr ertragen konnte.

Bald brauchte er einen solchen Halt nötig, denn die Geborgenheit im Familienverband schien gefährdet zu sein. Die überlastete Mutter wurde

krank. Vielleicht war es der Beginn der später in Schüben von Zeit zu Zeit auftretenden Gemütskrankheit. Ein längerer Sanatoriumsaufenthalt war nötig, und die Tochter eines Arztkollegen, Hermine Bark, übernahm bei Barlachs statt der Mutter ein energisches Regime. Obgleich sie versuchte, mit den Jungen in ein gutes Verhältnis zu kommen, haßten diese die robuste Person und prügelten sich manchmal sogar mit »Herminsch«, wie sie sie nannten.
Die Kinder waren froh, als die Mutter endlich wieder gesund nach Hause kam. Kurz danach, zu Pfingsten 1884, reisten die Eltern zum Besuch von Verwandten nach Altona. Die Mutter blieb etwas länger dort als der Vater. Als dieser zurückkehrte, fühlte er sich nicht wohl. Sein Pflichtbewußtsein ließ ihn aber doch abends zu einem Krankenbesuch aufbrechen, der dadurch kompliziert wurde, daß der Kutscher ebenfalls krank geworden war und der Arzt nicht mit dem Wagen fahren konnte. Spät nachts kehrte er nach einem langen Fußmarsch schwer krank zurück. Eine Lungenentzündung hatte ihn gepackt, die zuerst von den Medizinerkollegen, die zu vergnügten Krankenbesuchen hereinschneiten, nicht ernst genommen wurde. Als der Zustand sich verschlimmerte, blieben sie fort. Die Mutter wurde heimgerufen und fand einen sterbenden Mann vor.
Am Dienstag nach Pfingsten saß die Familie angstvoll im Garten in der mit Pfeifenkraut berankten Laube. Die Sonne schien, und die Natur war friedlich und schön, doch als es drei Uhr von der nahen Kirche schlug, verdunkelte sich der Himmel für die Bachlachs. Der Vater und Ernährer war gestorben. »...sonst war alles totenstill, und die meinem Vater beschiedenen fünfundvierzig Jahre waren um.«

2.
Frühe Versuche

Louise Barlach zog wieder nach Schönberg zurück. Es war nicht leicht für die sensible, zur Schwermut neigende Frau, die heranwachsenden Söhne ohne Vater zu erziehen und mit knappen Mitteln einen Lebensstandard zu halten, der allen vier Söhnen gerecht wurde. Das Ratzeburger Haus mußte verkauft werden. Von den Zinsen dieses kleinen Vermögens und anderer unbedeutender Erbschaften mußte die Familie leben. Mit Ratschlägen stand der Mutter »Onkel Heinrich« zur Seite, der ältere Bruder des Vaters, Jurist und Vormund von Ernst.

Als der Älteste der Brüder durfte Ernst als einziger die höhere Schule besuchen, allerdings nicht mehr das Gymnasium, sondern die Realschule in Schönberg. Bei den Brüdern kam keine Eifersucht auf, an ihrer gegenseitigen Zuneigung änderte sich dadurch nichts. Hans war sowieso kein guter Schüler und galt als nicht sehr gescheit, obgleich gerade er es später als Heizungsingenieur in Rußland zu einem gewissen Wohlstand bringen sollte. Von den Zwillingen war Nikolaus lebendig und fröhlich, während Joseph eher zu Träumerei und Schwermut neigte. Obgleich Ernst Barlach später einmal behauptete, er lege keinen Wert auf Blutsverwandtschaften, ihm seien Seelenverwandtschaften wichtiger, so dauerte doch die enge Bindung der Brüder und das Verantwortungsgefühl füreinander lebenslang. Wenn einer von ihnen in Not war, halfen die anderen mit großen Opfern.

Ernst machte die Schule wenig Mühe. Er kam ohne viel Fleiß gut voran und hatte nebenbei noch Zeit für allerlei anderes. Die »Flegeljahre« packten ihn mit Macht, er schwankte zwischen schwermütiger Romantik und Albernheit, zwischen innerer Unsicherheit und auftrumpfender Angabe.

Er legte es darauf an, die Schönberger Bürger zu verblüffen, indem er durch die Stadt schlenderte, eine mit Tusche gemalte grausige Wunde auf der Stirn. Allerdings suchte er sich dazu doch lieber die Dämmerung aus, in der ihn niemand so recht erkennen konnte. Auf einem Schulausflug goß er demonstrativ vor den Klassenkameraden eine ganze Flasche Branntwein in sich hinein. Es bekam ihm übel, doch er überlebte es. Männlich fand er es auch, beim Lesen die vom Vater geerbte Pfeife behaglich zu paffen.

Ein anderes Erbe vom Vater schätzte er ebenfalls hoch. Es war ein Buch, der »Spaziergang nach Syrakus« von Johann Gottfried Seume, einem Schriftsteller, der Anfang des neunzehnten Jahrhunderts zu Fuß von Sachsen nach Sizilien gewandert war. Diesem Wanderer und Sonderling, der aus einer sehr bürgerlichen Welt kurz entschlossen ausgestiegen war, wünschte Ernst nachzueifern. Seume wurde eins der großen Vorbilder seiner Jugend. Vorerst versuchte er wieder einmal, das reale Erlebnis durch Phantasie zu ersetzen, und bemühte sich, ein Gegenstück zu Seumes Buch herzustellen. Aus irgendeinem Grunde schrieb er es in mikroskopisch kleiner Schrift auf, die er selber Mühe hatte zu entziffern, wenn er das »Werk« abends den Brüdern vorlas. Manchmal langweilten diese sich dabei, aber, ob sie wollten oder nicht, sie mußten zuhören.

Nicht nur der *Sonderling* Seume beeindruckte Ernst, sondern auch der Wanderer. Ernst selbst liebte es, durch das Land zu schweifen, über die weiten Felder zu wandern, an Sümpfen und Seen Pflanzen und Tiere zu betrachten, durch den Wald zu schlendern. Er liebte jedes Wetter, die Sonne, die in dieser nördlichen Landschaft nicht allzuoft scheint, den Nebel, auch Regen, Schnee und Wind. Am liebsten ging er allein.

Obgleich er Freunde hatte, gefiel er sich jetzt manchmal als Eigenbrötler, zog sich in sich zurück und brütete finster, konnte dann aber plötzlich wieder offen, heiter, ja übermütig sein. Was er einmal werden wollte, wußte er nicht, obgleich ihn der Gedanke oft beunruhigte. Am begabtesten glaubte er sich zum Schreiben. Doch jede neue Welt, die er entdeckte, ließ ihn neue Pläne schmieden. Da er nicht ungeschickt zu sein schien, bat ihn die Frau des Schuldirektors eines Tages, für ein bestimmtes Brettspiel kleine Vögel aus Ton zu kneten. Spielerisch begann er da-

mit und fand eine erstaunliche, fast sinnliche Lust daran. Es war wie ein Rausch, daß er hier Selbstgestaltetes wirklich erblickte, statt nur Erdachtes vor seinem inneren Auge zu sehen. Nicht nur das Auge hatte seine Lust, sondern auch die Finger beim Fühlen und Betasten.
Außer dem Ton bot sich noch anderes Material zum Gestalten an, so Scheite von Buchenholz, aus denen man etwas schnitzen konnte. Hier kam noch die Lust des Riechens dazu. Wie gut die Holzspäne dufteten! Angenehm roch auch der Steinstaub beim befreundeten Steinmetzen, der dem Jungen erlaubte, sich mit Hammer und Meißel an Grabsteinbruchstücken zu versuchen. Doch bald befriedigten Ernst all die bildnerischen Versuche nicht mehr. Zu wenig verstand er, die Materialien werkgerecht zu bearbeiten. Dadurch mißlang vieles, und anscheinend Gelungenes zerbrach wieder. Einfach war es, zu zeichnen. Das machte Ernst Spaß, erschien ihm nun aber ein spielerisches Vergnügen zu sein, so unbedeutend, daß er die Skizzen nie aufbewahrte, sondern sie verschenkte oder wegwarf.
Während eines Ferienaufenthaltes bei Verwandten in Fjelstrup in Schleswig fand er in einer Rumpelkammer Ölfarben und Pinsel der verstorbenen Tante. Der dumpfe Raum, vollgestopft mit altem Kram, verschmutzt von Staub und Spinnweben, wurde sein erstes Atelier. Er hockte sich auf eine unförmige Kiste, beobachtete mit Entzücken die Lichteffekte der schwankenden Zweige einer großen Ulme vor dem halbblinden Dachfenster und entschloß sich, sie zu malen. Die Familie sah nicht viel von ihm in diesen Ferientagen, denn er schuf seine ersten Gemälde, in eigenwilliger Technik, da er keinerlei Anleitung hatte. Die Verwandten lobten die Bilder, die er schließlich stolz präsentierte, und eine Zeitlang hegte er den Plan, Maler zu werden, doch als die Mutter später erklärte, er habe keinen Farbensinn, gab er die Idee wieder auf.
Mehr als alle Berufspläne beschäftigte ihn bald die erste Liebe. Die Nachbarstochter Anna Spiekermann hatte es ihm angetan, und sie erwiderte seine Neigung. Eine unbeholfene, romantische Zeichnung des Achtzehnjähigen zeigt das Mädchen in einem tiefen Wald sinnend auf einer Bank sitzen. In die Rinde des Baumes hinter ihr sind die Buchstaben »E. B.« eingeritzt. Die beiden Verliebten sahen sich oft, und Ernst

Erste, noch unbeholfene Zeichnung von der Jugendliebe Anna Spiekermann, um 1888

meinte, daß er in seinem Leben noch nie so glücklich gewesen sei. Doch die Eltern Annas drangen darauf, daß sich das Mädchen von ihm zurückzog. Eine Zeitlang gab es noch heimliche Briefe und Zusammenkünfte, doch schließlich fügte sich das Mädchen dem Willen der Eltern. Ernst litt lange Zeit schmerzlich unter diesem Verlust, doch 1889 schrieb er an den Vetter von Anna, Friedrich Düsel: »Seitdem ich mich darein gefunden, Anna aufzugeben, habe ich mir alle Grübeleien und zarte Gedanken aus dem Sinn geschlagen, ich hatte ein Gefühl, wie es der Vogel haben muß, wenn er unvermutet seinen Käfig offen findet.«

Der Verzicht auf das Mädchen wurde ihm wohl deshalb leichter, weil eben jener Friedrich Düsel auftauchte, der, ein wenig älter als Ernst, Primaner und »einem jungen Goethe gleich« war. Der selbstbewußte, gescheite und formvollendete junge Mann beeindruckte Ernst tief. Statt der Liebe zu Anna ergriff ihn jetzt eine nicht weniger heftige Liebe zu Friedrich. Sie duzten sich bald, versicherten sich überschwenglich ihrer ewigen Freundschaft und tauschten Geheimnisse aus. Als Düsel von diesem Ferienaufenthalt wieder nach Hause zurückkehrte, begann ein intensiver Briefwechsel. In einem ersten Schreiben von Barlach an Düsel heißt es: »...es ist mir eine große Freude, jemand zu kennen, dem ich ohne Rücksicht alles mitteilen kann, was mein Herz bewegt.«

Auch Düsel schrieb Erzählungen, und sie schickten sich gegenseitig ihre ersten literarischen Versuche. Düsel war in dieser Beziehung schon erfahrener und anspruchsvoller. Er scheute auch dem Freund gegenüber nicht vor Kritik zurück. Ernst erkannte durch ihn, daß es beim Schreiben nicht nur auf Einfälle und Emotionen ankommt, sondern daß hart an der Form gearbeitet werden muß. Doch Düsel kritisierte nicht nur, er ermutigte Ernst auch, weil er ihn für begabt hielt.

Diese so gefühlvoll begonnene Freundschaft hielt ein Leben lang. In den kommenden Jahrzehnten schrieb Barlach beinahe 100 Briefe an Düsel, denn der spätere Herausgeber von Westermanns Monatsheften wuchs als geistiger Partner adäquat zu Barlachs eigener Entwicklung.

Mit einem guten Abgangszeugnis von der Realschule hätte Ernst weiter die Unterprima des Gymnasiums besuchen können, um später zu studieren. Tierarzt oder Beamter schwebten der Familie für ihn als Berufsziele vor, doch beide schienen Ernst eine trostlose Zukunft zu bedeuten. Seinen Wunsch, Künstler zu werden, mußte er erst einmal aufgeben, weil der Vormund – Onkel Heinrich – das als ein allzu unsicheres Brot betrachtete.

Doch ein Zufall kam Ernst zu Hilfe, daß er wenigstens ungefähr diese Richtung einschlagen konnte. Der Sohn des Schönberger Kantors war auf einer Hamburger Gewerbeschule Grafiker geworden. Gegen diese Ausbildung, die gewerbliche Aufträge und Verdienste versprach, hatte der Onkel nichts einzuwenden. Ernst selbst verspürte eigentlich wenig Lust zu einer solchen Art von Kunstausübung, doch da er die Angehörigen nicht beunruhigen wollte, meldete er sich in Hamburg an.

Der Haushalt in Schönberg löste sich nun auf, weil die Mutter mit den drei anderen Söhnen nach Lübeck zog.

3.
Lehrjahre

Im Jahre 1888 begann Barlach als Schüler der Gewerbeschule in Hamburg-Altona seine Ausbildung zum Zeichenlehrer. Die Schule stand unter dem Einfluß einer Form des Neoklassizismus. Die Antike sollte wieder aufleben, allerdings in einer veränderten, weicheren, gefühlsbetonteren Art. Als Ideal galt der dänische Bildhauer Bertel Thorwaldsen. Die Schüler kopierten Gipse nach antiken Plastiken. Barlach lag das ganz und gar nicht. Schon gleich nach der ersten Stunde sagte ihm der Zeichenlehrer Woldemar, daß er völlig unbegabt sei und lieber seine Sachen packen und nach Hause gehen solle. Barlach nahm diesen Rat nicht an und hatte nun ständig unter dem cholerischen Mann zu leiden.

Obgleich er sich den Pessimismus des Lehrers in bezug auf seine Zeichenbegabung zu eigen machte, gab er nicht auf. Mit zäher Dickköpfigkeit arbeitete er fleißig, aber ohne Freude und Hoffnung, auf diesem Gebiet wirklich etwas zu erreichen. Doch vor dem »Machtbold«, wie er Woldemar zähneknirschend nannte, der ihn wie einen dummen Jungen behandelte, wollte Barlach nicht kapitulieren. Aber er war deprimiert und litt. An Düsel schrieb er: »...und habe doch ein stürmisches Verlangen nach Tätigkeit, erfolgreicher Tätigkeit...« Verbissen setzte er auch zu Hause seine zeichnerischen Übungen fort und erreichte schließlich in einem langen, hartnäckigen Kampf eine widerwillige Anerkennung des stets schlecht gelaunten Lehrers.

Er war einsam in dieser ersten Hamburger Zeit und fühlte sich unglücklich. »Zur Erwärmung« las er viel, Schiller, Gustav Freytag und immer wieder den »Lederstrumpf«. »...dann bin ich wirklich glücklich...«

Privat verkehrte er hauptsächlich in der Familie des Vormundes, wo er

regelmäßig zum Sonntagsessen eingeladen wurde. Es waren trübselige, niederdrückende Besuche, die er aber auch nicht aufzugeben wagte. Die herrschsüchtige Tante bevormundete und kritisierte ihn. Eifersüchtig wachte sie darüber, daß Ernst in seiner künstlerischen Laufbahn nicht erfolgreicher wurde als ihr Sohn Friedrich, der Maler werden wollte. Der zweite Sohn, Richard, Ernst Barlachs Kindheitsfreund, machte gerade einen wiederholten Versuch, sein Abitur zu schaffen. Er hatte sich verändert, geriet der Mutter nach, und Barlach zog sich von ihm zurück.
Der einzige Lichtblick war die Tochter Martha. Barlach verliebte sich rasch ein wenig in die niedliche Cousine. Doch im ganzen war die Atmosphäre lieblos, die Tante zog über Barlachs Mutter her. Man ließ den armen Vetter wohl fühlen, daß er von ihnen abhängig war. »Der arme Vetter« sollte später eins seiner berühmtesten Bühnenwerke heißen.
Eine Wohltat in diesen trüben Hamburger Tagen war es, als der Jugendfreund Hans Hudemann auftauchte. Er hatte die Schule aufgegeben und wollte Exportkaufmann werden. Doch verkam der Begabte in einem lässigen und ausschweifenden Leben. Für Barlach aber brachte er ein wenig Lachen und Übermut in den öden Alltag. Zwar versuchte Ernst, sich nicht in den Strudel ständiger Vergnügungen hineinziehen zu lassen, weil sein schmaler Geldbeutel das auch kaum zuließ. Doch half er großzügig, wenn Hudemann wieder einmal ganz auf dem trocknen saß, obgleich dann manchmal das eigene Mittagessen ausfallen mußte. Ab und zu bewahrte er den Freund vor allzu großen Dummheiten. Einmal, nach einem gemeinsam verbrachten Abend, bestand Hudemann mit trunkener Hartnäckigkeit darauf, weiter durch Lokale zu ziehen. Barlach ging nach Hause, nachdem er dem Freund hundert Mark und die Uhr aus der Tasche genommen hatte. Wie froh war der Verkaterte am anderen Morgen, denn in der wüsten Nacht hätte man ihn sonst sicher ausgeplündert.

Da er nicht glaubte, wirklich zum Zeichner berufen zu sein, überlegte Barlach, ob er Bildhauer werden sollte, aber ein Arzt riet ihm davon ab, weil er körperlich zart war und unter Herzbeschwerden litt. Er war oft erkältet, bekam schließlich eine Rippenfellentzündung und wurde ernsthaft krank. Lange lag er bei der Mutter in Lübeck, die wohl besorgt war, daß sich hier das Schicksal ihres Mannes wiederholen könnte. Sie, die ausschließlich für ihre Söhne lebte, pflegte Ernst mit Hingabe. Trotzdem dauerte es Wochen, bis er das Bett verlassen konnte, und dann mußte er erst wieder gehen lernen.

Ende 1888 schickte man ihn zu einer Kur nach Norderney. Die Nordseeluft tat ihm wohl. Er freundete sich dort mit einem jungen Mann, Salomo Friedländer, an, der, wie Barlach, dichtete. Sie lasen sich gegenseitig ihre Werke vor, und Friedländer meinte: »...ich erkenne, daß Sie viel mehr dichten als ich.« Geschmeichelt nahm Barlach das als Kompliment. Wieder zeichnete er viel, doch blieb noch genug erzwungene Untätigkeit, die schwer auszufüllen war und die zu jugendlichen Streichen verführte. Ein Zimmergenosse, der seiner unkameradschaftlichen und materialistischen Art wegen allgemein unbeliebt war, wurde zur Zielscheibe. Man behauptete, daß nachts die Post ausgeraubt worden sei. Barlach versteckte nun in auffälliger Heimlichkeit in der gemeinsamen Schlafstube Geld. Durch ein weiteres Gerücht erfuhr das arme Opfer, daß derjenige, welcher den Postdieb überführe, fünfzig Mark verdienen könne. Der Zimmergenosse horchte auf und machte Andeutungen, daß er sich das Geld beschaffen wolle, weil er wüßte, wer der Dieb sei, worauf Barlach finstere Drohungen ausstieß, ihn umzubringen. Der Getäuschte geriet in Panik, doch auf dem Höhepunkt seiner Ängste wurde er von den anderen über den Scherz aufgeklärt.

Nach Hamburg zurückgekehrt, ging er nun, neben dem Zeichenkurs, doch bei einem Bildhauer in die Lehre. Auch hier hatte er wieder Schwierigkeiten. Der sehr junge Lehrer Thiele äußerte sich ironisch über Barlachs erste bildnerische Versuche, in einer Form, die den Schüler schmerzte und empörte. Er sah den Lehrer als seinen »Todfeind« an und sehnte sich brennend fort aus Hamburg. Doch seine dickköpfige Hartnäckigkeit hielt ihn bei den Studien fest, obgleich Thiele ihn verächtlich behandelte und mit niedrigen Arbeiten, wie dem Herbeischleppen von Gips und Wasser, beauftragte. Aber der Bildhauer wie auch der Zeichenlehrer konnten ihrem Schüler die Anerkennung für seinen außerordentlichen Fleiß nicht versagen.

Ein weiteres Übungsfeld tat sich Barlach auf, das er sich selber schuf und

das ihm mehr Freude bereitete. Er lief wie der alte Menzel stundenlang durch die Straßen, den Skizzenblock in der Hand, und zeichnete, was er dort sah: Spaziergänger, Handwerker, Arbeiter, Marktfrauen, Kneipenbesucher. Endlich machte ihm etwas großes Vergnügen. Mit wenigen raschen Strichen warf er die Umrisse aufs Papier, um dann im Lokal, hinter einer Zeitung verborgen, die Skizzen genauer auszuführen. Selten waren die Menschen, die er zeichnete, schön, machmal waren sie sogar außerordentlich häßlich, und er empfand einen »...panischen Schrecken vor einem so beschaffenen Dasein«. Doch faszinierte ihn gerade dieses unschöne, unvollkommene, verbrauchte Menschenwesen, das so ganz anders war als die hehren Gipsgestalten, die sie in der Akademie kopierten.
Schließlich begann er, nach den Zeichnungen kleine Plastiken zu formen. Die Kameraden nannten ihn deshalb spöttisch den »Genrebildhauer«. Obgleich er wußte, daß das, was er schuf, noch keine Kunst war und er das meiste gleich wieder zerstörte, fühlte er sich zufriedener. »Im Winter 1888–89 bekam ich zum erstenmal Ton unter die Hände, und als ich daran gerochen hatte, ging ich los wie ein Gaul, der die Trompete hört.«
Doch kopierte er fleißig weiter antike Gipse und zeichnete auch Akt, der ihm aber nicht gelingen wollte: »Ich muß bekennen, daß ich nie einen einzigen leidlichen Akt zustandegebracht habe, es ergaben sich aus meinem heißen Streben nichts als ausgezogene Männekens und entfederte Gänslein.« Dagegen machte es ihm Freude, Faltenwürfe zu studieren und Gewandfiguren zu entwerfen. Nun begann der Lehrer Thiele sogar zu loben. Doch trotz aller leidenschaftlichen Versuche blieb es bei Nachahmungen und dilettantischen Proben.
Das Leben im ganzen war interessanter und angenehmer geworden. Durch seine Streifzüge hatte Barlach Hamburg gut kennengelernt, seine Schönheiten, wie das Alsterbecken, die breiten Straßen, stattlichen Häuser und idyllischen Parks, wie auch das Häßliche, die Armenviertel und die Hurenstraßen in St. Pauli, über die der Junge vom Lande sich tief entsetzte.

Zu Hause erwartete ihn ein behaglicheres Heim. Er war mit dem Freund Hans Hudemann zusammengezogen, und es gab nun gemütliche Plau-

Oben: Das »Vaterhaus« in Ratzeburg. Schauplatz der Kindheit
Rechts: Der Jugendliche, sensibel und verträumt: »Ich folgte fast mehr dem Willen der anderen als dem eigenen.« (Aus *Ein selbsterzähltes Leben*)

Selbstbildnis mit Pfeife, Kohlezeichnung, 1895. Ein vorübergehender Versuch, sich auch äußerlich dem Bohemeleben anzupassen ▶

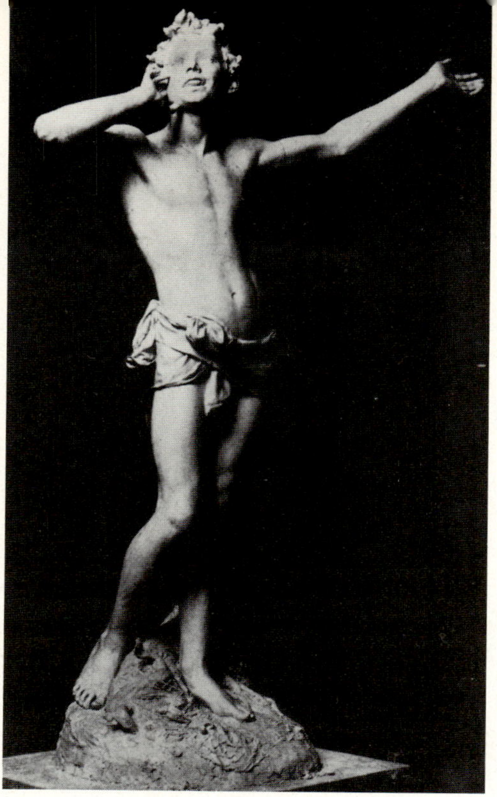

»Der Freudenschrei«, Gips, 1894. Erste Großplastik noch in der Art der Antike

»Die Krautpflückerin«, Bronze, 1894. Vom Jugendstil beeinflußte Examensarbeit

Der Bildhauer Garbers, Studienfreund, Lindenholz, 1907/08. »Ich lernte unter seiner Anleitung ehrbar zechen –« (Aus *Ein selbsterzähltes Leben*)

»Neptun«, Kupfer, 1900, auf dem Gebäude der Hamburg-Amerika-Linie errichtet, Gemeinschaftsarbeit mit Garbers. Im Ersten Weltkrieg eingeschmolzen

derabende beim blauen Dunst der Pfeifen. Auch Bruder Nikolaus war nach Hamburg gekommen, um in Altona Gärtnerei zu lernen. Er und Ernst trafen sich oft, machten Spaziergänge, lagen bei schönem Wetter irgendwo im Grase und schwatzten oder gingen zusammen in Kutscherkneipen. Eine besondere Bereicherung seines Lebens wurde für Barlach in den letzten Hamburger Jahren der Kontakt mit Luise Schenk, einer Cousine der Mutter, einer geistvollen, weitgereisten Frau und begabten Schriftstellerin. Er besuchte sie und ihre Mutter oft in deren behaglichem Heim und versuchte, ihr zu einem Verleger zu verhelfen. Später schrieb er zu einem ihrer Bücher eine lobende Kritik, die gleichzeitig eine von Barlachs eigenen ersten literarischen Veröffentlichungen wurde.

Es dauerte längere Zeit, bis er sich in der Kunstschule so weit eingelebt hatte, daß er Freunde fand: den jungen Mutz, Sohn eines berühmten Keramikers, und Garbers. Dieser war älter und reifer, viel gereist und erfahren, ein begabter Bildhauer. Wieder, wie bei Düsel, schloß sich Barlach einem Älteren an, zu dem er aufsah. Garbers betrachtete ihn spöttischliebevoll wie einen jüngeren Bruder, an dem man herumerziehen konnte. Ernst Barlach erschien ihm allzu bäuerisch in Anzug und Wesen. Er selbst versuchte, sich das Aussehen eines Bohemiens zu geben, was Barlach zaghaft zu kopieren versuchte. Garbers wollte Barlach vom Schreiben abbringen. Er meinte, Ernst solle sich nicht zersplittern, sondern zum Bildhauer ausbilden, wozu er durchaus begabt sei. Doch hier versagte sein Einfluß. Die Bildhauerei *allein* konnte Barlach nicht genügen, darum zeichnete er immer wieder, und wenn er zu beidem keine Lust hatte, schrieb er. Er schrieb kurze Erzählungen, Betrachtungen und endlose Briefe, die meist einen hohen literarischen Wert haben.

Wohin sein Weg einst gehen würde, ahnte Barlach nicht. Würde er bildender Künstler werden oder Schriftsteller? Doch eins wußte er sicher: Auf keinen Fall wollte er Zeichenlehrer werden, das war ihm jetzt endgültig klargeworden. Über seine Zweifel heißt es in einem Brief an Düsel: »Dabei habe ich erkannt, daß ich eine unerschöpfliche Quelle von gediegenen Stoffen in mir habe, wie jeder Mensch, und daß aus dieser Quelle nur zu schöpfen und in geeignete Gefäße zu fassen ist. Das Leben ist so unerschöpflich reich...«

Jetzt wanderte er oft mit den Freunden durch die Stadt und über Land, über die flache, von Wassergräben durchzogene Marsch, auf Deichrücken entlang, den Kragen hochgeschlagen und den Hut in die Stirn gezogen im »Ringkampf« mit dem Wind. Im warmen Gasthof tranken sie später heißen Grog, lachten und diskutierten.
Als er 1891 seinen Geburstag feierte, konnte er endlich die lästige Vormundschaft abschütteln und fühlte sich nun auch unabhängiger vom Onkel und seiner Familie.

4.
Die ersten Erfolge

Drei Jahre lang blieb Barlach in Hamburg, lernte technisch viel, fand aber zu keiner eigenen künstlerischen Sprache. Durch die Freunde beeinflußt, meinte auch er, daß die Antike unbedingt nachzuahmen sei, daß es nichts Höheres und Edleres gäbe. Garbers schien auf dem rechten Weg zu sein, doch er selbst mühte sich, ohne Erfolg zu haben. Die besten Schüler aus dem Bildhaueratelier wechselten schließlich zu Thieles Lehrer Hähnel nach Dresden hinüber, einem damals berühmten Künstler. Garbers wurde dort bald Meisterschüler und bewarb sich um die Ausgestaltung beim Neubau des Hamburger Rathauses.
Barlach kam als letzter nach Dresden. Er traf Freund Garbers sehr selbstbewußt an, in eleganter Samtjacke und voller Elan. Barlach ließ sich mitreißen. Sieben ehemalige Hamburger fanden sich hier wieder und hielten fest zusammen. Es war eine der seltenen Phasen seines Lebens, in der Barlach kein Einzelgänger blieb. Nach der Arbeit im Atelier saß er zusammen mit den Freunden in Dresdner Schenken, mit dem Sohn des großen Reinhold Begas und mit Hösel, den er für das einzige Genie der Gruppe hielt, weil dieser keine Mode nachahmte, vor allem aber mit Garbers. »Ich lernte unter seiner Anleitung ehrbar zechen, einen Trunk tun, ohne die Besinnung zu verlieren.« Garbers bewog ihn auch, seine nachlässige Kleidung zugunsten einer modischen Künstlergarderobe aufzugeben: Samtjacke, Flatterschal und Barett.
Lustige Wanderungen fanden statt, übermütge »Schlachten« im Walde, Mondscheinspaziergänge und Indianertänze um brennende Scheiterhaufen. Sonntags zog man aus, um in einer Gaststätte Kaffee und Quarkkeulchen, ein sächsisches Gebäck, zu genießen, und wechselte abends

in gemütliche Kneipen über. Die Schönheit von Stadt und Landschaft berauschte Barlach. Es war ein leichteres, heitereres Leben als in Hamburg.
Mutter Barlach, die ständig von einem Sohn zum andern wechselte, erschien in Dresden mit dem Möbelwagen voller Hausrat, wollte ihrem »Dege« das Leben erleichtern und erhoffte sich ein »lächelndes Glück im Winkel«. Doch ihr Opfer wurde nicht angenommen. Sie brachte in diese großzügige Stadt zuviel Kleinstadtatmosphäre, der Ernst ja gerade entfliehen wollte. So zog sie schließlich betrübt mit etwas weniger Hausrat wieder davon – es war ihr elfter Umzug.
In diesen sonnigen Tagen war Barlach ständig ein wenig verliebt, in ein hübsches Ladenfräulein, dessen weißer Hut ihn entzückte, in ein Bürgermädchen, frisch, reizend und ehrbar, das ihm wie »ein Trunk Rheinwein« schien. Dann war es wieder eine »Atelierloreley«, auf die er Gedichte im Heinestil machte:

»Haar und Augen und Grübchenkinn
Sind tausend Rätsel zuhauf
Die trag ich wohl bis zum Grabe hin
Und geb sie den Engeln auf.«

Doch an eine feste Bindung mochte er noch nicht denken. Er wollte frei sein, unbedenklich und fröhlich leben.
In der Akademie mußte er wieder Gipse kopieren, hoffte aber, bald in Hähnels Atelier aufgenommen zu werden. Doch Hähnel starb nach einem Vierteljahr. Der Nachfolger war Robert Dietz, der von den Studenten zuerst recht skeptisch betrachtet wurde. Wieder tauchte das abfällige Wort vom »Genrebildhauer« auf, weil Dietz einen hübschen Gänsebrunnen geschaffen hatte. Für Barlach aber war der Lehrer ein Glücksfall. Auch diesem war das wirkliche Leben mit seinen alltäglichen Menschen, seinen Pflanzen und Tieren interessanter als die toten weißen Gipsgötter im Atelier. Er war begeistert von Barlachs Skizzenbüchern, riet ihm, mit diesen Alltagsstudien weiter fortzufahren, und wies die Schüler auf die kleinen Dinge in der Natur, »das Versteckte und Verstohlene« hin. Bald

schrieb Barlach an Düsel: »Dietz – nach meinem Urteil gibt es keinen besseren Lehrer – er ist pflichteifrig, tolerant in geistiger Beziehung und dabei besonnen genug, ein wirklich gediegenes Können bei seinen Schülern zu erzwingen.« Er wurde Meisterschüler von Dietz.

Die erste größere bildhauerische Arbeit war noch sehr von der Antike beeinflußt. Sie hieß »Der Freudenschrei«. Ein schlanker lockiger Knabe breitet pathetisch die Arme aus.

Diese neoklassizistische Kunst, die Kunst Thorwaldsens und Hähnels, lobte Barlach auch in seiner ersten Zeitungsveröffentlichung: »Gründe, weshalb ich Europa verlassen und die Hottentotten zu meinen Mitbürgern gewählt habe« (Dresdner Zeitung 1891). Hier rechnete er ironisch mit den Kritikern ab, die diese Kunst als weichlich antikisierend und künstlich abwerteten. Er warf ihnen mangelnden Kunstverstand vor und ließ seinen imaginären Schreiber heftig die edlen Posen des Neoklassizismus verteidigen. Es reiche nicht aus, nur *irgend etwas,* zum Beispiel ein abgestochenes Schwein, zu malen. Es müsse ein würdigeres Thema sein. Da der Schreiber aber erkenne, daß das hierzulande fast niemand beherzige und er sich deshalb in der deutschen Kunstlandschaft nicht mehr zurechtfände, wolle er lieber zu den Hottentotten auswandern, »um vielleicht dort die Kunst zu einigem Ansehen zu bringen – ich meine die wahre Kunst, der die Natur das Mittel zum Zweck, nicht der Zweck allein ist.«

Sosehr sich Barlachs Ansicht über den Neoklassizismus im Laufe seines Lebens geändert hat, behielt dieser letzte Satz für ihn immer seine Gültigkeit.

Der Hottentottenartikel fand in der Dresdner Kunstwelt amüsierte Anerkennung. Geschmeichelt stellte Barlach fest, daß er nun in bis dahin nur von ferne bewunderte Zirkel eingeladen wurde. Auch gab ihm dieser Erfolg Mut zu weiteren schriftstellerischen Versuchen. Ein zweiter Artikel erschien in der Zeitung: »Willi der Sumpfmaler«, eine spöttisch-manierierte Geschichte, in der ein Künstler nur aus Armut nichts anderes als Sümpfe malt. Eines Tages wird er berühmt, weil ein Kritiker entdeckt zu haben meint, daß diese Sümpfe »ein Gleichnis des Lebens« sein sollen.

Viele Jahre später, als Kritik und Kunstgeschichte alles mögliche in Barlachs Werk hineininterpretierten, dachte er wahrscheinlich manchmal an diese kleine Schrift.

Doch trotz aller entschiedenen Bekenntnisse war er immer noch unsicher, ob er den richtigen Weg gefunden hatte, und anfällig für jede neue Kunstmode. Der »Jugendstil«, in Frankreich »art nouveau« genannt, brachte neue Impulse. In Deutschland hatte er seinen Namen nach der progressiven Zeitung »Jugend« erhalten. Er stellte einen Bruch mit der pathetischen Historienmalerei und dem platten Realismus dar. Die Phantasie durfte spielerisch ihre Schwingen regen. Märchen, Allegorien und schwelgerische erotische orientalische Themen waren beliebt. Sie schmiegten sich in Rahmen von stilisierten Pflanzen und Tieren. Auch in der Plastik und in der Architektur rückte man ab vom Statischen, versuchte durch züngelnde, ineinander verschlungene Linien, flatternde Falten, Bänder- und Pflanzenornamente Bewegung zu suggerieren. Eine komplizierte, verfeinerte Technik wurde gefordert. Der Jugendstil beeinflußte auch das Kunsthandwerk; Möbel, Glasfenster, Gebrauchsgegenstände wurden in seinem Sinne gestaltet. Der Künstler sollte möglichst nicht nur *eine* Kunstform ausüben, sondern Maler, Bildhauer, Keramiker, vielleicht sogar Architekt sein. Der Jugendstil hatte nur eine kurze Blütezeit. Schon um 1914 wurde er als geschmäcklerisch und gewollt elitär abgelehnt. Erst in unserer rationalen Gegenwart lebt die Freude an seiner verspielten Phantastik wieder auf. Doch Ende des 19. Jahrhunderts gab es eine Fülle von originellen Begabungen, die mit ihrem Werk den Jugendstil prägten und dem Kunstleben neue Impulse gaben.

Die bekanntesten Künstler sind der Franzose Auguste Rodin, der Norweger Edvard Munch, der Engländer Aubrey Beardsley und die Deutschen Gustav Klimt, Franz von Stuck, Bernhard Pankok und Max Klinger.

Natürlich fühlte sich Barlach zum Jugendstil hingezogen. Sein Hang zum Märchenhaften und Phantastischen fand hier freie Bahn. In seinen Skizzenbüchern von 1891 sieht man neben realistischen Alltagsszenen auch mystische und allegorische Bilder in poetischer Bewegtheit. Dazu bot sich eins der Lieblingsthemen von ihm an, der Wind. Über eine Federzeichnung »Der gefesselte Sturm« schrieb er an Düsel: »Das Stürmische

»Frühling«, Federzeichnung in Jugendstilmanier, 1900

scheint mir in der Seele zu schlummern; ich habe einen ›Sturm‹ komponiert, der ›losbricht‹, sich aufrafft und die Schwingen schüttelt, die Federn flug- und wagemütig sträubt; ich habe mir vorgenommen, ihn im Sommer groß auszuführen.«

Dazu kam es vorerst nicht, doch vom Jugendstil beeinflußt war seine zweite Plastik, »Die Krautpflückerin«, eine Frau die sich mit schwingendem Rock herabbeugt, um vom Feld Kohlblätter zu rupfen. Gesehen hatte er dieses Motiv auf einem seiner Spaziergänge mit der Mutter in

Friedrichsroda, wo diese jetzt lebte. Wie er sein ganzes Leben lang gleiche Themen in verschiedenen künstlerischen Formen gestalten sollte, so schrieb er auch hier, neben der bildhauerischen Arbeit, einen Essay darüber.

»...Daß die Arbeit so dick kommt, daß sie Johann oder Christian darüber vergessen könnten, das ist nicht möglich. Wenn man scharfe Augen hat und zusieht, wie eifrig sich die Arme strecken und beugen, wie anmutig und lebhaft die Zöpfe fliegen, wie die Schürze die hübschen Falten bald um die Röcke legt, bald vom Knie hinausgestoßen wird und flattert, wie der Rocksaum hinten auf der Wade des Beins liegt und vorne auf den Boden stößt, dann sieht man immer mit seinen scharfen Blicken zum Erstaunen, daß das alles nur Theater ist und daß all diese Dinge, diese Schürzen, diese Zöpfe, die Säume, diese Arme, eigentlich ganz etwas anderes vorhaben...«

Nach diesen Beobachtungen entstand die Plastik aus Ton, später aus Gips. Sosehr sie noch von der Zeitmode beeinflußt war und wenig Eigenes aufzeigte, war doch die Wahl des Motivs ungewöhnlich. Während die Jugendstilkünstler ihre Gestalten meist aus dem Märchen, der Allegorie oder aus der modischen Gesellschaft nahmen, schöpfte Barlach aus der einfachen bäuerlichen Welt. Und er träumte heimlich davon, Plastiken zu schaffen, die unabhängig von jeder Stilmode auch im Formalen sein ureigenstes Wesen auszudrücken vermochten. Doch vorerst wußte er immer noch nicht »wo es lang ging«.

Sein privater Freundeskreis erweiterte sich. Als er Herzbeschwerden bekam, ging er zu dem bekannten Arzt Dr. Klencke, der ihm empfahl, sich in allem zu mäßigen, Barlach aber gleichzeitig in seinen persönlichen Zirkel zog, in dem man sich unbedenklich voll auslebte. Klencke war eine musische, rundliche, bärenstarke Person, wie geschaffen dazu, später in Barlachs literarischem Werk umherzugeistern. Er war Junggeselle, als Arzt berühmt und reich, trotzdem Sozialdemokrat. Mitten im Wald, auf der Loschwitzer Höhe, hatte er sich ein Häuschen gemietet, wo er allein oder mit Freunden die Natur hingebend und romantisch genoß. Er gab dort stimmungsvolle Feste, bei denen gebraten und gekocht wurde, wo man beim Wein über Gott und die Welt, vor allem über die Kunst dis-

Der Arzt Dr. Klencke, einflußreicher Dresdner Freund, den Barlach später öfter literarisch porträtierte. Bleistiftzeichnung, 1893/94. »Er riet mir Mäßigkeit an, empfahl mir aber keineswegs Enthaltung von seinem Umgang.« (Aus *Ein selbsterzähltes Leben*)

kutierte, Gedichte rezitierte oder auch schweigend den Mond über den Bäumen und unten das Lichtermeer von Dresden betrachtete. Barlach genoß diese Stunden. Doch durfte er auch tagelang allein das Häuschen bewohnen. Er bemalte die Wände eines Raumes mit Fresken sächsischer Kleinbürger, über deren Spießigkeit die Boheme, die hier verkehrte, sich gerne lustig machte. Stundenlang lag er aber auch faul herum und las Zola und Maupassant oder machte lange Spaziergänge.

Der Arzt scharte hauptsächlich Künstler um sich, denn sie schienen ihm intensiv zu leben und sich ihrer Arbeit bedingungslos hinzugeben. Später, als er immer reicher und mächtiger wurde, änderte sich seine Einstellung. Eines Tages sagte er zu Barlach: »Wenn Sie die dämelige Kunst nicht aufgeben, werden Sie auf dem Misthaufen verrecken.«

Doch Barlach konnte die Kunst nicht aufgeben, auch wenn er »verrekken« sollte.
Erst einmal gab es einige Erfolge. 1893 wurde er von der Akademie mit einer silbernen Medaille ausgezeichnet, und 1895 schloß er sein Studium mit den Arbeiten »Freudenschrei« und »Krautpflückerin« ab. Trotzdem fühlte er jetzt eine Leere in sich, eine Ungewißheit, wohin er sich nun wenden sollte. So kam ihm Garbers Vorschlag gerade recht. Der Freund hatte durch ein paar Fassadenfiguren, die er für das neu erbaute Hamburger Rathaus gestaltet hatte, ein Stipendium in Paris erhalten und bat Barlach, ihn zu begleiten. Bei seiner Volljährigkeit hatte Ernst vom väterlichen Erbe 8000 Mark ausbezahlt bekommen. Dieses Geld beschloß er nun für einen Aufenthalt in Paris zu verwenden.

5.
Mit Garbers in Paris

Neugierig, aber auch etwas ängstlich brachen Garbers und Barlach zur Seinestadt auf. Während der Bahnfahrt entlud sich die Spannung in übertriebener Ausgelassenheit. Gerade in Frankreich angekommen, wurden sie ihres auffälligen Benehmens wegen erst einmal festgenommen. Mit ihrem kärglichen Französisch hatten sie Mühe, ihre Absichten und Pläne zu erklären. Doch schließlich stuften die mißtrauischen Beamten sie eher als harmlose Irre statt als gefährliche Agenten ein und ließen sie laufen.

In Paris fanden sie zuerst alles verwirrend fremd, das Essen, die Sprache, die Mentalität und die Gewohnheiten der Menschen. Um sich gegenseitig trösten zu können, zogen sie zusammen in ein kleines Hotel in der Rue Bastille. Sofort stürzten sie sich in den Kunstbetrieb, und Barlach beschloß nun doch, sich »eine großartige Geliebte« zu erobern: die Malerei, die er bis jetzt vernachlässigt hatte. Ein paar Monate lang zeichnete er in der »Académie Julien« Akt. Doch wieder, wie in Dresden, fand er kein Vergnügen daran, auch bedrückte ihn die offensichtliche Not mancher Modelle.

Die beiden jungen Männer hatten sich anfänglich eine Kasteiung auferlegt. In dieser Stadt des vorzüglichen Essens und der guten Weine darbten sie, um das Geld für den Pariser Aufenthalt möglichst sparsam auszugeben und ihr Bleiben damit zu strecken. Doch bald merkten sie, daß Körperkräfte und Stimmung darunter litten, und gaben das Sparen auf. Auch bekam Garbers einen neuen Auftrag aus Hamburg, bei dem Barlach helfen konnte, was beiden etwas Verdienst brachte.

Garbers blieb im Hotel wohnen und schaffte sich eine Freundin an, während Barlach sich im Süden der Stadt ein »idyllisch kleinstädtisch« gele-

Pariser Straßenszenen. Barlach eroberte sich die Stadt beim Gang durch die Straßen mit dem Zeichenstift. Bleistift- und Kohleskizzen, 1898 *(links)* und 1895 *(Seite 51)*

genes Atelier mietete. Es standen nicht viele Möbel darin, und so kaufte er sich erst einmal einen alten Tisch, an dem er zeichnen und schreiben konnte. Doch mußte er entdecken, daß es in den Ritzen und Fugen dieses nützlichen Stücks von Wanzen nur so wimmelte.

Paris wurde ihm vertrauter. Die erste Fremdheit überwand er weniger in der Académie als im Louvre. Stundenlang streifte er durch die langen Gänge und Säle, stand vor den ägyptischen Plastiken, vor diesem oder jenem Bild, und fühlte sich »daheim«. Der Drang zu malen wurde nun groß, und er gab ihm nach, inspiriert von den alten Meistern und doch, wie er an Düsel schrieb: »...ganz nach eigenem Ermessen und Urteilen.« Eine Ölstudie aus dieser Zeit, ein Selbstporträt, zeigt einen hübschen, dunkellockigen jungen Mann mit keckem Kinn- und Lippenbärtchen, das Barett schief auf dem Kopf. Er hatte sich der Stadt angepaßt, und Paris nahm ihn willig an.

Wenn er morgens von seiner auf dem Fußboden liegenden Matratze aufstand, die wollenen Decken ausschüttelte und vor der Ateliertür den al-

Paris 1875
Barth.

ten Feigenbaum sah, fühlte er das ganze Glück eines freien Bohemelebens. Später schrieb er: »Es lebte sich gar zu schön als Frischling schnüffelnd und schmausend im wilden Wald.« Der »wilde Wald« aber war Paris, das er endlos durchstreifte mit offenen Augen und Sinnen und dem Skizzenblock in der Tasche. Manchmal zeichnete er die Szenen, die er beobachtete, manchmal schrieb er darüber: Das bunte Völkergemisch auf den Boulevards, junge Neger mit hohen, weißen Kragen, Inder im Turban, Skandinavier, Briten, spielende Kinder, Liebespaare, auf den Straßen Kutschen, Pferdeomnibusse, Radfahrer. Er schnupperte mit Behagen das erotische Fluidum der vorbeischlendernden Frauen. »...ich schwimme in einer Flut von Eleganz... alle Mädchen haben neue Kleider und neue Wäsche an...«

Die Gegensätze der Stadt faszinierten ihn: neben dem schillernden Glanz zerlumpte Bettler, neben üppigen Düften von Parfums und Blumen Gestank nach Schmutz und Verfaultem. Es war das Leben in seiner ganzen Fülle. Die Seine zog ihn immer wieder an, die an schönen Tagen blitzte und mit Lustdampfern geschmückt war und wo im grauen Frühnebel Schlepper und Arbeitsboote dahinzogen, die bei Sturm und Regen fest an den Kais verankert waren. Alles wollte, alles mußte Barlach sehen: die Parks und die Schlösser und die alten Kirchen – vor allem aber die Menschen. Er saß an Marmortischchen der Straßencafés und schaute: »Da fangen die Augen an zu fiebern...«

Das Skizzenbuch füllte sich, drohte zu bersten. Es war ein anderes Zeichnen als das nach den armseligen nackten Körpern in der Académie. Abends traf er sich mit Garbers in der Kneipe. Dort saßen sie beieinander, aßen, tranken, schwadronierten und rauchten lange Tonpfeifen. Wenn Garbers einen neuen Auftrag aus Hamburg erhielt, der rasch erledigt werden mußte, half Barlach ihm, so bei der Gestaltung einer »Weinhebe« für den Ratskeller. Sie arbeiteten ein paar Tage und Nächte hintereinander. Wenn einer von beiden vor Erschöpfung nicht weiterkonnte, ließ er das Handwerkszeug sinken und packte sich zu einem kurzen Schlaf in die Ecke.

Garbers blieb nicht der einzige, mit dem Barlach sich traf und etwas unternahm. Rund um sein Atelier wohnten andere Künstler. Er freundete sich mit ihnen an, weil ihn die zum Teil skurrilen Gestalten und Sonderlinge fesselten. Mit einem von ihnen tauchte er in die Pariser Unterwelt ein und schaute sich dort neugierig um, ohne dabei zu Schaden zu kommen. Obgleich alle arm waren, wurden rauschende Künstlerfeste gefeiert, und Barlach, der einer der wenigen mit kleinem finanziellen Polster war, ließ sich gutmütig ausnutzen. Es reizte ihn, all die verschiedenen Schauplätze der Stadt zu schildern. Er begann einen Geisterroman zu schreiben, dessen Gestalten sich auf den Straßen und Plätzen, in den Museen und Caféhäusern von Paris tummelten. Sorgfältig versuchte er vor Garbers zu verbergen, daß er wieder schrieb. Als dieser doch davon erfuhr, schimpfte er gewaltig und zerrte den Freund mit in sein Atelier. Er solle die Finger vom Schreiben lassen, auch vom Zeichnen, er sei ein Bildhauer und allein hier, im Atelier bei den Skulpturen, sei sein Platz!

Es war eine Zeit prall voll Leben. Obgleich Barlach später meinte, er habe damals »bitterwenig« gelernt, so war doch all das Schauen, Erfahren, Genießen, das Loskoppeln der Phantasie für einen jungen Künstler von großer Bedeutung.

Im April 1896 hatte er genug geschaut und erlebt, ganz plötzlich war ihm Paris zuwider, und er schrieb an Düsel, er habe »...einen wilden Heißdurst nach der Tannenluft des Thüringer Waldes«. Er fuhr nach Friedrichsroda zurück.

So glücklich die Mutter war, ihren »Dege« wieder bei sich zu haben, machte der Älteste ihr Sorgen. Die anderen Brüder schienen ihren Weg gefunden zu haben. Hans verdiente am Schwarzen Meer als Heizungsingenieur so gut, daß er sich eine Badereise leisten konnte, Joseph hatte nach der Militärdienstzeit eine Stellung in Berlin, und Niko arbeitete anscheinend mit Erfolg in der Landwirtschaft. Auch die meisten der früheren Freunde von Ernst hatten ihren festen Beruf. Nur er trieb noch ziel- und weglos dahin. Er zeichnete und schickte die Skizzen an Zeitungsredaktionen, von wo sie regelmäßig wie Bumerangs wieder in seine Hände zurückkehrten. Er schrieb weiter am Pariser Geisterroman, ohne zu wissen, ob irgendein Verlag sich einmal dafür interessieren würde. Er streifte stundenlang über die Felder und durch den Wald. Das Geld wurde immer knapper. Wenn er die besorgten Blicke der Mutter nicht mehr ertragen konnte, versuchte er, sie zu beruhigen: Ganz sicher würden die letzten Skizzen, die er abgeschickt hatte, von der Zeitung angenommen, außerdem hatte Garbers angedeutet, daß er bald wieder einen Gehilfen brauchte.

Zwei kleine Aufträge gaben ein wenig Mut. Durch die Vermittlung von Hans schuf er eine Reliefplakette in Bronze, das russische Zarenpaar darstellend, aus Anlaß der Thronbesteigung des Zaren. Diese Plakette wurde vervielfältigt, und Barlach erhielt dafür 300 Mark. Der zweite Auftrag war ein Lehrbuch über »Figürliches Zeichnen«, das den Architekten das Einfügen plastischer Gestalten in Bauwerke erleichtern sollte. Die Arbeit begann er mit Eifer, doch langweilte sie ihn bald, und er vollendete sie nur widerwillig. Zu seinem großen Erstaunen wurde das Buch ein Erfolg und erhielt im Laufe der Jahre mehrere Auflagen.

Doch diese Verdienste waren nur Tropfen auf den heißen Stein, und so kam es Barlach sehr gelegen, daß Garbers ihn 1897 tatsächlich wieder für vier Monate nach Paris holte, weil er ihm bei einem Auftrag für Hamburg helfen sollte. Barlach hatte hier hauptsächlich Figurendetails, wie mächtige steinerne Hände und Füße, zu formen.

Paris brachte ihm nicht die gleiche Faszination wie beim ersten Mal, das Herumflanieren lockte ihn nicht mehr, und mit seiner Arbeit war er, obgleich er bei Garbers nicht schlecht verdiente, im tiefsten unzufrieden. In den Salons sah er oft moderne französische Kunst, deren Technik und Geschmack er bewunderte, die ihm aber allzu »raffiniert« zu sein schien. Nein, deutsche Künstler sollten diese französische Art nicht nachahmen, fand er, weil es nicht die ihnen gemäße Kunst sei. Sie sollten sich lieber auf ihre eigene Wesensart besinnen. Er war erleichtert, als die Pariser Zeit zu Ende ging.

Garbers hatte sich durchgesetzt und war nun ein gesuchter Bildhauer. Seine nächsten Arbeiten würden Figuren am Altonaer Rathaus sein, die er an Ort und Stelle ausführen mußte. Barlach sollte ihm wieder helfen. Sie begannen mit Entwürfen im Atelier, um sie dann an einem Giebelrelief am Rathaus auszuführen. In doppelter Lebensgröße wurden die Figuren erst in Ton geformt, dann in Gips und schließlich in den Sandstein gehauen: Durch ein mit Ungeheuern bevölkertes, schäumendes Meer

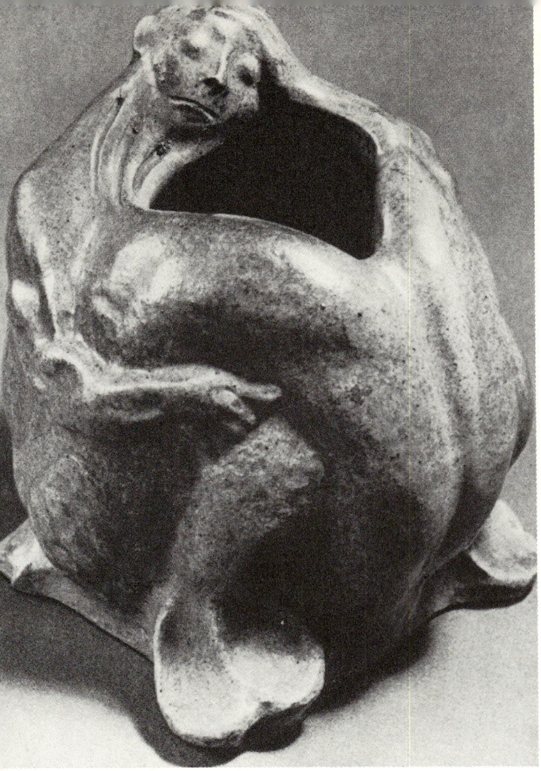

Zwei Mutz-Keramiken, 1903
Angeregt durch den Keramiker Mutz, schuf Barlach Anfang des Jahrhunderts auch Gebrauchskeramik
Links: »Nöck«, Jugendstilvase
Unten: Selbstporträt in Mutz-Keramik

Links: »Gruwelmann«, 1909, den Barlach seinem zweijährigem Sohn als Schutzgeist aus Kiefernkantholz schnitzte
Unten: Die Brüder Ernst, Hans und Nikolaus in Rußland 1906

kämpft sich ein Boot, das von einer geflügelten Schutzgöttin geleitet wird. Die meisten Entwürfe stammten von Garbers, aber einen Muschelhornbläser schuf Barlach allein. Nach dem Zeitgeschmack wurde alles in Jugendstilmanier mit flatternden Falten, rollenden Wogen, Schnörkeln und Ornamenten verziert. Während der Arbeit skizzierte Barlach den Freund häufig. Später stellte er danach eine plastische Rundplakette von Garbers' Kopf her.
Durch die Arbeit am Rathaus erhielten die Freunde in Hamburg und Umgebung eine gewisse Berühmtheit. Ihre Fotografie – beide auf einer Leiter neben der Schutzgöttin stehend – erschien in der Zeitung mit der Unterschrift: »Der Bildhauer Carl Garbers mit seinem Gehilfen Barlach neben seinem neuen Werk«. Die Freunde arbeiteten gut zusammen, trotzdem war Barlach im Künstlerischen nicht befriedigt. Selbstbewußtsein und innere Harmonie litten. Der Drang, etwas Echtes, Eigenes zu schaffen, quälte ihn. Er übte bei sich selbst ein »immer neues Gerichtehalten und Verworfenwerden«. Sollte er doch nicht zum Bildhauer taugen? Er wandte sich, trotz Garbers' Mißbilligung, wieder mehr dem Zeichnen und Schreiben zu.
Die Zeitschrift »Jugend« druckte nun endlich Skizzen von ihm ab und wollte mehr davon haben. Er schrieb weiter am Geisterroman »Reise des Humors und des Beobachtungsgeistes« und schickte Düsel Proben davon, der kräftig lobte und ermutigte, nicht aufzugeben. So verfing sich Barlach wieder in dem Gespinst seiner allegorischen Figuren und führte sie durch Pariser Straßen, Museen, Akademien, Parks und Salons. Als Tendenz legte er dem Roman einen Gegensatz des Französischen zum Deutschen zugrunde. Im Französischen sah er den analysierenden Verstand und die pessimistische Kritik, im Deutschen die träumerische Phantasie und gläubiges Schaffen. Der Roman blieb zu Recht ein Fragment, denn trotz echten Humors und überquellender Phantasie war er ein fehlerhaftes Anfängerwerk mit langweiligen Wiederholungen und mehr ungerechten Vereinfachungen als differenzierten Erkenntnissen. Doch einige der Figuren waren prächtig gelungen, so der personifizierte Pessimismus, welcher ein Porträt von Barlachs Onkel war, des Tiermalers August Friedrich Albert Schenk, der bei Paris lebte.

Eine neue Hoffnung für größere bildhauerische Arbeiten brachte ein Wettbewerb für die Ausgestaltung des Hamburger Rathausmarktes. Barlach und Garbers beteiligten sich gemeinsam daran. Der damals beliebte Bildhauer Schilling, Schöpfer des Niederwalddenkmals, hatte eine Reiterstatue Kaiser Wilhelms I. für den Platz geschaffen, und diese sollte eine Umrandung mit allegorischen Figuren erhalten. Die beiden Freunde entwarfen eine wildbewegte Jugendstillandschaft, reichten sie unter dem Kennwort »Dege», dem Kindernamen von Barlach, ein und erhielten 1899 unter sechzig Bewerbern den ersten Preis. Das war ein großer Sieg. Der glückliche Barlach führte daraufhin triumphierend seine Mutter in den Rathauskeller zum Essen aus und plante, sie aus Friedrichsroda übersiedeln zu lassen und einen gemeinsamen Hausstand zu gründen.
Doch in langen Wochen wurde der Denkmalsentwurf von der Kommission immer neu beraten, verändert und »verödete«, wie die Freunde meinten, mehr und mehr. Die Stadtväter entschlossen sich schließlich, doch lieber Schilling selbst den Auftrag zu geben, denn man könne ihm nicht zumuten, daß sein »Meisterwerk« durch junge Hitzköpfe verschandelt würde.
Viel später meinte Barlach zu erkennen, daß diese Ablehnung für ihn etwas Positives bedeutet hatte. Der Auftrag hätte viel Arbeit erfordert und lange Zeit gedauert. Barlach wäre dabei weiter an Garbers gebunden gewesen, dessen starke Persönlichkeit ihn allzusehr in eine bestimmte künstlerische Richtung drängte und ihn nicht zu seinem Eigenen kommen ließ.
Doch erst einmal war die Enttäuschung bitter. Kurz entschlossen brach Barlach in Hamburg seine Zelte ab und zog nach Berlin.

6.
Ringen um die Form

In Berlin bezog er ein kleines Atelier, versuchte zu arbeiten, schrieb und modellierte. Er bemühte sich, das Verschlungene und Pompöse des Jugendstils abzulegen, fand aber nichts, was er dagegensetzen konnte. So heißt es dann im August 1899 in einem Brief an Düsel: »...der Morast meiner Untätigkeit dehnt sich in einer Fläche von fast einem Jahr und stinkt zum Himmel, kann ich Dir sagen, stinkt und fault...«

Untätig war er eigentlich nicht, empfand aber seine Arbeiten wohl mehr als Spielereien. Die Umwelt schien diese Ansicht zu teilen, was Barlach auch dadurch bewiesen wurde, daß sein Entwurf zu einem Goethedenkmal in Straßburg von der Wettbewerbsjury abgelehnt wurde. Er stellte den jungen Goethe dar, in lässiger Grazie hingelehnt auf das Münster schauend. Er hatte in diesen träumerischen Jüngling und in ein zweites Modell – Goethe durch Sturm und Regen wandernd – viel von seiner Liebe zu dem großen Dichter gelegt. Wenige Jahre später schrieb Barlach: »...ich weiß, daß ich von Goethe so viel frohe Beschaulichkeit der Welt- und Menschendinge erhalten habe, daß ich Goethe mit auf dem Weg habe, solange ich laufen werde...«

Mühsam verdiente er sich etwas Geld mit Reklamezeichnungen, Plakaten und Entwürfen für einen Silberschmied. Sonst entstanden im Atelier Kleinplastiken und Plaketten. Zwar nahm sich der bekannte Kunstkritiker Karl Scheffler seiner an und rühmte Arbeiten von ihm in der Presse, doch hatte das nicht viel Wirkung. Das Zeichnen auf der Straße schien Barlach kaum eine ernsthafte Arbeit zu sein, doch war er fast süchtig danach. Wieder füllten sich die Skizzenbücher mit Bildern von Straßenpassanten, auf Bänken sitzenden Arbeitslosen, Müttern mit Kindern, Hunden, Katzen, Pferden. Nicht immer wanderte er allein durch die Stadt. Mit einem jungen Buchhändlergehilfen hatte er sich angefreundet, Reinhard Piper, der später ein berühmter Verleger werden sollte und in dessen Verlag bis heute die meisten literarischen Werke Barlachs und Bildbände seiner Kunstwerke erscheinen.

»Hexenritt«, Kohlezeichnung, 1902. Alles Mystische spielte im Werk eine große Rolle. »Hexen gibt es überall...« (Aus *Barlach, Prosa,* Band 2)

Auch Piper war aus Niederdeutschland, eine ähnliche Mentalität ließ sie ähnlich empfinden. Später erzählte Piper in seinen Erinnerungen von diesen Spaziergängen: »Wir gingen an winterlichen Sonntagen im Grunewald von See zu See. Er (Barlach) erzählte in krausen Sätzen spukhafte Geschichten. Für ihn waren die bildhaften Ausdrücke der Sprache nicht ein für allemal festgelegt, er dichtete an ihnen weiter...«
Viele der Geschichten schrieb Barlach nieder, waren doch diese mystischen Wesen für ihn ein Stück Wirklichkeit. Es gab böse und gute He-

xen, die »Stundenhexe«, die »Dämmerungshexe«, die traurige »Hexe Einsamkeit« und »die lichtscheue, abendgraue, altmodische Hexe Behaglichkeit«. Da hieß es: »Hexen gibt es überall und also Haushexen bei anderen Leuten, je wie sie es verdienen.« Hexen begleiteten Barlach in seinem Werk das ganze Leben lang. Eins seiner liebsten Bücher war Goethes Faust mit seiner magisch-mystischen Atmosphäre. Neben den Straßenszenen in seinen Skizzenbüchern ritten nun Hexen auf Besen, tanzten Bacchantinnen, huschten Geister durch Wälder. »Ja, manchmal schauen meine Tonmänner wie Spaßmacher drein, wenn ich gerade wollte, sie tätens voll ernster Würde, und zu meinen Tonweibern möchte ich sagen: Hebt euch weg von mir, Hexengelichter!––– Solche Teufelsbildhauerei soll der Teufel holen!«

Neben Erzählungen entstanden Gedichte. An einem Tisch hinter Fliederbüschen im Garten des »Dahlemer Kruges« saß er gern und ließ »Verse auf das Papier tröpfeln«. Später nannte er diese Zeit trotz aller persönlichen Probleme seine »Zeit der Romantik« und dachte mit einer gewissen Wehmut daran.

Der junge Piper mußte Berlin bald wieder verlassen, und die so vielversprechend begonnene Freundschaft versandete. Erst 1906 nahm Barlach den Faden wieder auf und schrieb an Piper. Von da an blieben sie immer in Verbindung. Wenn Barlach bei einem Menschen eine geistige Verwandtschaft spürte, liebte er es, diesem oft seine Gedanken mitzuteilen, ja, er empfand es fast als eine Pflicht. So erhielt auch Piper von Barlach nahezu 200 Briefe.

Barlach war wieder einsam. Ein kurzes, unbefriedigendes Liebeserlebnis verband ihn mit der zehn Jahre jüngeren Schneiderin Rosa Limana Schwab, die ab und zu Modell stand. Eine feste Bindung war wohl nicht gewollt und gewünscht, doch sollte durch diese Begegnung sein ganzes Leben verändert werden.

Die Geldknappheit wurde immer bedrückender. Wieder einmal kam Garbers als rettender Engel, indem er Barlach nach Hamburg rief. Der einflußreiche Architekt Haller hatte den Freunden dort, als Entschädigung für den abgelehnten Entwurf zum Rathausmarkt, den Auftrag verschafft, einen von Rossen gezogenen Neptun für das Dach des Gebäudes der Hamburg-Amerika-Linie herzustellen. Barlach, der froh war, der Berliner Misere entkommen zu sein und einen größeren Verdienst in Aussicht zu haben, begann sofort »mit Inbrunst« im Pferdeschlachthaus Tierköpfe zu zeichnen.

Darauf stellten die Freunde im Atelier das Modell des Neptun überlebensgroß her, nach dem die Figur, sieben Meter hoch, in Kupfer getrieben wurde. Als die Plastik fertiggestellt war und oben auf dem Dach in den Himmel ragte, lief Barlach durch die Straßen Hamburgs und betrachtete unten von allen Seiten, sogar vom Ruderboot auf dem Wasser aus, den mit Krone, Dreizack und einem wehenden Schultertuch geschmückten Neptun. Aber er konnte sich zu keiner Begeisterung aufschwingen. Die Plastik blieb, wie er später schrieb »...ein zurechtgehadertes Ding von grotesker Zusammenhangslosigkeit...«

Sicher war Barlach nicht unglücklich darüber, daß der »Neptun« gegen Ende des Ersten Weltkriegs abgebrochen und eingeschmolzen wurde.

Wirtschaftlich etwas saniert, zog es ihn wieder in die niederdeutsche Landschaft. Keine Großstadt sollte es diesmal sein, und so wählte er seinen Geburtsort Wedel mit dem lustigen Roland. In der Nähe seines Geburtshauses, in der Kuhstraße 4, fand er einen Laden, wo er sich ein kleines Atelier einrichtete. Hier, in dem gemütlichen Städtchen, fühlte er sich wohler als in Berlin und konnte endlich wieder mit langen Schritten durch freie Landschaft wandern, über das Marschland, am Elbufer entlang. »Beseligendste Selbsttäuschung« fand er bei Ruderfahrten auf dem Fluß. Und manchmal wünschte er: »Ja, wer auch seine Tritte vom klebrigen Boden könnte reißen und seine Füße zum Wandern an den Himmel setzen, mit Stürmen sausen und mit Winden fliegen auf hochgebauten, durch den Himmelsraum geschlängelten, mit Wolken gepflasterten, luftigen Bahnen!«

Er saß mit den derben Menschen dieser Gegend schwatzend und Pfeife rauchend in der Schenke, ging mit dem Postbeamten auf Entenjagd, flirtete mit den Mädchen des Ortes.

Lange Spaziergänge führten ihn zum Schulauer Hafen und in die wilde Rissener Heide mit ihren bizarren Kiefern, den Erikafeldern und dem struppigen Buschwerk. Hier ließ er später sein Drama »Der arme Vetter«

spielen. Wirt und Wirtin vom Gasthof neben dem Leuchtturm wurden darin porträtiert.
Auch die Arbeit ging ihm in Wedel erst einmal leichter von der Hand und war erfolgreicher. Barlach hatte zu dem bekannten Kunsttöpfer Mutz in Altona, dem Vater eines ehemaligen Studienfreundes, Kontakt aufgenommen. Der Jugendstil hatte die künstlerische Gebrauchskeramik wieder aufleben lassen, und Barlach formte nun Vasen, Schalen, Töpfe, Gedenkmünzen und Plaketten. In die kleinen Gefäße konnte er all seinen Sinn fürs Phantastische und Skurrile einfließen lassen. Ein dickbäuchiger Nöck hockt an einer Vase, Nymphen und Faune umspielen einen Wandbrunnen, Tritonen lagern an einer Schale. Eine Plakette lobt »Wein, Weib und Gesang«, und ein Selbstbildnis aus dieser Zeit, ein Relief, zeigt Barlach lockig und bärtig, mit einem Würfelbecher in der Hand. Dahinter ist in Ton geritzt der Vers:

»ich bin ein Spieler von Profession
der Tag der muß mir borgen
den Zufall hab ich müd gemacht
ich würfle mit der grauen Nacht
um Freuden und um Sorgen.«

Auch Plastiken formte er für Keramik, so wieder einmal einen jungen ruhenden Goethe.
Zu all diesen kleinen Dingen machte er gründliche Vorstudien. So spielerisch sie wirkten, waren sie doch Produkte großen Fleißes.
Bei Mutz wurde alles gebrannt, und Barlach konnte dort auch ausstellen. Er verkaufte und bekam neue Aufträge, so daß sich ganz gut leben ließ. Eine größere Aufgabe war ein Grabmal für die Familie Moeller in Hamburg, eine mehrteilige Wand mit Nischen, in die Bronzen eingefügt wurden. Die Hauptfigur ist eine trauernde Frauengestalt, von wallenden Schleiern umhüllt, die sich an einer Wand abstützt.
Die Woche war stets erfüllt von Arbeit, doch Mittwochs fuhr Barlach meist nach Hamburg hinüber, um sich mit Garbers und Freunden im Wirtshaus zu treffen. Wenn er einmal ausblieb, argwöhnte Garbers, daß

Barlach wieder den Pegasus ritte. Er hatte nicht unrecht damit. Ein Drama entstand. Einmal nahm Barlach Proben davon mit nach Hamburg, um sie den Freunden vorzulesen, zog auch die Blätter aus der Tasche und steckte sie dann doch wieder ungelesen fort.
Aber wenn er sich nicht ablenken ließ von Freunden und dem Erlebnis der Natur, kam ihm manchmal bitter zum Bewußtsein, daß er immer noch nach seiner ureigenen Form suchte, daß das, was er jetzt tat, nichts gemein hatte mit dem, was er wirklich schaffen wollte. In einem zweiten Gedicht zu dem tönernen Selbstporträt schrieb er über sich:

»Er würfelt um keinen kleinen Gewinn:
Um ein ›Leben‹ (nach seinem Sinn!).«

Das wollte ihm immer noch nicht gelingen. Die enge Kleinstadtatmosphäre begann ihn ungeduldig zu machen. Die Aufträge wurden seltener und blieben schließlich ganz aus. Ende 1903 war er wieder einmal ohne Mittel. Bruder Hans aus Charkow mußte ihm mit 1000 Mark aushelfen. Auch war er krank und fühlte sich mutlos. Er glaubte, nie ein echter Künstler werden zu können.
Um endlich der drückenden Sorgen ledig zu werden, nahm er 1904 einen Posten als Lehrer an der Fachschule für Keramik in Höhr im Westerwald an. Schon bald merkte er, daß das eine Fehlentscheidung gewesen war. Ein freies Leben gewohnt, fühlte er sich qualvoll eingeengt. »In welcher Schlinge hänge ich drin!« Er erkannte, daß er keine natürliche Begabung zum Lehrer hatte, und fand bei den Schülern wenig Anklang. Auch die Landschaft um Höhr lag ihm nicht. Sie war ihm zu lieblich, und er fühlte »keinerlei Rheinbegeisterung«.
Nach einem halben Jahr gab er beschämt und gedemütigt auf. Wieder zog er nach Berlin in das Friedenauer Atelier. Er hoffte, mit seinen Keramiken Erfolg zu haben. 1904 hatte Richard Mutz, der Sohn des Altonaer Mutz, in Berlin eine Werkstatt und Ausstellungsräume eingerichtet, wo er Barlachs Keramiken und Zeichnungen zeigte. Doch gegen diese Kleinkunst verhielt sich auch der einflußreiche Scheffler ablehnend. Die Aufträge blieben aus.

Im Atelier entstand nun eine plastische Gruppe: »Die Rast der Flüchtigen«. Im Frühjahr 1906 wurde sie in der »Großen Berliner Kunstausstellung« gezeigt. Mit klopfendem Herzen ging Barlach zur Eröffnung in den »Moabiter Glaspalast« und suchte sein Werk in den überfüllten Sälen. Als er es endlich gefunden hatte, stand er tief deprimiert davor. In einem Brief schrieb er: »Meine Arbeit als kläglichen Mißerfolg erkannt. Bin nicht verkannt, sondern überschätzt – nach diesem.«
Er glaubte, daß er wieder restlos in die Irre gegangen, daß seine künstlerische Laufbahn »fast aussichtslos« sei. »...ich wußte, daß ich in einer Hölle saß, und saß darin ringend um die tagtägliche Überwindung des Bewußtwerdens meiner ganzgänzlichen Überflüssigkeit.«
Mit sechsunddreißig Jahren hatte er seinen Weg immer noch nicht gefunden. Er blieb morgens lange im Bett liegen, wollte am liebsten gar nicht aufstehen, war verzweifelt, glaubte, zu nichts und für niemand nütze zu sein.
Später schrieb er in seiner Autobiographie: »Und doch hatte sich in dieser dunkelsten Zeit ein junges Leben auf den Weg gemacht, wie um meine Hand zu fassen und mich in ein ansteigendes Dasein zurückzuleiten.«
Rosa Limana Schwab erwartete ein Kind, und am 20. 8. 1906 wurde Barlachs Sohn Nikolaus geboren.

7. Die Rußlandreise

Doch während dieser Zeit befand sich Barlach nicht in Berlin. Er war am 2. August zu einer Reise nach Rußland aufgebrochen.

Mitten in die schwärzeste Verzweiflung hinein war sein Bruder Nikolaus zu ihm gestoßen. Auch er war wieder einmal gescheitert, hatte eine Zeitlang zusammen mit Joseph in Texas eine Farm bewirtschaftet, eine »Hungerfarm«, wie die Mutter meinte, als sie die Zwillinge 1900 dort besuchte. Die Brüder hatten sich abgequält, ohne sich ein annehmbares Leben schaffen zu können. Nun, 1906, kam Nikolaus amerikamüde nach Berlin. Doch seine Unternehmungslust schien weniger gedämpft zu sein als die des älteren Bruders. Durch Zureden gelang es ihm, Ernst zu einem Besuch von Bruder Hans in Charkow zu bewegen.

Schon als sie über die Weichsel fuhren, wachte Ernst Barlach aus seiner dumpfen Schwermut auf und spürte ein aufwallendes Glücksgefühl, das trotz einer fieberhaften Erkrankung und ständigem Streit mit dem Bruder anhielt. Er begann ein Tagebuch zu schreiben, das bereits den unverwechselbaren Ton seiner späteren Prosa zeigt. Als Autor hatte er seinen Stil gefunden, und in Rußland sollte er auch in der bildenden Kunst seinen Stil finden. Alles auf dieser Reise schien ihm wert, betrachtet und beschrieben zu werden: die am Zug vorbeigleitende, wechselnde Landschaft auf der Fahrt von fast 2000 Kilometern, das Abendrot über den Sümpfen Wolhyniens, die Sonne, die sich im Dnjepr spiegelte, der Mond über weiten Feldern. In Kiew staunte er hingerissen über die vielen Kirchen mit vergoldeten Kuppeln, die Glockentürme, Popen mit Bärten und schulterlangem Haar in prächtigen Gewändern und die Menge der Gläubigen. Auch Bettler waren da, viele Bettler. »...aber der Hauch Gelas-

senheit der russischen Seele geht geruhig über Beter und Bettler dahin...«
Alles ergriff ihn tief, blieb aber hauptsächlich Gefühl und Stimmung. Nie hatte er sich viel mit Politik beschäftigt. Er pflegte Lebensvorgänge zu betrachten und zu empfinden, nicht über ihre Hintergründe nachzudenken. So erkannte er auch hier nicht gleich die Unruhe im russischen Volk, das unter der Zarenherrschaft litt, die Spannungen und die Ungeduld der Menschen, das allzu schwere Joch endlich abzuwerfen. Für Barlach blieb alles Bild und, wie er in flüchtiger Selbsterkenntnis schrieb: »...ein – an sich glückliches – Sichverlieren in den unendlichen Kleinheiten des Vordergrundes...«
In Charkow empfing sie Bruder Hans. Sie wohnten in einem reetgedeckten Bauernhaus mit winzigem Vorgarten. Barlach fand diese Häuschen mit ihren Strohdächern, dem lehmgestampften Fußboden und dem hohen Ofen in der Mitte, auf dem man im Winter schlief, mit den kleinen Fenstern und Ikonenecken hübsch und behaglich. Die dörfliche Welt gefiel ihm, während er die schmutzige Stadt mit ihren Fabrikschornsteinen abstoßend häßlich fand. Der Wind wirbelte Pferdemist über die Straßen, die Häuser wirkten verkommen, und an allen Ecken standen bewaffnete Soldaten. Eine neue Revolution schien erwartet zu werden. Die von 1905 hatte nur geringen Erfolg gehabt, des Zaren »Manifest über die Freiheiten« in Wahrheit wenig Freiheit verschafft. Doch Barlach traute der Bevölkerung kaum eine »echte« Revolution zu. »...er (der Russe) muß auch einen neuen Revolutionstypus zustande bringen... Ihn ekelt vor seinem eigenen Ideal, wenn es unverdrossenen Fleiß und Disziplin von ihm fordert...«
Seltsam und fremd erschienen Barlach die Menschen, und er sprach vom »Wahn und Wesenshauch der anderen Rasse«. Es verwirrte ihn, wenn bei den Bauern heitere Gelassenheit plötzlich in schäumende Wut umschlug, wenn die Arbeiter zur Balalaika schwermütige Volkslieder sangen, die schließlich hart und grell in die »Marseillaise« mündeten.
Die Landschaft aber liebte er sofort, ihre endlose Weite, die flachen, mit kleinen Mühlen besetzten Hügel, die vielen schwarzen Krähen, die darüber hinstrichen. Tiere auf der Weide, Heuwagen, Menschen und Pferde

wurden zu winzigen Pünktchen auf der weiten Ebene. Wie eine schimmernde Krone leuchtete das Kloster mit seinen vergoldeten Kuppeln vom Berg. Herrlich groß wölbte sich der Himmel über allem.
Der Höhepunkt des Rußlandaufenthaltes war eine Reise mit der Bahn durch die Steppe Südrußlands ins Donezgebiet. Von dort aus fuhr er mit einem der »Pferdemenschen«, bei denen Kutscher, Pferd und Wagen wie ein einziges Wesen wirkten, weiter in die Steppe hinein, vorbei an Hügeln, die einst von Tataren für Feuersignale benutzt worden waren, an einsamen Industriewerken vorbei und durch Dörfer, in denen Frauen mit Krügen an Traghölzern über der Schulter zum Brunnenhäuschen gingen. Hier fand er bei den Menschen noch eine natürliche, derbe Anmut und Lebenslust, besonders auch in den Niederlassungen deutscher Schwaben.
In einem kleinen Ort sah er die durch ein Judenpogrom verbrannten Häuser. Erstaunt beobachtete er: »Das Leben dieser Stadt geht um in den Straßen wie das leibhaftige gute Gewissen. Diese Stadt hat offenbar ein echt russisches Gewissen.«
Hier schien die Ebene noch unendlicher zu sein als bei Charkow. Ein großes Glück erfüllte ihn während dieser Fahrt. Was für ein Rauschgefühl, wenn der Wind sich erhob, über das besonnte weite Land brauste und die wilden Falken mit seinen Böen in die Luft schleuderte. Plötzlich standen am Wegrand uralte starre Götzenbilder, sogenannte Balabanows. An ihren einfachen, archaischen Formen erkannte er: »Sie haben mehr Bildhauertemperament in sich als die Figuren sehr vieler Kaiser-Wilhelm-Denkmäler. Sie stehen am Wege wie Bettelmänner, und einer liegt im Weg wie ein Betrunkener...«
Nach Charkow zurückgekehrt, bemerkte Barlach deutlicher das Elend um sich her. Er sah die Popen, die mit ihrer komisch-pathetischen Würde an der Not der anderen vorbeizuleben schienen, die zerlumpten Arbeiter, die Trinker und die vielen Bettler. Diese konnte er nicht genug beobachten, ihre Unterschiede und Eigenschaften, so die »fette Bettlerin«, die einen gewissen Stolz mit ihrer Leibesfülle einhertrug, die »kettenrauchende Bettlerin«, den »Mann mit dem künstlichen Bein« und die vielen blinden Bettler. Er schaute, beobachtete, zeichnete und nahm diese

Russische Tänzer, Zeichnung, 1906/07. Diese Reise nach Rußland brachte neue Erkenntnisse: »Ich dachte: sieh, das ist außen wie innen, das ist alles ohnemaßen Wirklichkeit.« (Aus *Ein selbsterzähltes Leben*)

Eindrücke tief in sich auf. Doch war es viel mehr Neugier und Faszination an der Fremdheit der Menschen als Mitleid, was ihn zum Betrachten trieb, ja manchmal ekelte er sich sogar vor den Elenden. Wie »Unrat« lagen sie auf der Straße und schienen eine »Jammerreklame« zu treiben. Aber er schaute und schaute und konnte nicht genug bekommen von den Bettlern, den Balalaikaspielern und betrunkenen Tänzern, den schwatzenden Weibern und den Bauern, die, als es kälter wurde, ihre mächtigen Schafpelze trugen, »...die häutige Außenseite brach sich und schnitt sich in Falten und Kniffe, die in ihrem Verlauf quer oder lang rücksichtslos über die feinere Anatomie darunter, über mehrere Bewegungsprinzipien zugleich hinstrichen und so einen vereinfachten Menschentyp zuwege brachten.«

Mit Bildern dieses vereinfachten Menschentyps und den klaren, großzügigen Linien der Landschaft im Sinn fuhr er Anfang September zurück nach Berlin.

8.
Der Durchbruch als Bildhauer

Plötzlich war alles klar. Es gab kaum noch Zweifel, wie er die bildhauerischen Werke gestalten würde. Ein Kapitel in seinen Erinnerungen ist überschrieben: »Ich finde freie Bahn.« All das Suchen und Irren hörte auf. Er wußte, was er zu tun hatte. Er streifte das Mondäne, Verschlungene des Jugendstils ab, die Linien wurden einfach, die Formen klar. Später sagte er: »Alles, was ich gemacht habe, eh ich sechsunddreißig war, kann ich leichten Herzens verabschieden.«
Natürlich schuf er Bettler. 1906–07 entstand eine ganze Schar von ihnen, als erste eine hockende Bettlerin mit forderndem, wildem Gesicht unter dem Kopftuch, die Bettelschale lässig in der auf das Knie gestützten Hand. Sie wurde aus Steinzeug mit olivgrüner Glasur wieder von Mutz gebrannt. Auch die nächsten beiden Figuren, ein blinder Bettler und die »feiste Bettlerin«, entstanden aus Steinzeug. So, wie er die Frau in Rußland gesehen hatte, saß sie nun da mit dem faßförmigen Leib zwischen breit ausgestellten Knien, mächtig und selbstbewußt. In einem Brief schrieb Barlach: »Ich habe nichts verändert von dem, was ich sah, ich sah es eben so, weil ich das Widrige, das Komische und (ich sage es dreist) das Göttliche zugleich sah.«
Mit diesen Plastiken kam endlich der Durchbruch. Zwar zweifelte er selbst noch einmal, ob es sich nicht doch wieder nur um mindere »Modellierarbeit« handele, aber in einer Ausstellung der »Berliner Sezession« erregten die feiste Bettlerin und der blinde Bettler bei Publikum und Fachwelt großes Aufsehen. Sogar ein Käufer fand sich für die Bettlerin.
Die »Sezessionisten«, eine vom konventionellen Kunstbetrieb abgespaltene Gruppe junger Künstler, wurden für ihn von erheblicher Bedeutung. Sie erhielten immer mehr Ruf und Geltung, und manche von ihnen

brachten es zu führenden Stellungen im Kunstleben, wie Max Liebermann. Einige der Künstler wurden für Barlach Freunde, so Käthe Kollwitz und vor allem der Bildhauer August Gaul. Er war begeistert von Barlachs Werken und zog ihn in sein Haus am Roseneck, in dem er zwischen ständig ein- und ausgehenden Freunden, Kindergeschrei und Telefongeklingel unbekümmert herrliche Tierplastiken schuf.

Endlich fing Barlach an, sich selbst als Künstler zu akzeptieren, obgleich er trotz einiger Aufträge und der Mitarbeit an Zeitschriften wie der »Jugend« und dem »Simplicissimus« noch immer herzlich wenig verdiente. Nach vielen Zeichnungen aus Rußland hätte er gerne Skulpturen hergestellt, doch es fehlte das Geld. Mutz hatte wenig Verständnis für das Besondere in Barlachs Werken. Er verlangte, daß Barlach das Brennen jedesmal sofort bezahlte. Auch andere Materialien als Keramik waren teuer. So schrieb Barlach im Dezember 1906 an Düsel: »...des Geldes wegen muß man sich absichtlich verkrüppeln.«

Leicht war das Leben für ihn noch immer nicht geworden. Außerdem quälten ihn familiäre und persönliche Sorgen. Wenn er in dem fröhlichen, kindererfüllten Haus von Gaul einkehrte, wurde ihm seine schwierige Situation doppelt bewußt.

Die Mutter hatte eine schwere Magenoperation hinter sich und litt wieder an psychischen Störungen. Unruhig wechselte sie von einer Wohnung in die andere, von einem Sanatorium in das nächste. Hans, der Wohlhabendste der Familie, klagte, daß er die Kosten dafür kaum noch aufbringen könne. Er mußte in Rußland hart arbeiten. Joseph, der wieder einmal seine Stellung verloren hatte, fuhr zu ihm und versuchte zu helfen. Auch Nikos Leben war voller Unruhe.

Am kompliziertesten aber war Ernst Barlachs eigene Situation. Sein Sohn wuchs heran. Zwar hatte er den Namen »Nikolaus« von einem Barlach erhalten, der auch sein Patenonkel war, aber Ernst Barlach liebte Rosa Limana Schwab nicht und wollte sie auf keinen Fall heiraten. Je mehr er sich innerlich von der Mutter entfernte, desto stärker wurde die Bindung an das Kind. Er, der bis jetzt so wenig verstanden hatte, sein persönliches Leben zu meistern, fühlte nun das dringende Verantwortungsgefühl, den Sohn in einer geordneten und ungefährdeten Welt aufwachsen zu

Oben: »Bettlerin mit Schale«, Steinzeug, 1906. Mit den bildhauerischen Gestaltungen von russischen Bettlern kam der künstlerische Durchbruch

Rechts: »Sitzendes Weib«, Bronze 1906/07. »Die fette Bettlerin... schien ihrer eigenen Leibesfülle Genüge zu tun, sie ging jetzt einher wie in besseren Tagen, lumpig, aber fett...« (Aus *Reise nach Rußland*)

Oben: »Ruhender Däubler«, Bronze, 1910/11. In Italien lernt Barlach den expressionistischen Dichter kennen, der ihm zum Freund wurde, zur steten Beunruhigung und zum lebenslangen Modell
Links: Die Schaupielerin Tilla Durieux, 1912

lassen. Das schien ihm bei der Kindesmutter unmöglich zu sein. Rosa Limana wechselte häufig die Stellungen und lebte in ärmlichen Verhältnissen. Weil sie die Miete nicht bezahlten konnte, mußte sie die Wohnung räumen, und Barlach fand Mutter und Kind auf einem zugigen Korridor in der Nähe eines Petroleumofens untergebracht. Rosa war krank und elend, doch, wie Barlach an Freunde über seinen Sohn schrieb: »...eine stürmische Lebensfreude steckt in dem Balg...«
Barlach brachte den Jungen »auf dem Dorf« in Lichterfelde bei einer freundlichen Frau unter, aber Rosa Limana holte ihn sich wieder in eine Hinterhauswohnung und verbot Barlach, ihn zu sehen. Der Kampf um den Sohn begann. Als Barlach anfing, um das Kind zu prozessieren, beschimpfte ihn Rosa Limana wütend, und Barlach fürchtete sogar, daß sie es fertigbrächte, den Jungen aus Haß und Rache aus dem Fenster zu werfen. Er schrieb: »Mein letztes Mittel, wenn alles fehlschlägt, ist, ihn zu rauben, was mir Gefängnis einbringt. Dafür sitze ich gern...«
Schließlich erreichte er, daß das Kind wieder in Lichterfelde untergebracht wurde. Vorübergehend nahm er Nikolaus zu sich, weil der Prozeß sich günstig für ihn entwickelte, doch nun konnte er kaum noch arbeiten, denn der Junge brauchte seine intensive Zuwendung. Schließlich gab er ihn zu Mutter Barlach in das mecklenburgische Städtchen Güstrow, wo sie jetzt mit ihrem Sohn Nikolaus und seiner Braut Amanda lebte. Nikolaus verkaufte dort ohne viel Erfolg landwirtschaftliche Maschinen.
Zu aller Erstaunen gedieh die Gemeinschaft »Großmutter-Enkel« gut. Louise Barlach hatte endlich wieder eine Aufgabe. Ihre Gesundheit besserte sich. Barlach fuhr an den Wochenenden und auch sonst häufig nach Güstrow. Klaus, oder »Gaus«, wie das Kind nun genannt wurde, wuchs ihm mehr und mehr ans Herz. Doch immer noch wußte er nicht, ob er ihn behalten durfte. Ab und zu quälten ihn Zweifel, ob er wirklich das Recht hatte, dem Jungen seine Mutter zu nehmen. »Ich weiß ja, daß, indem ich ihn der Mutter entwinde, ihm etwas angetan wird, was ich mit allem, was ich vermag, nicht wettmachen kann, daß ich ihm das Leben in einem Wesentlichen verkümmere. Neulich lief er von mir in das Dunkel hinein und wollte schnell ›Mama holen‹.«
Doch die Versäumnisse von Rosa Limana Schwab müssen schwerwie-

gend gewesen sein, denn das Gericht entschied zu Barlachs Gunsten. Nikolaus wurde für ehelich erklärt und ihm zugesprochen. 1909 konnte er endlich melden: »Also – der Klaus ist jetzt kraft Erlaß des Justizministers endgültig mein geworden... Die Papiere, die man dabei kriegt, sehen aus wie Strafmandate...« Der Prozeß hatte alles Geld, welches er besaß, verschlungen, aber, so meinte er: »...ein Mensch ohne Kinder hat vom Menschentum und seiner Stellung in der Welt nur ganz ein fragmentarisches Gefühl...«

Güstrow gefiel Barlach, das geschweifte Land mit seinen vielen Sümpfen und Seen, die schmucken Bauernhöfe und stattlichen Giebelhäuser, die wuchtigen Backsteinbauten der Kirchen. Am liebsten wäre er auch übergesiedelt, doch noch hielt ihn Berlin.

1907 hatte er bei Gaul den Berliner Kunsthändler Paul Cassirer kennengelernt. Er hatte mit Gauls Kindern und deren Esel auf dem Hof gespielt und kam erhitzt und zerzaust in Gauls Atelier, wo dieser mit dem Kunsthändler sprach. Als sie sich Barlach zuwandten, betrachtete ihn Cassirer mit dunklen Augen prüfend, wölbte seine volle Unterlippe und sagte ganz überraschend, Barlach solle ihm ein paar Arbeiten senden. Barlach vergaß die Bitte. Er meinte, nichts Passendes vorrätig zu haben, auch glaubte er nur an eine unverbindliche freundliche Geste Cassirers.

Doch sollte er sich geirrt haben. Der Kunsthändler mit dem unglaublichen Gespür für kommende Talente und einer großen Bereitschaft zum Risiko lud Barlach eines Tages ein und schlug ihm vor, ihm für ein festes Jahresgehalt alle seine Werke zu überlassen. Barlach akzeptierte dankbar. Endlich konnte er ohne Sorgen arbeiten.

Wieder schuf er Bettler, auch Hirten und Wanderer. Er begann in Holz zu arbeiten, was ihn faszinierte. Anfänglich schnitt er sich, ungeübt wie er war, mit dem scharfen Schnitzmesser in die Hand, doch lernte er rasch. Außer den hölzernen Gestalten entstanden Gipse für Bronzen, Zeichnungen für den »Simplicissimus« und eine Neubearbeitung des Buches »Figürliches Zeichnen«. Auch begann er die Arbeit an einem Drama.

Cassirer wurde ein Freund, doch kein bequemer. Er war gleichzeitig ein Idealist und ein gerissener Kaufmann, naiv und raffiniert. Auch er schien

Der Berliner Kunsthändler Paul Cassirer, Zeichnung von Emil Orlik. Als großzügiger Mäzen verhalf er Barlach zu ersten Ausstellungen und Verkäufen

mit Barlach anfänglich Schwierigkeiten zu haben. Barlach schrieb später: »Ich bin gewiß, daß ein Dorn an meinem Wesen in Cassirers Gemüt allzeit geeitert hat...«
Mit Gaul kam Cassirer viel besser aus. Die beiden nannten sich zärtlich »Gaulchen« und »Paulchen«. Doch für Barlachs Plastiken und Grafiken setzte sich der Kunsthändler stets mit Feuer ein und verhalf ihnen in die Öffentlichkeit. Sein Vertrauen in Barlachs Können war groß. Er bot dem Künstler sogar an, dessen Erstlingsdrama, von Barlach selbst illustriert, in einer Mappe herauszugeben. Er hatte das schwierige Stück vorher nicht gelesen. Kaum jemand wollte schließlich die teuren Mappen kaufen. So verschenkte Cassirer sie großzügig.

In diesem ersten vollendeten Drama – zwei frühere waren nur Fragmente – versuchte Barlach, mit ungewöhnlichen Worten und Wortzusammenstellungen Visionäres und Symbolisches in Gestalten einer mystischen Urzeit darzustellen. Er glaubte selber nicht, daß eine Aufführung des Stückes möglich sein würde.
Er nannte das Drama »Der tote Tag«.
In dumpfer, geheimnisvoller Vorzeit lebt eine Mutter mit ihrem Sohn, der einen Gott zum Vater hat. Die Mutter dagegen ist die Irdische, Diesseitige. Sie hat keine übernatürlichen Fähigkeiten. Nur der Sohn kann die seltsamen Hausgeister erkennen, die mit ihnen im schlichten Bauernhaus leben: den frechen, vielwissenden »Steißbart« und den staksigen »Besenbein«, der stumm ist. Der ferne Vatergott will den Sohn aus der Gefangenschaft der Mutter befreien und schickt ihm zur Flucht das Roß »Herzhorn«, das fliegen kann. Doch die Mutter ersticht das Roß. Der Sohn sucht es, läuft in den Nebel hinaus, verirrt sich und ruft nach der Mutter, deren Stimme ihn heimführt. Er kehrt zurück, als die Nacht hereinbricht, als »der Tag tot ist«. Doch er sehnt sich nach dem Vater, ruft immer wieder nach ihm. Die Mutter erkennt, daß der Sohn vom Vater nicht loskommt. Sie gesteht ihm, daß sie Herzhorn getötet hat, und ersticht sich. Der Sohn folgt ihr in den Tod. Der Gnom Steißbart und Kule, ein blinder Bettler, wohl ein Götterbote, stehen vor den Leichen. Steißbart sagt: »Sonderbar ist nur, daß der Mensch nicht lernen will, daß sein Vater Gott ist.«
Das Stück enthält seltsam versponnene Gespräche zwischen Mutter, Sohn und den Geistern. Nicht alles ist rational zu erfassen. Barlach hat sich später oft gegen Deutungen gewehrt. Die Psychoanalyse bemächtigte sich des Dramas, und der Psychologe und Psychiater Carl Gustav Jung hielt fünf Vorträge darüber. Barlach empfand es fast als »widrig«, daß sein Werk so zerpflückt wurde. Er nannte es selbst »...so etwas wie eine Phantasie über unbefleckte Empfängnis, das heißt, geistige Abstammung im Gegensatz zur leiblichen, die so befleckt sein mag, wie man nur wünscht, so tierisch und von primitiven Zuständen herangerollt...«
Natürlich spielte auch seine eigene Situation hier eine Rolle. Dem späteren Freund Friedrich Schult gegenüber äußerte er über den »Toten Tag«:

»Die Mutter (Rosa Limana) wollte den Knaben nicht hergeben. Auf diese Weise mußte ich früher oder später notwendig Gott für ihn werden. Das war der Anstoß. Unter den Händen wuchs die Idee von selber ins Mythische.«
Wenn der Sohn im Drama ruft: »Vater, könnte ich nur deine Stimme hören. Nur von deiner Hand erfaßt werden, deine Hand fühlen, denn vor dir bin ich klein wie ein spielendes Kind in der weiten Welt allein. Ich wollte an deiner Hand fühlen, daß du es bist und fröhliches Vertrauen haben...«, so stand Barlach sicher das Bild des kleinen Nikolaus vor Augen. Und wenn die Mutter neben dem Sohn klagt: »Und ich stehe neben ihm, könnte seine Hand fassen und darf es nicht...«, sprechen sich darin wohl die Gewissenskonflikte aus, die Barlach Rosa Limana Schwab gegenüber empfand, als er ihr das Kind fortnahm.
1908 stellte die Sezession sieben Plastiken von Barlach aus, darunter die ersten Holzfiguren, außerdem zwanzig Zeichnungen. Auch wählte die Gemeinschaft ihn in ihren Vorstand. Aber im Künstlerischen schwamm er nicht »auf der sezessionistischen Welle«, die hauptsächlich durch Jugendstil und Expressionismus bewegt wurde. Barlach hatte seine eigene Sprache gefunden. Nun fand er auch sein Publikum. Er freute sich darüber, und doch war es ihm nicht recht, daß Menschen zu ihm drängten und persönlichen Verkehr mit ihm suchten. Spröde wehrte er ab, zog sich zurück und brauchte längere Zeit, bis er sich zu einer Freundschaft entschloß. Hatte er diesen Zugang endlich gefunden, war er anhänglich und treu, was seine vielen Briefe beweisen. Doch der Bohemebetrieb lag ihm gar nicht. Immer stärker entwickelte er sich zum Einzelgänger.
1909 erhielt er den begehrten Villa-Romana-Preis, den der Bildhauer und Grafiker Max Klinger gestiftet hatte. In einer mit Ateliers ausgestatteten Villa in Florenz konnte er ein Jahr lang umsonst leben und arbeiten.
Bevor er nach Italien fuhr, schnitzte er für Klaus einen kleinen Schutzgeist, den »Gruwelmann«, ein hölzernes Männchen mit dem Kopf eines Bauern, der seine Pfeife schmaucht und fest und sicher auf seinen kurzen Beinen steht.

9.
Florenz und Theodor Däubler

Im ersten Stock der Villa Romana in Florenz bezog er ein Atelier. Wenn er von der Arbeit aufschaute, sah er auf die altersbraunen Türme der Stadt und die lieblichen grünen Hügel der Toscana. Diese lockten ihn immer wieder, hinauszuwandern zu den Weinbergen, den Pinien, den zypressengesäumten Wegen, die zu weißen Villen führten. Vor Bauernhäusern spielten Kinder, die an der Sonne »gediehen wie Äppel«. Er überlegte, ob er Klaus und die Mutter herholen sollte, um sich mit ihnen hier anzusiedeln. Er sehnte sich nach dem Sohn und hätte ihn gerne bei sich gehabt, fürchtete auch den Einfluß von Rosa Limana Schwab, die das Kind in Güstrow besucht hatte. Doch er verwarf die Pläne wieder. Italien blieb doch Fremde. Sosehr ihm die Landschaft hier gefiel, für die Dauer war ihm die Herbheit und Weite der norddeutschen Ebene gemäßer.

Die fröhliche Lässigkeit der Italiener, ihr Realismus, der Mangel an Mystischem in ihrem Wesen irritierten ihn. Sie schienen ihm allzu diesseitig zu sein und all die Schönheit rundum nicht zu verdienen. Er schrieb: »(Ich) begreife ganz gut die alte deutsche Lust, sich das anzueignen…«

Er streifte durch Kirchen und Museen, verwarf manches, was er an Kunst sah, begeisterte sich aber an den Fresken des Giotto und des Fra Angelico, vor allem an den Mosaiken im Florentiner Baptisterium, die bei einer gewissen Beleuchtung traumhaft aufglühten. »Italien hätte mich umgeworfen, wenn ich Maler gewesen wäre. Aber zu meinem Glück war ich kein Maler.« Auch bildhauerische Arbeiten wie die Mediceer-Grabmale von Michelangelo beeindruckten ihn und die Sargplastiken der Etrusker, die eine verwandte Saite in ihm klingen ließen.

Er hatte aus Deutschland Holz mitgebracht und arbeitete nun daran. An-

fang April schickte er Piper die Fotografie einer Skulptur und schrieb dazu: »Soll ein Zecher sein, der selig hintenüberlehnt und vermutlich schon beim zehnten Krug ist. Ich schicke sie noch eilig nach Berlin auf die Sezession.«
Trotz Barlachs innerer Abwehr gegen die Menschen hier, floß in diese Plastik viel ein von der heiteren Lebenskunst der Italiener.
Weitere Skulpturen entstanden, zwei »Sterngucker« und ein »Geldzähler«.
Dem Bohemebetrieb in der Villa mit seinen »Künstlertees« und seinem Klatsch entzog er sich möglichst. Lieber ging er in ein deutsches Café in der Stadt, wo er andere deutsche Künstler traf. Dort saß ihm eines Tages am Marmortischchen Theodor Däubler gegenüber. Es war das wichtigste Ereignis seines Italienaufenthaltes, ähnlich bewegend und fruchtbar wie die Rußlandreise. Unförmig dick und wuchtig wie ein Berg, mit großem, bärtigem Kopf, in dem lebendige Augen flink hin- und herblitzten, erschien ihm Däubler wie eine Gestalt aus einer anderen Welt, eine Art Gulliver unter den Zwergen, der unmäßig viel aß und unmäßig viel sprach, dabei mit kleinen, zierlichen Händen in der Luft herumfuchtelnd.
Däubler war einer der bedeutendsten expressionistischen Dichter, wurde damals allerdings kaum gelesen und ist auch heute nur wenigen bekannt. Unmäßig wie er selbst war auch das lyrische Epos »Das Nordlicht«, das er gerade beendet hatte, als Barlach ihn kennenlernte. Es war ein Gedicht von 30000 Zeilen, rauschhaft hingesungen und voll von wilden Träumen und seltsamen Ideen, ein Schrecken für die meisten Verleger. So fremd Barlach diese Dichtung anmutete, zog ihn das Mystische darin an. Mehr noch faszinierte und irritierte ihn der pralle, lebensvolle Dichter selbst. Dieser sollte jahrzehntelang sein immer neu und immer anders gestaltetes Modell sein.
Auch Däubler fühlte sich zu Barlach hingezogen. Sie wanderten zusammen über Land. Durch den Dichter wurde Italien Barlach nähergebracht, denn Däubler war dort geboren, sprach fließend Italienisch und liebte das Land.
»Wir marschieren von Florenz bei Mondschein ab, irgendwo wird (die)

Marseillaise gesungen, da schwenkt er (Däubler) begeistert den Hut; wir steigen zu Berg im blanken Schimmer, und er gesteht, allein so wäre er nicht ohne Unruhe; wir kommen an die Villa Romana und stehen noch lange im Mondschein spät nachts im Campo und schmausen Trauben.«
Zusammen wanderten sie nach Siena, stiegen zu den kleinen Bergstädtchen der Umgebung hinauf, »...in manchen möchte man ansässig sein.« Sie besuchten Pistoia: »Ich muß entsetzlich große Augen machen, um diese Malerei und Architektur zu betrachten!«
Zum Schluß fuhren sie an das Meer. Dort am Strand von Portovenere zeichnete Barlach den Freund, mächtig und königlich hingelagert, und Däubler schrieb triumphierend darunter: »Am Tage, an dem er die Nachricht erhielt, daß das ›Nordlicht‹ nun doch endlich gedruckt werden würde.«
Immer wieder skizzierte Barlach den Dichter, wie er wanderte, stand, hockte, lag, lachte, deklamierte. Doch es blieb nicht beim Zeichnen. Wie stets variierte Barlach hier ein Thema, das ihm am Herzen lag. Es entstanden Däublerplastiken, ein »Ruhender Däubler« nach der Zeichnung von Portovenere und mehrere Porträts, auch literarische Abbilder des Freundes. In Dramen und Romanen von Barlach taucht er als Haupt- oder Nebenfigur auf, und eine kleine Schrift hat Barlach ihm ganz allein gewidmet, das »Diario Däubler«. Dem Gegenstand angemessen ist darin die schwelgerisch – expressionistische Prosa:
»Man muß seine Gebärde malen, seiner Beine, seiner Arme, seines Rumpfes. Wie er stampft übers Feld der Welt. Wie sein Brustgebäude und Leibsockel auf Ellbogensäulen vom Tischhorizont emporwölkt, wie sein mondmildes Gesicht aus Haar- und Bartgestrüpp herausleuchtet. Und auch die Verschmitztheit seines Auges darf man nicht vergessen, denn sein Auge hat viele Jahre hindurch als Wildauge gedient, wenn er im Dschungel großer Städte mit Übeln aller Art verfolgt wurde!«

Porträt Theodor Däubler, Federskizzen und Notizen, 1912 ▶

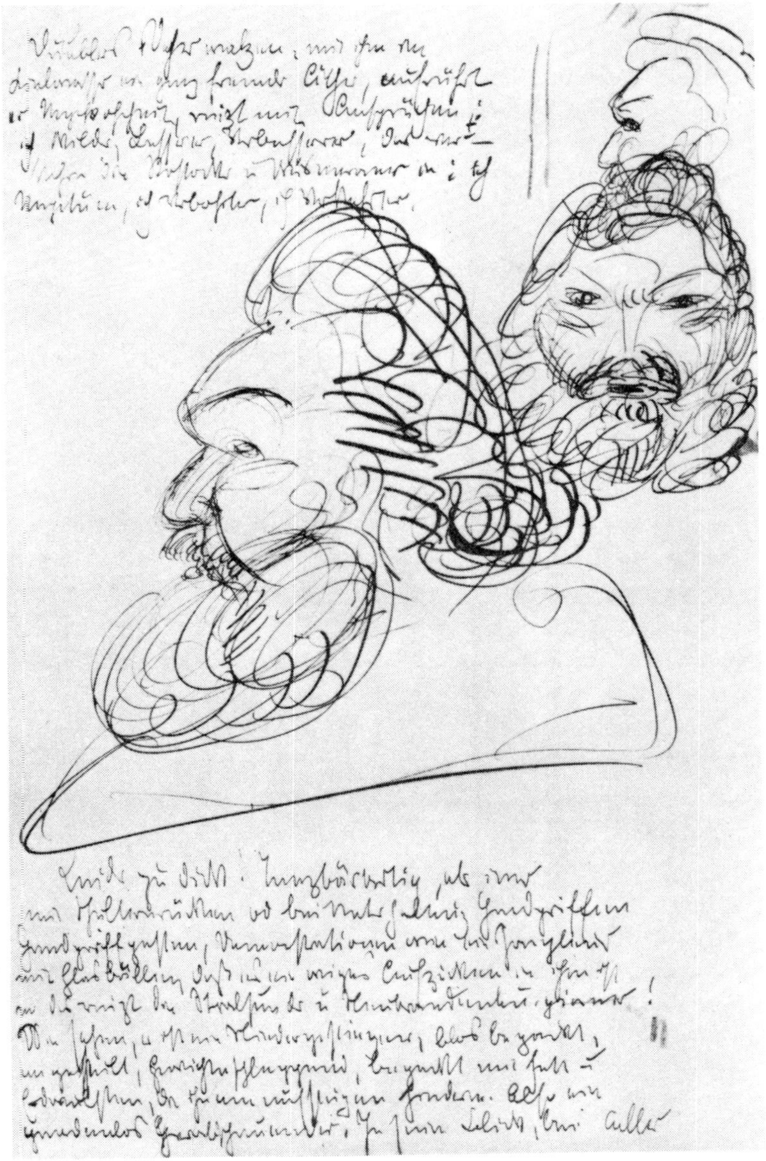

Doch nicht nur Liebe und Bewunderung band Barlach an Däubler. Er sah ihn manchmal als Egoisten, dann wieder fast als Scharlatan. Das irritierte Barlach. Im Laufe der Jahre schwankte er ständig zwischen Zuneigung und Unbehagen, ja sogar Abwehr. Däubler schien ihm gleichzeitig ein Gott und ein Ungeheuer, doch auch Barlachs anderes Ich zu sein, ein beinahe böses Ich, ein dämonisches: »...Teufel als Tiefe, Gott als Höhe, Tiefe und Höhe zusammen machen erst ein Ganzes. Also: Däubler und Ich.«
Der Dichter ließ sich eine Zeitlang in Italien nieder, wanderte später als Globetrotter durch die Welt, kehrte aber immer wieder nach Deutschland zurück, wo er stets Kontakt mit Barlach aufnahm. Däubler liebte Barlach ohne Einschränkung.
1920 schrieb der Dichter über seinen Freund in der Zeitschrift »Das Kunstblatt«: »Dem Wesen Barlachs entspricht es auf ganz natürliche Weise, von den impressionistischen Delikatessen unbeeinflußt zu bleiben. Trotzdem kann man ihn nicht einen monumentalen Bildhauer nennen: er ist sehr mitteilsam! Bloße Formsprache, die unberührbar durch Geschehnisse nur großzügig sein will, kann ihm gar nicht in den Sinn kommen: sie läßt ihn kalt. Barlach leidet mit den Wesen, er will besonders ihre Würdigkeit, in Kümmernis, des Menschen Demut und Gottergebenheit finden und darstellen.«
Als die Florentiner Zeit sich ihrem Ende näherte, hatte Barlach mit Hilfe von Däubler einen Zugang zu Italien gefunden, zu seiner Landschaft, den alten Städten, den Palästen, Normannentürmen, Brunnen, ehrwürdigen Kirchen und schiefen Türmen: »Sind sie nicht wie ungeheure Wesen, die aus dem alten Himmel schräg herniederfahren und so auf der Erde ankommen?«
Der Abschied fiel ihm nicht leicht. »Es liegt die Sonne einer wunderbaren Gelassenheit über dem Lande, und es ist wohl gut zu wissen, daß es so was gibt, wenn man auch nicht dahinein gehört.«
Als er nach seiner Rückfahrt über Venedig, Verona, München und Bamberg wieder auf dem Potsdamer Platz in Berlin stand, merkte er, daß er aus der Fremde kam und wieder daheim war, und er spürte »einen Anhauch von Aufforderung und Verheißung«.

10.
Berlin oder Güstrow?

Aber dieses Heimatgefühl hielt in dem Berlin des Jahres 1910 nicht lange an. Weil Barlach allmählich berühmt wurde, zog man ihn in den Strudel hinein, in dem Künstler und Intellektuelle hektisch wirbelten. Barlach quälte sich auf den Abendgesellschaften von Cassirer, die er nicht umgehen konnte, zog sich scheu in eine Ecke zurück, vermied es, sich in Gespräche ziehen zu lassen, und suchte bald einen Vorwand, um zu entweichen. Cassirers Frau, die große Schauspielerin Tilla Durieux, bemühte sich um ihn. Allzu elegant und damenhaft erschien sie ihm zuerst, doch nach und nach entwickelte er ein freundschaftliches Gefühl für sie und betrachtete fasziniert ihr unregelmäßiges, nicht schönes, aber ausdrucksvolles Gesicht.
Tilla Durieux schreibt in ihrer Biographie über ihn: »Nun ist es Zeit, über diesen wundervollen Menschen zu reden, der durch seine Werke mich oft in meinen Rollen beeinflußt hat... 1912 schuf er meine Büste. Ich saß ihm dazu in unserem großen Arbeitszimmer in der Margaretenstraße. Da erst fanden wir uns richtig beim Erzählen von Märchen. Wir belebten jede Ecke mit Geistlein, und sein Gesicht strahlte dann in kindlicher Güte. Nur manchmal zwinkerte er schalkhaft, wenn die Geschichten zu toll wurden. Mein Äußeres kam seiner Geschmacksrichtung sehr entgegen. Oft saß er ruhig da und beobachtete mich, wenn ich im Zimmer auf und ab ging und eine Rolle lernte. Ich glaube mich in seiner ›schreitenden Frau‹ wiederzuerkennen. Aber auch viele andere seiner Gestalten gleichen mir sowohl in den Gesichtszügen als auch in der Bewegung... Unsere Wohnung füllte sich mit seinen Plastiken... alles wurde hier für die Ausstellung gesammelt, und als ich mich später nicht davon trennen wollte, von mir regulär gekauft und mein Eigentum.«

Es entstanden mehrere Porträts von Tilla Durieux. Eines davon schuf er in dem holländischen Sommerhaus der Cassirers.
Cassirer förderte ihn nach Kräften, vermittelte Aufträge und feuerte ihn zu neuen Arbeiten an. Barlach brauchte kaum Zuspruch. »...mein Temperament sagt: Vorwärts! Vorwärts! Und um Himmels willen nicht umgeschaut!«
Seine Werke gingen oft in Hände über, die ihm mißfielen. Viele der reichen Leute, die seine Arbeiten kauften, sah er als Banausen an, die damit ihr Leben »schmücken« wollten. Ihm war seine Kunst aber etwas ganz anderes als »Schmuck«, und er empfand es fast als Verrat, sie solchen Menschen auszuliefern. Doch was blieb ihm übrig, als Geld zu verdienen für sich selbst und für seinen Sohn Klaus. Er weigerte sich, auf Gesellschaften um die Gunst von möglichen Käufern zu buhlen. Aber man erwartete von ihm, daß er dort wenigstens erschien, und er fühlte sich als »eine Art Lakai«.
Auch die Arbeit in der Sezession konnte ihn nicht mehr befriedigen. Es gab dort Streitereien und Kämpfe. Nolde opponierte gegen Liebermanns angeblich autoritäre Herrschaft im Vorstand. Parteien bildeten sich. Barlach fand: »Es geht zur Zeit in Berlin böser als bös her, und ich Unberliner, der ich vom Scheitel bis zur Fußsohle bin, werde dabei mehr oder weniger klein gemahlen.«
Schließlich entzog er sich dieser Szene, um sich vorläufig in Güstrow anzusiedeln.
Das Städtchen und die Landschaft sagten ihm immer mehr zu. Ähnlich wie seine Geburtsgegend, war das Land herb, ein wenig geschweifter und abwechslungsreicher mit vielen Seen und Sümpfen, aus denen gelbes Schilf störrisch ragte, mit Feldern, an deren Rändern bizarre Kopfweiden ihre Astarme wie fuchtelnd in die Luft streckten, geheimnisvollen Wäldern und Dörfchen, deren backsteinrote Bauernhäuser mit rosen- und buchsbaumbepflanzten Vorgärten geschmückt waren. In der kleinen Stadt hockten niedrige Häuser um mächtige backsteingotische Kirchen. Barlach stand staunend davor. »Das hat man von Italien mitgebracht, daß man mit größerer Sicherheit Gutes erkennt, und dieses hier ist sehr gut.«

Er mochte die behaglichen Märkte gern mit ihrem Kopfsteinpflaster, über das niemand hetzte, die nüchternen Kaufleute, Bürger und Handwerker, die Schenken, wo die Einwohner wortkarg beim Bier saßen. Alles atmete Gelassenheit. Niemand kümmerte sich viel um ihn, kaum jemand wußte von seiner beginnenden Berühmtheit. Der kleine, schmale Mann im Schifferbart, der nachlässig gekleidet war, sah nicht nach einer bedeutenden Persönlichkeit aus. Hier würde er Ruhe haben und arbeiten können.

Vor allem lebte hier sein Sohn Klaus, der ihm zunehmend ans Herz wuchs. An Freunde schrieb er: »Gar zu gern würde ich Ihnen meinen Jungen einmal zeigen. Er ist so eigensinnig über seine Jahre und voll lebendiger Innerlichkeit, daß er mir immer mehr...zum Helfer und Besserer wird.«

So zog Barlach zu Mutter und Sohn in die Plauer Straße. Der unruhige Bruder Nikolaus war zusammen mit seiner Frau Amanda wieder nach Amerika entwichen. Ganz in der Nähe der Wohnung war eine Töpferwerkstatt, die abgerissen werden sollte. Barlach verhinderte das, übernahm sie als Atelier und konnte hier nun in zwar beengten Verhältnissen, doch in Ruhe arbeiten. Welche Freude war es, wenn Klaus hereingesprungen kam, um ihm zuzuschauen oder mit Holzspänen und Gipsabfällen zu spielen. Barlach sagte von sich selbst, er fühle sich wie ein Omnibuspferd auf der Weide. Aber daß er ein Leben lang in Güstrow bleiben würde, glaubte er vorerst nicht.

Nun begann in Wahrheit das große Werk. Eine Fülle von Plastiken entstand in den Jahren 1910-13, zuerst als kleine Werkmodelle in Gips oder Ton. Je nach Auftrag oder Bedürfnis, wurden sie nach und nach in Holz, Bronze, Keramik, Steinguß und Stucco groß ausgeführt. Einige jedoch blieben bis zu Barlachs Tod nur Modelle. Barlach liebte die kleinen Werkmodelle fast mehr als die großen Skulpturen, fand, daß sie oft ausdrucksvoller wären, obgleich er manchmal sehr leichtsinnig mit ihnen umging, sie verschenkte oder bei einem Wohnungswechsel im alten Atelier stehenließ, wo sie verschwanden.

Die Werkstatt in der Plauer Straße hatte kein gutes Licht. Gierig nutzte Barlach das Tageslicht bis zum letzten Schimmer aus. Der Sommer gab

ihm einen längeren Arbeitstag. Im Winter schuf er sich einen Ersatz, indem er in seiner Wohnung bis tief in die Nacht hinein zeichnete.
Eine der bedeutendsten Plastiken, die Barlach in dieser Zeit formte, war »Der Berserker«, ein Mann, der, die Füße fest in den Boden gerammt, wild sein Schwert schwingt. Zierlich, scheu und sensibel, wie Zeitgenossen Barlach schilderten, war doch etwas von diesem wilden, kriegerischen Mann in ihm: »In mir wird so oft der Berserker lebendig, ich muß mich immer mal ausleeren, um mit frischer Hoffnung etwas Besseres aus Weltweiten einströmen zu lassen.«
Noch war er innerlich mit der »Vision Däubler« nicht ganz fertig geworden, und wenn er etwas von ihm las, war es »...ein Fangspiel mit Zentnerbrocken von Gefühlen und Stimmungen.« Um sich davon zu befreien, entstand Däubler als Plastik, liegend, sitzend und als »Der Sonnenanbeter Simson«, ein breitbeinig stehender, massiger Mann, der, den Kopf zurückgeneigt, in den Himmel starrt und die Fäuste erhoben hat. Simson, einer der Richter Israels, hatte mit den Philistern gekämpft und war ihnen unterlegen. Kämpfte Däubler nicht auch gegen Philister?
Eines der ersten Werke Barlachs, das Cassirer für sich persönlich kaufte, war die Gruppe der »Drei singenden Frauen«, Bäuerinnen, die Rücken an Rücken sitzend, hingebungsvoll singen. Ihre derbe Heiterkeit hatte Cassirer entzückt. Er gab ihnen in seiner Wohnung einen bevorzugten Platz.
Auf sie folgten in kurzer Zeit die »Sitzende Alte« und noch einmal eine »Bettlerin« auf einem Eichenholzrelief.
Die Gesichter und Gestalten seiner Figuren schaute er nun oft Güstrower Bauern und Bürgern ab. Als er einmal in der Eisenbahn einem Bäuerlein dicht gegenübersaß, dessen Gesicht und Körper ihm abbildenswert erschienen, »lernte er ihn auswendig«, weil der Mann zum Abzeichnen zu nahe war. Gesichtszüge und Körperhaltung des »Ekstatikers«, der wild daherstampft und die Fäuste über Kopf und Rücken zusammenschlägt, hatte Barlach bei seinem Nachbarn, dem Maurermeister Wilhelm Pierstorff, beobachtet, als er ihn mit Klaus zusammen besuchte. Der Maurer wollte dem Jungen zeigen, wie man mit einem schweren Zweihänderschwert kämpft. Er schwang statt der Waffe eine Weidenrute und

machte dabei einen heftigen Schritt nach vorn. »Und mein Vater hatte ein neues Bewegungsthema«, schrieb Klaus später. Pierstorff sollte auch im Roman »Seespeck« eine Rolle spielen.

Bei seinen langen Wanderungen in der Umgebung zeichnete Barlach viel. Nach einer solchen Skizze entstand die Plastik »Der Spaziergänger«, ein gelassen schreitender Mann, dem der Wind den Mantel zwischen die Beine drückt. Barlach selbst hielt viel von dieser Figur: »...ledig von allzu stündlicher Zeitigkeit, Weltgefühl, Hängen im großen, bloßen Dasein ohne Zeiteinteilung sind drin. Ich ging bei verwölktem Vollmond auf den Parumer Wiesen und stocherte nach Pilzen.«

Zur Entspannung las er viel, besonders im Alten Testament. Es entstanden Zeichnungen und Plastiken, darunter mehrere »Wüstenprediger«.

Alles, was er fühlte, wurde Gestalt: »Der Einsame« und »Der panische Schrecken«, zwei Männer, die entsetzt zurückgebeugt eine anscheinend furchtbare Vision haben. Doch neben der Einsamkeit und den Ängsten gab es auch Heiterkeit und glückliche Versunkenheit, wie beim »Sammler«, einem Mann, der breitbeinig dasitzt und in einer großen Mappe vor sich kramt. Inspiriert war diese Skulptur wohl von einer Zeichnung Daumiers, doch sicher hatte Barlach in Florenz in einer Kunsthandlung ein ähnliches Motiv beobachtet.

Für das damalige Publikum waren Barlachs Werke nicht leicht zu verstehen. Sie zeigten ganz Ungewohntes. Neu war an den Plastiken, daß alles Unwichtige weitgehend fortgelassen wurde; dem Auge fremd war die extreme Einfachheit von Form und Linien, das wenig Hübsche, das Wuchtige vieler Figuren.

Ein Kritiker behauptete, Barlachs Skulpturen hätten meist »Rouladenform«, und in dem Bekenntnis einer Betrachterin aus der damaligen Zeit heißt es: »Als wir vor einer Reihe von Jahren Barlach, den Holzbildhauer, zum ersten Mal sahen – diese geballte, bäurische Wucht, diese übertriebene Sachlichkeit der Form –, da gab es einen unwillkürlichen Ruck des Zurückweichens, ja, der Abneigung in uns. Mit dem zweiten Blick waren wir gefangen.« (Dora Wentscher in »Die Schaubühne« 1917).

Doch immer mehr Menschen lernten seine Werke sehen und verstehen, besonders auch durch Cassirers Ausstellungen und Publikationen. So ängstlich sich Barlach vor Bewunderern in sein Schneckenhaus zurückzog, reagierte er doch empfindlich auf die öffentliche Meinung und konnte sich über böse Kritiken grämen. Die deutliche Anerkennung der Kunstwelt mußte ihm nun Mut machen.

Im September 1911 zog er in ein größeres Atelier in Güstrow um, das immer noch kein großzügiger Kunsttempel war, sondern ein alter Pferdestall.

In dem Roman »Der gestohlene Mond« schilderte er später sein neues Domizil und gab zugleich ein ironisches Selbstporträt: »Nebenan unter demselben Dach dieses Gebäudes dunkelte ein Pferdestall, der sonst einem Viehhändler, jetzt an einen Mann mit einem Totengräbergesicht vermietet war, der sich seit kurzem am Ort befand... und der sich beruflich mit Bildschnitzerei abgab, die er hinter einem keinen Überfluß an Licht spendenden Fenster zum hinteren Garten ausübte. Er hackte Holz und planschte gelegentlich fleißig in Gips... Die Krippe des Pferdestalls... war von mancherlei unzeitgemäßen Machwerken beladen, auch die Raufe, aus der die Pferde ehemals Heu zum Hafer rupften, war verstellt mit Dingen, die darum, weil sie höher standen, nicht besser waren oder wurden, am Fenster zum Hintergarten hatte sich der Mensch eine horizontal abgerichtete Zementplatte über die Pflastersteine des Stalls legen lassen, um seinen Böcken und Trittbrettern einen sicheren Stand zu schaffen. Dieser feste Standgrund der dort entstehenden Bildwerke konnte seinen sogenannten Werken aber auch keinen größeren Wert verschaffen als seine zwei Hände mit dem Dutzend auf einem Küchenschleifstein mehr schartig als scharf geratenen und gehaltenen Meißeln aus ihrem eigenen Vermögen.«

Es war ein ländliches Domizil, und hinter einer Bretterwand gackerten Hühner. Doch konnte Barlach nun endlich größere Bildwerke gestalten als in der Töpferei.

»Ekstatiker«, Holz, 1916 ▶

Rechts: »Spaziergänger«, Bronze, 1912. »Ich gehöre auf die Landstraße, bin auf ihr heimisch.« (Aus dem *Güstrower Tagebuch*)
Unten: »Drei singende Frauen«, Holz, 1911. »Meine künstlerische Muttersprache ist nun einmal die menschliche Figur, der Gegenstand, durch den und in dem der Mensch lebt, leidet, sich freut, fühlt, denkt.« (Aus einem Brief an Reinhard Piper)

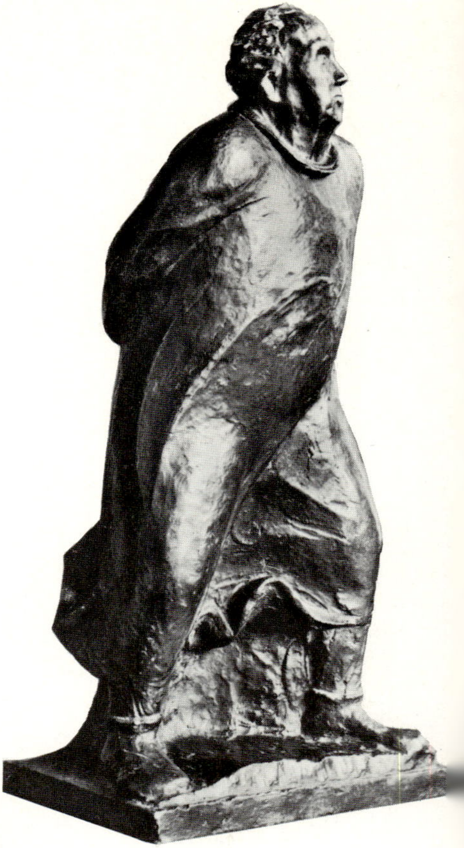

Oben und links: Güstrower Bauern, Zeichnungen
Unten: Güstrower Landschaft mit Kopfweiden. Wahlheimat in der zweiten Lebenshälfte

11.
Arbeitsalltag und Besuche

Einfach war das Atelier und einfach der Haushalt der Barlachs. Viel Besitz lehnte Barlach ab. Er wollte immer »fluchtbereit« sein. Auch in die Güstrower Erde wollte er nicht zu tief seine Wurzeln stecken. Wenn er längere Zeit in der kleinen Stadt bei seiner Arbeit blieb, fehlte ihm Berlin, doch wenn er dorthin fuhr und ein paar Tage Großstadtluft atmete, entbehrte er Güstrow. Eine Unruhe blieb in ihm. Er versuchte, sie bei langen Spaziergängen abzustreifen, am liebsten im Sturm: »Ja, mein Gott, das windige Wetter ist mein Götterwetter...« Ab und zu fuhr er mit der Mutter und Klaus zusammen nach Ratzeburg.

Nach und nach fand er Freunde in Güstrow, so den Chemiker Dr. Kurt Dragendorff, den er auch porträtierte.

Dr. Dragendorff berichtet: »Es gab nur eine Sitzgelegenheit in seinem Arbeitsraum, einen alten, wackeligen Korbstuhl; darauf durfte ich Platz nehmen, nachdem er ihn feierlich vom Gipsstaub notdürftig befreit hatte. Gleich griff er mit beiden Händen in den Tonkübel, rief ›Los!‹ und klatschte einen Klumpen auf eine Art von Fleischerhaken. Es war erstaunlich, wie schnell er formte, er tobte sozusagen, und sein Gesicht bekam einen harten Ausdruck. Der kleine Mann strahlte eine ungeheure Energie aus.«

Bald waren es fast zu viele Menschen, die von außerhalb zu Besuch hereinschneiten. Hoch willkommen waren allerdings Bruder Hans aus Ruß-

◀ »Sitzende Bäuerin«, Bronze, 1913 (Aufnahme nach dem Gipsmodell). Die Plastik wurde 1914 in die Gruppe »Trauer« eingearbeitet, erste Reaktion auf den Krieg

land mit seiner Frau Olga, einer Krankenschwester, die ihn bei Typhus gepflegt hatte. Die temperamentvolle Russin schien Barlach nicht gerade ein »Lämmchen« zu sein.
Ab und zu tauchte in Güstrow der Kunsthändler und Sammler Kollmann auf, von dem Max Liebermann schrieb: »Er versteht mehr von Malerei als alle Professoren und Kunstgelehrten zusammengenommen.« Kollmann spürte unbekannte junge Künstler auf und half ihnen. Barlach war kein Unbekannter mehr, aber auch für ihn war Kollmann ein wichtiger Motor, »...sein Kommen war Auflockern, Spalten, Erschüttern.« Der magere, schwächlich wirkende Mann steckte voller Temperament und war von extremer Sensibilität. Obgleich er Hotels haßte, reiste er ständig umher, um Künstler zu besuchen und anzuspornen. Mit gleichem Atem konnte er hart kritisieren und Mut machen. Natürlich porträtierte Barlach sein ironisches Vogelgesicht. Däubler schrieb über Kollmann einen Roman, der leider verlorenging.
Däubler, der Geliebte, Irritierende, fiel immer wieder einmal wie ein Gewitter über Güstrow her. Barlach mußte sich über ihn freuen, ärgern, wundern. Er wurde nie ganz vertraut mit dem Dichter, immer entdeckte er Neues und Erstaunliches bei ihm. Däubler durfte stets Barlachs »Absonderungslust« stören, obgleich es auch eine Erleichterung war, wenn er wieder verschwand. Aber trotz aller Beunruhigung hielt Barlach Däublers Freundschaft für ein »großes Los«, das ihm beschert worden war.
Wieder wanderten sie zusammen, diesmal durch Mecklenburg, nach Wismar, Rostock, Doberan, Stralsund und Neubrandenburg. Barlach schrieb: »Däubler stürmt durch die Straßen der Städte und saugt sie aus wie ein Vampir... Er sieht eine einzige Walpurgisnacht. Die Unheimlichkeit des Daseins ist seine Freude... Sein Fett hängt an ihm wie seine Zeit, er kann es nicht loswerden und sie auch nicht. Und predigt doch immer, es gibt kein Fett und keine Zeit. Und in der Tat, wie er mit seinem Fett schwebt trotz seinem Fett – so ist er trotz seiner Zeit zeitlos.«
In Erinnerung an diese Reise taucht Däubler auch im Roman »Seespeck« auf. Er wird mit seinem Namen genannt, obgleich alle anderen Bekannten und Freunde, die dort dargestellt werden, Pseudonyme erhalten. Für Däubler gab es scheint's kein Pseudonym. Nicht nur im Roman wollte

Barlach ihn verewigen, sondern auch in einem Drama. Es sollte »Der jüngste Tag« heißen und Däubler als wiederkehrenden Christus in einem utopischen Staat zeigen. Doch blieb es bei skizzierten Grundgedanken für das Stück.

Aber gezeichnet, geformt und geschnitzt wurde der mächtige Leib immer wieder. An Piper schrieb Barlach: »Er ist ein sehr schönes Modell, aber schwer! Man denkt: soviel Fleisch, soviel Haar, solche Backen – aber prost Mahlzeit! All dies Fleisch und Bein soll und will überwunden werden...«

Die Berliner Freunde kamen seltener, deshalb fuhr Barlach oft dorthin, fühlte er sich doch immer noch als »halber Berliner und halber Güstrower«. Es zog ihn zu Gaul und Cassirers, aber im Getümmel der Stadt klagte er dann, daß er leider vergessen habe, sein berühmtes Schneckenhaus mitzunehmen, um sich dahinein zu verkriechen. Doch Güstrow schien auf die Dauer zu eng und zu klein, er empfand es als vorübergehende Klausur.

Diese Klausur wurde ihm lebensnotwendig, als er eine neue literarische Arbeit begann, den »größten Berg« seines bisherigen Lebens. Sie quälte und belastete ihn, aber er konnte nicht von ihr loskommen. Obgleich es ihm viel leichter fiel, seine Suche nach dem Sinn des Lebens und nach Gott mit Meißel und Schnitzmesser auszudrücken, zwang ihn etwas, es auch mit dem Wort zu tun. 1911 fing er an, das Drama zu schreiben, das zuerst »Die Osterleute«, dann »Der hohe Herr« und endgültig »Der arme Vetter« hieß.

Die handelnden Personen sind diesmal Abbilder realer Gestalten aus seinen Wedeler Jahren, plattdeutsch sprechende Schiffer, kleinbürgerliche Männer und Frauen, die sich auf einem Osterausflug befinden. Wirt und Wirtin des Gasthauses an der Elbe, wo die Gesellschaft einfällt, sind echte Porträts. Mit Humor ist die vulgäre, leichtlebige Festtagsgemeinschaft gesehen. Doch ein junger Mann mit Namen Hans Ivers taucht auf, der Ernst und Betroffenheit in das lockere Treiben bringt. Er hat gerade einen Selbstmordversuch hinter sich und wird gegen Ende des Stückes an einem zweiten sterben. Die alkoholisierten, närrischen Leute nehmen auch ihn nur als Narren und merken vorerst nichts von seiner bitterern-

sten Gottsuche. Ivers glaubt, daß man Gott erst erkennen könne, wenn die leibliche Person zerstört wird. So nimmt er sich das Leben, um ganz mit Gott vereint zu werden. Die Gesellschaft um ihn wird dadurch kaum verändert. Nur eine junge Frau, Fräulein Isenborn, die zusammen mit ihrem Verlobten, einem nüchternen Geschäftsmann, diesen Osterausflug machte, entdeckt ihre geistige Verwandtschaft zu Ivers und will sich seiner Gottsuche anschließen. Zwar nimmt sie sich nicht das Leben, verschwindet aber aus der bürgerlichen Welt und wird die »Magd eines hohen Herrn«. Sie findet ihren Gott im Leben.
Um dieses Stück, in dem Barlach sein Verhältnis zur Alltagswelt und sein Drängen aus ihr fort darstellte, kämpfte er mit ganzer Seele. Wie Ivers war auch er auf der Suche nach Gott. Doch die Befreiung kam ihm nicht durch einen Selbstmord, sondern in der ständigen Auseinandersetzung mit diesen Gedanken in seinen Werken. Er schrieb darüber: »...fast alle meine Plastiken seit 10 Jahren, seit ich in Rußland war und den Jungen habe, schwafeln ihr Teil davon.«

12.

Der Sohn

Sie lebten sich zusammen ein in Güstrow, Ernst Barlach, die Mutter und Klaus. Ihr Alltag bekam seinen Rhythmus. Es gab fröhliche, gemütliche, harmonische Stunden, und doch hatten Ernst und die Mutter es nicht leicht miteinander. Die sozialen Vorstellungen von Louise Barlach waren andere als die ihres Sohnes, der Stil ihrer Lebensbetrachtung entsprach nicht dem seinen. Es machte ihn nervös, wenn sie sich wortreich über Leben und Menschen ausließ, wenn sie vor Gefühl »dahinschmolz«. Sie stritten sich oft über nichts, ihre Worte und Mienen waren dann »gestachelt«. Die Altersleiden der Mutter nahm Barlach manchmal nicht ernst genug, dann wieder zu ernst. Bedrückend waren ihre stets wiederkehrenden Depressionen. Sie konnte dann aggressiv und ausfallend werden, so daß Klaus verschreckt von ihr fortstrebte und Schutz beim Vater suchte. Auch Ernst litt tief darunter: »Gestern Abend war wieder die mütterliche Rache über mir, es ist zu schrecklich, um davon zu schreiben.«

Doch es gab auch Gemeinsamkeiten, Gespräche, Vertrautheit. Nach einem Alptraum mit Angst und Schuldgefühlen, woran Barlach häufig litt, hatte er große Sehnsucht nach dem Schutz der Mutter. Als er erwachte empfand er: »Ich fühlte, daß ich sie sehr liebte und daß aller Verdruß nur Gerümpel und Verstaubung bedeute, den man fortstäuben und abräumen könne.«

Mit Rührung beobachtete er, daß sie ein Kochbuch verfaßte, nur für einen einzigen Menschen, ihren jüngsten Sohn, der in Amerika auf seiner Farm grausam hungerte und dem sie mit diesem Buch gutes Essen »anhexen« wollte. In der Liebe zu seinen Brüdern verstand Ernst sie ganz, doch vor allem begegneten sich Mutter und Sohn in der Liebe zu Klaus.

Dieser schmale, dunkelhaarige Junge war ein großes Glück, das bei weitem die Lasten der Bindungen überwog, die Barlach durch die Verantwortung für ihn aufgezwungen wurden. In vielen schriftlichen Zeugnissen hat Barlach mit Humor, nachdenklicher Fürsorge und zarter Poesie vom Aufwachsen des Kindes berichtet. Er sah seine Fehler und beschönigte sie nicht, doch auch wenn Klaus ihm Kummer bereitete, blieb die innige und tiefe Liebe bestehen. In dessen Kinderjahren hatte Barlach den Jungen meist an seiner Seite, machte lange Wanderungen mit ihm, wobei sie Vögel und Wassertiere mit der gleichen Leidenschaft beobachteten, Pilze und Pflanzen suchten und Barlach immer alte und neue endlose Geschichten erzählen mußte. »Und wieder faßt Klaus' warme nach meiner kalten Hand, und wieder hängen wir den alten, immer frisch geflickten Geschichtenmantel um unsere Schultern als heimeligen Schutz und Wärme in der weiten Finsternis.«
Vater und Sohn verwandelten sich in andere Wesen, wenn sie über Land zogen, zum Beispiel in zwei der sieben Schwaben, »Schulze und Spiegelschwab«, in deren Gestalten sie aufregende Abenteuer erlebten. Ein andermal waren sie ein großer und ein kleiner Löwe. Am üppigsten wucherte die Phantasie, wenn Kinderkrankheiten wie Keuchhusten und Scharlach in die Wohnung eingezogen waren. Dann wurde der Tisch zum Schiff mit Klaus als Kapitän und dem Vater als Steuermann, oder Burg »Ratzenstein« entstand aus Möbeln, Klaus fungierte als Burgherr und der Vater als sein »alter treuer Knecht«. Dann wieder verwandelte sich das Bett von Klaus zu einem Bauernhof, der Teppich davor zum See, in dem sie fischten und badeten.
Immer neu mußten Märchen und Geschichten vorgelesen werden, wobei die Mutter, mit der Näharbeit in der Hand, gerne zuhörte. »Die Grimmschen Märchen werden wieder umgeblättert und wie diesjährige Herbstfrüchte gepflückt...« Als Klaus der Keuchhusten quälte, erfand der Vater rasch einen komischen Namen dafür: »Puster«. Dann mußte Klaus lachen, und Barlach fand: »Lacht er, so lacht es bei mir!«
Eine der hübschesten Episoden ist Barlachs Schilderung von einem Bad in der Stube. Dort wurde die Wanne aufgestellt und mit Wasser gefüllt, das in drei großen Töpfen auf dem Herd in der Küche brodelte. Klaus

zog sich aus: »Die Hose läßt er herab und stemmt dann die Hände gegen die Lehne des Kanapees und beginnt hinten auszuschlagen wie ein wütendes Pferd, so lange, bis ihm das Kleidungsstück hinten wegfliegt. Die Strümpfe zieht er den Beinen schräg über die Füße weg ab, bis die Spannung so stark wird, daß sie wie aus der Pistole losgehen und einen schlenkernden Satz durch die Luft machen. Das Unterzeug muß die Prozedur der Hosen erdulden und das Hemd streif ich ihm über den Kopf. Dann ins Wasser…«

Später, als der Junge im Bett liegt: »Vater ist ja wach und bleibt bei der Lampe sitzen tief in der Nacht, oder wenn er zu Bett geht, liegt er dicht bei mir, und ich brauche nicht zu sorgen – so denkt der Ich-Klaus…«

Trotz dieser innigen Verbundenheit fiel es Barlach nicht leicht, den Jungen ohne eigene Mutter aufzuziehen. Manchmal glaubte er, er habe dem Kind damit etwas Wesentliches genommen. Wohl dachte er ab und zu ans Heiraten, fürchtete aber, daß die Mutter des Jungen ihm dann Schwierigkeiten machen könnte.

Doch das Weibliche zog ihn sehr an. Eigentlich war er immer ein wenig verliebt, konnte sich von anmutigen Bewegungen, einer hübschen Wade beim Radfahren, dem Flattern eines Frauenrockes, koketten Blicken und einem Lächeln betören lassen. Doch fiel ihm die Entscheidung für eine bestimmte Person schwer, denn die weiblichen Frauen waren ihm »zu ungeistig« und die gescheiten »zu unweiblich«. An seinen Vetter Karl Barlach, mit dem er jetzt einen häufigen Briefwechsel hatte, schrieb er: »Nun habe ich ja aber diese überwältigende Leidenschaft, den Beruf. Auch eine Art Ehe, und zwar eine vom Himmel her, die strenggenommen schon bei der Geburt bestand, bei der ich – als Mensch und Bürger – in unabwendbarer Abhängigkeit bin. Kein Glück ist denkbar, keine Gewissensruhe, wenn mir die Kunst untreu würde.«

Die Kunst wurde ihm nicht untreu. Ein Roman entstand, der, in der Lüneburger Heide beginnend, über Wedel, in Güstrow endend, viel Persönliches und Autobiographisches enthält. Leider ist »Seespeck« ein Fragment geblieben. Es hätte verdient, vollendet zu werden, denn in einen ironisch-humoristischen Ton und eine stilisierte Sprache verpackt, gibt es darin kraftvolle Bilder und dichterische Szenen. Barlach hatte es schwer, den richtigen Stil zu finden, sah ihn selber zuweilen als schwülstig an und schrieb an Düsel, er würde an ihm »wie mit Beilhieben« arbeiten. Obgleich Barlach die Kurzform mehr lag als ein breiter epischer Bogen, ist ihm hier doch ein pralles Stück Prosa gelungen.

Der Held »Seespeck« ist wieder ein Selbstporträt. In seiner Jugend gehörte er – wie Barlach – »...zu den jungen Leuten, die nicht recht wissen, was sie mit ihren Kräften machen sollen, und fühlte sich der Zeit gewissermaßen im Wege stehend, er hatte sein Pulver zum guten Teil verschossen und wußte nicht, wohin er eigentlich gezielt hatte«.

Seespeck wandert und fährt ziellos umher und trifft Menschen, die echte Abbilder von Barlachs Bekannten sind und in späteren Werken wieder auftauchen werden. Ein zweites Selbstporträt des frühen Barlach ist im Roman der junge Maler Magnus Wiedewald, »ein Mischmasch von Maler, Bildhauer und Schriftsteller – nichts Rechtes und nichts Ganzes...«

Auch Frauen begegnet Seespeck, und er läßt sich fesseln, denn wie seinem Autor ging es auch ihm, er fühlte, »...daß da zwischen diesen rätselhaft gefügten Schwingungen, die diese Wesen einschließen, Weltgeheimnisse sich verfangen haben mußten, denen man nachspüren kann ohne je zu ermüden.«

Wenn Barlach Frauen schildert, spürt man den Bildhauer. Er spricht von »sparsamen Kurven«, von »Flächen und Kanten«, von einem »Schnitzbild«. Das »Schnitzbild« im Roman ist die »schöne Anna«, die »fein wie Silber« ist. Sie lernt Seespeck in einem Elbgasthof kennen, und genau dort hat Barlach eine Anna wirklich gekannt. Wie Barlach, verliebt sich Seespeck in Anna, bringt es aber doch nicht fertig, das Mädchen an sich zu binden. Drei Jahre lang lebt Seespeck von ererbtem Vermögen im Städtchen Wedel, dann ist das Geld aufgebraucht, er wandert weiter und versucht, etwas zu verdienen, indem er Holz für eine Gewehrfabrik einkauft. Er läßt sich in Berlin nieder und reist umher. Dabei trifft er zufällig auf »eine schwarze Mächtigkeit« von Mann. Wieder ist es Däubler, und er wird deutlich beim Namen genannt. Sie finden sich zusammen in dem Häuschen, genannt ›Klus‹, das einem Dr. Welt gehört, dessen Modell der Dresdner Freund Dr. Klencke ist. Im Roman steht das Haus

zwar nicht auf den Dresdner Höhen, sondern am Haff, doch es ist das gleiche. Den frühen und den späten Freund läßt Barlach nun lange, heftige Gespräche miteinander führen, den vordergründigen Rationalisten Dr. Welt mit dem himmelstürmenden Phantasten Däubler. Seespeck-Barlach steht zögernd zwischen beiden, nicht wissend, wohin er sich wenden soll. Ganz zum Schluß landet Seespeck in Güstrow, entfesselt ein Spektakel um einen angeblich entsprungenen Löwen, um die spießigen Bürger zu strafen, und flüchtet schließlich in eine Töpferwerkstatt. Er läßt sich vom Töpfer den Brennofen zeigen und würde ihn am liebsten kaufen, denn er erinnert sich an seine Berliner Zeit, wo er den Keramiker Mutz kennenlernte: »...und hatte mit ihm vor dem Ofen und an der Drehscheibe während mancher freien Stunde sein Holzhändlerleben vergessen. Da hatte es zu heftig in den Fingern gezwickt, als daß er den Ton unangetastet gelassen hätte, und Mutz hatte ein paar Püppchen aus seiner Hand mit in dem Ofen untergebracht, ja sogar behauptete er, einmal eins dieser Stücke an einen Liebhaber verkauft zu haben...«
Daß aber Seespeck wirklich die schäbige bürgerliche Existenz aufgibt und in einem Künstlerleben innere Freiheit findet, erleben wir nicht, weil das Fragment hier abbricht.
Seespeck, Barlachs Abbild, ist ein Versager und konnte nicht erreichen, was Barlach erreicht hatte. Gerade jetzt überfiel ihn wie ein Sturm der Zwang zum Arbeiten. Zeichnungen entstanden in Fülle, Güstrower Bauern und Bürger bevölkerten die Skizzenbücher, Liebespaare, Hexen, Schlafende, Trinker, Kapitäne, Handwerker und Hirten. Lithographien wurden geschaffen, Illustrationen zum »Toten Tag« und zum Rußlandbericht »Steppenfahrt«. Auch im Holzschnitt versuchte er sich auf Anregung des Verlegers Bruno Cassirer, dem Vetter von Paul Cassirer, wollte Illustrationen zu »Michael Kohlhaas« von Kleist herstellen, gab es aber wieder auf, weil das Ergebnis weder ihn noch Cassirer befriedigte.
Vorerst bedeutete ihm die Arbeit am Holz, an der großen Plastik, mehr. Es entstand ein Nußbaumrelief: »Die Verlassenen«, drei schwangere Frauen angstvoll zusammengeschart. Er litt, weil die Kritik hier nicht einhellig zustimmte. »Ein Gefühl von Kälte zuckt auf, etwa wie wenn ein Freund bei einem Unglück oder freudigen Geschick seinen Anteil ver-

sagt. War sein früheres Teilnehmen eine Täuschung? fragt man sich. Es gibt ja gar keine allgemeingültigen Werte. Der Künstler braucht Leute, die ihm konform sind, deren Bedürfnis er entspricht durch sein Werk.«
Das Gipsmodell einer in schwerem Ernst vor sich hinsinnenden Bäuerin von 1913 war auch für Holz bestimmt. Ein paar Jahre später sollte es in einer Gruppe verwandt werden, die »Trauer« heißt, denn Menschen waren währenddessen umgekommen, und Angehörige trauerten. 1914 war der Erste Weltkrieg ausgebrochen.

13.
Kriegszeit

Die Empfindungen, die Barlach in diesen Jahren bewegten, sind im »Güstrower Tagebuch« nachzulesen. Es berichtet vom Alltagsleben mit Klaus, mit der Mutter, von Hausangestellten, Nachbarn und Soldateneinquartierungen, aber es ist auch die Auseinandersetzung mit dem Zeitgeschehen.

Barlach hatte sich nie sehr für Politik interessiert. So wie er seine Kunstwerke immer mehr vom Emotionalen als vom Rationalen her schuf, stand er der Situation des Kriegsausbruches auch emotional gegenüber. Und die Emotionen der meisten Menschen damals waren von hitziger Hochstimmung und fiebriger Erregtheit getragen. Es galt, die Heimat gegen angebliche Bedrohungen zu verteidigen, den Stolz auf das Kaiserdeutschland zu beweisen. Auch spielte die Sehnsucht nach Freiheit von den Zwängen des Alltags und den ganz persönlichen Sorgen eine Rolle, der geheime Durst nach Formlosigkeit. Das große Abenteuer kam auf die Menschen zu. Mut, Tapferkeit, Opfer, Ehre waren Worte, die berauschten. Es mußte etwas Wunderbares sein, sich für eine große Sache zu opfern. Kaum jemand konnte sich dem entziehen.

Barlach schrieb in einem Brief: »Für mein Empfinden ist es eine Erlösung von den ewigen Ich-Sorgen des Individuums, also eine Weitung und Erhöhung des Volkes ... es ist aufreibend und durchfiebernd wie eine große Verliebtheit.«

Doch er wäre nicht der sensible Künstler gewesen, wenn er nicht auch bemerkt hätte: »Aber ich sehe auch das andere, die einfachen Frauen, die mit ihren Männern bedenklich sitzen und gehen, ihre Kinder neben ihnen hertrotten, als wäre es das letzte oder vorletzte Mal, dann muß ich denken: sie tragen die schwerste Last.«

Barlachs Verwurzeltsein im Niederdeutschen machte ihn offen für nationalistische Strömungen. Seine Menschenscheu hatte ihn schwer Zugang zu anderen Völkern finden lassen. Obgleich er längere Zeit in Paris gewesen war, hatte er die Franzosen nicht schätzen gelernt, und auch der russische Mensch, obwohl er ihn häufig künstlerisch darstellte, war ihm fremd geblieben. »Außerdem ist heutzutage gar keine Frage, daß wir Feinde sind, sie und ich...« schrieb er nach dem Anblick von russischen Kriegsgefangenen. »Ich ersticke von der Vorstellung der unermeßlichen Andersartigkeit der anderen.«

Da er schon vierundvierzig Jahre alt war und seit seiner Jugend unter Herzbeschwerden litt, glaubte er kaum, am Krieg teilnehmen zu können, doch er schrieb: »Sollte ich aber doch noch eine Flinte in die Hand bekommen, doch noch marschieren und kämpfen dürfen, so würde es wie Ohrensausen in mir vor Freude klirren, ich würde mich grimmig freuen, und wollte Gott, es ginge gegen den Engländer!« So wie er dachten Liebermann, Gaul, Cassirer und viele andere. Der Schriftsteller Meier-Graefe schrieb: »Wehe dem Künstler, der heute nicht erlebt!« Alle hatte eine Ekstase gepackt.

Aber in Barlachs künstlerischem Werk dieser Zeit gibt es kaum nationales Pathos. Er, der sonst alles, was ihn tief bewegte, in Kunst umsetzte, verstummte hier. Fühlte er im Innersten, daß diese Seelenaufschwünge nicht beständig sein würden?

Er wehrte sich auch anfänglich dagegen, Beiträge für die von Paul Cassirer herausgegebenen Künstlerflugblätter »Kriegszeit« zu liefern, an denen sich bekannte und unbekannte Künstler, besonders die Sezessionisten, beteiligten, wie Liebermann, Baluscheck, Gaul, Kolbe. Die meisten schwammen hoch auf den Wogen der Kriegsbegeisterung. Nur Käthe Kollwitz, eine der wenigen, die diese Hochstimmung nicht mitempfinden konnte, sondern skeptisch und angstvoll in die Zukunft blickte, zeigte in ihrer Grafik »Das Bangen« die Angst vor dem Kriege. Barlach lehnte die Mitarbeit zuerst heftig ab, ließ sich schließlich aber doch dazu überreden, weil er damit gut verdiente und ein Prozentsatz des Honorars für die Hilfskasse notleidender Künstler abgezweigt wurde. Aber mit ganzem Herzen war er nicht dabei. Die meisten seiner Grafiken für die Zeitschrift stellten dann auch weniger politische Probleme dar als Stimmungsbilder: Bauern auf dem Feld mit besorgten Gesichtern, »An der Ostgrenze«, eine »Straßenecke in Warschau«, Frauen, Männer und Kinder mühsam Lasten schleppend bei der »Evakuierung«, eine Schwangere, die mit geballten Fäusten klagend auf verbrannter Erde steht, die personifizierte »Serbische Elegie«. Das stärkste nationale Pathos zeigt der »Drescher von Masuren«, eine Verherrlichung Hindenburgs nach einem Gedicht von Wilhelm von Scholz, ein den Dreschflegel schwingender General, der auf mächtigen Klotzbeinen mitten im Brand steht.

Doch bald gab es Schwierigkeiten mit der »Kriegszeit«, und zwar wegen des besten Blattes aus Barlachs Grafikserie, das aus Furcht vor der Zensur abgelehnt wurde. Es ist die erschütternde Darstellung eines »Massengrabes«, zeitlos und für jeden Krieg gültig. Barlach schrieb: »Inzwischen bin ich dazu gekommen, zu meinen, der Krieg ist vorläufig kein Motiv... Die Gebirge wanken im Kampf der Massen, und man soll druckfertige, zensurfromme Lithographien bringen!«

Schon zwei Jahre später gab Leo Kestenberg, von Paul Cassirer angeregt, die Zeitschrift »Der Bildermann« heraus, die eine ganz andere Tendenz als die »Kriegszeit« hatte. Die Richtung war pazifistisch und zeitkritisch, die Autoren Liebermann, Gaul, Slevogt, Kokoschka, Heckel und Kirchner hatten einen geistigen Wandel durchgemacht. Käthe Kollwitz, deren Sohn Anfang des Krieges gefallen war, und Heinrich Zille übten bittere Kritik am Krieg.

Auch die Beiträge Barlachs waren nun alles andere als kriegsbegeistert: Christus, der einen Krüppel streichelt, und Christus, der die Hände vor einem Wald von Kreuzen ringt. Ein Titelblatt des »Bildermann« von Barlach hieß »Dona nobis pacem«, gib uns Frieden. Das Entsetzen am Krieg zeigt das Blatt »Aus einem neuzeitlichen Totentanz«: Ein Riese schwingt über vermodernden Skeletten einen Hammer. Es ist im Stil wesensverwandt dem »Drescher von Masuren«, vom Gehalt her jedoch ihm völlig entgegengesetzt.

Eins der schönsten Blätter zeichnete Barlach nach einem Gedicht von Jakob Böhme:

»Wem Zeit wie Ewigkeit
und Ewigkeit wie Zeit,
der ist befreit
von allem Leid!«

An einem Berghang sitzt ein Mann, ein Buch auf den Knien, und schaut darüber hinweg nachdenklich in die Weite.

Dieses Versinken in sich, das Suchen nach einer tieferen, echteren Wahrheit, als der hektische Kriegsalltag sie ihm geben konnte, erlebte er oft mit schlechtem Gewissen. Auch konnte er von der Idylle nicht lassen. Er las Mörike und Keller, wanderte viel mit Klaus durch die Landschaft, pflückte Haselnüsse am See, beobachtete mit dem Jungen Rebhühner und Feldmäuse. Sie sammelten seltene Pflanzen, die das Zimmer von Klaus zu einem Gewächshaus werden ließen, und badeten lachend und spritzend im Flüßchen Nebel. Die Lebenssicht des Kindes, dem eine Raupe interessanter war als die Schießübungen der neu eingezogenen Truppen, ließ auch Barlach ab und zu Vergessen finden. Doch dann dröhnte der Krieg neu und unüberhörbar. Es gab Schlachten und Siege, Gefallene und Helden. Mit klopfendem Herzen las Barlach die Zeitung, empfing Extrablätter, empörte sich über die »Feinde«, ja, er dankte Gott für deutsche Siege, denn von der Rechtmäßigkeit des deutschen Kampfes war er noch immer tief überzeugt. Er warf den Gegnern ein »ewiges Mißtrauen« und ein »Höhnen auf jede Versicherung redlicher Friedensliebe« vor. Die Kriegserklärung Englands, die als Antwort auf den Einmarsch in das neutrale Belgien erfolgte, empfand er als großes Unrecht. »Im grimmigen Zorn über Britannien«, wie Klaus später schrieb, schuf Barlach den »Rächer«, eine neue Fassung des »Berserkers«, einen sich weit nach vorn beugenden Mann, der sein Schwert schwingt.

Doch blieb das Gipsmodell lange ohne größere Ausführung stehen. Erst 1922 schnitzte er die Figur in Holz, aber zu dieser Zeit hatte sich ihr Sinn für ihn völlig geändert. Er hatte das Zweifelhafte seiner Gefühle

◀ »Massengrab«, Lithographie für die Zeitschrift »Kriegszeit«, 1914. Das Bild wurde als zu »pessimistisch« abgelehnt

während der ersten Kriegszeit erkannt: »Man kann nach dem Verlauf der letzten Jahre doppelt scharf echt oder falsch unterscheiden und ist der Verführung zum Belanglosen und Unwahren, zur Mache und zum Betrieb schneller vielleicht als früher mit abwehrendem Ekel bewußt geworden.«

Aber schon im November 1914 hatte er geschrieben: »Merkwürdig ist es, wie wenig Haßkraft ich habe und wohl die meisten Deutschen...« Er empfand selbst die Unsicherheit in seinen nationalen Gefühlen: »Ihr oder wir! Glaube ich nun selbst an solche Raserei? Ich weiß es nicht, es ist mit dem Glauben eine heikle Sache...«

Und doch sehnte er sich, dabei zu sein, wie viele seiner Freunde im Felde zu stehen, wie Vetter Karl und Paul Cassirer, der sich freiwillig gemeldet hatte und das Eiserne Kreuz erhielt. Theodor Däubler allerdings hatte es verstanden, sich dem allen zu entziehen, man hatte ihn »wegen Schwachsinns« vom Kriegsdienst freigestellt.

Barlach aber schrieb: »Pilze sammeln... Blumen pflücken, Zeitung lesen, schmökern... dem Böckchen Klaus die Hörnerstöße abfangen, spazieren, marschieren... und die Mühle hinterm Horizont im Osten und Westen malt Menschen, bricht Knochen, zapft Blut zu unerforschlichen Zwekken.«

Schließlich übernahm er eine Art Kriegshilfsdienst, teilte anfänglich Verpflegung an durchreisende Truppen aus und übernahm schließlich zweimal in der Woche die Aufsicht in einem Kinderhort. Etwas gewaltsam redete er sich selbst ein, daß die Familienväter, wenn sie ihre Kinder behütet wüßten, bessere Soldaten wären. Er verstand es gut, mit den Kindern umzugehen, erfand einfallsreiche Spiele, erzählte Geschichten, beaufsichtigte Schularbeiten und beobachtete die Jungen und Mädchen mit der gleichen intensiven Neugierde wie seinen Sohn: »Da sind die Wüsten, die Süßen, die mit den Hampelmann-Gliedern und dem Krampfleben, die Strolche und ihre Sklaven, die Wichte und die Wildlinge...«

Doch oft überforderte ihn die tobende, brüllende Schar, und er wußte nicht, ob er mehr Hirte oder Wachhund war. Er entflammte für eine hübsche, kokette Kinderpflegerin und rief sich selbst verärgert zu: »Barlach mit 45 Jahren hinter einem Schulmädchen drein! Und mitten im

Links: »Der Blinde und der Lahme«, Gips, 1919. »Ich spüre es im klaren Bewußtsein, daß uns der Weg trägt, den wir zu gehen meinen, die Zeit, in die wir uns getan fühlen, sind wir wohl selbst, die gute, wie die böse.« (Aus einem Brief an Carl Albert Lange)
Unten: »Der Mann im Stock«, Bronze 1918. »Der Mann im Stock ist ein Dieb oder sonstwie verurteilt, ein Sträfling, ein Leidender…« *(Barlach im Gespräch)*

◀ Edward Munch, »Der Schrei«, *rechts:* Ernst Barlach, »Das Grauen«, Bronze, 1923. Ausnahmsweise ließ sich Barlach hier von einem Zeitgenossen in seiner Kunst beeinflussen
Unten: »Der Träumer«, Holz, 1925. Seine Schwingungen empfand Barlach wie die Wellen der mecklenburgischen Landschaft

Oben: Der Lehrer, Dichter und Musiker Friedrich Schult, Bronze, 1920. Der Güstrower Freund war für Barlach ein beliebtes Modell
Rechts: Reinhard Piper. Der Jugendfreund wurde ein bekannter Verleger, der viele von Barlachs Werken veröffentlichte

Weltkriege!« Wohl auch deshalb gab er diese Arbeit nach ein paar Monaten auf. Nun meldete er sich als freiwilliger Krankenpfleger und wurde gemustert.

In diesen ersten Kriegsmonaten schwankte sein Gefühl zwischen dem heftigen Wunsch, mitkämpfen zu dürfen, und heimlicher Erleichterung, daß er nicht dabeisein mußte, zwischen leidenschaftlicher Anteilnahme am Kriegsgeschehen und selbstvergessenem Versinken in das Erlebnis der Landschaft, des Kindes an seiner Seite und seiner Arbeit. Um sich zu stählen, holte er sich einen schweren Stein in das Atelier, mit dem er turnte. Doch er mußte aufhören, ihn zu stemmen, weil das Herz Beschwerden machte. Der Stein blieb trotzdem im Raum liegen und zog später sogar mit zum Heidberg um.

Große Sorgen machten sich Barlach und seine Mutter um Bruder Hans, der bei Beginn des Krieges vom zaristischen Regime interniert worden war und bald in den Wirren der russischen Revolution steckte. Hoffnungsvoll klammerten sie sich an den Gedanken, daß Olga als Russin Hans helfen könnte.

Eine erleichternde Ablenkung gab in dieser Zeit ein großer neuer Auftrag. Barlach sollte für das Haus Mendelssohn-Bartholdy eine plastische Kaminwand herstellen. Er mußte deshalb ab und zu nach Berlin fahren und genoß es, die dort noch nicht im Felde stehenden Freunde zu treffen, auch Tilla Durieux und Less Kaerrick, die er die »Heilige« nannte. Die bedeutende Dostojewski-Übersetzerin war eine kluge Frau. Für sie empfand Barlach mehr als für eine nur flüchtige Bekannte. Er trank bei ihr Kaffee, sie hatten lange Gespräche, die in einen tiefsinnigen Briefwechsel mündeten.

Noch ein weibliches Wesen, seine »pommersche Philine« in Güstrow, machte ihm zu schaffen. Wieder floh er vor diesen Gefühlen in seine »wahrhafte Ehe«, die Arbeit, und formte mehrere Liebespaare. »Mir scheint das Lieben unter dem Sammelbegriff des Habens zu stehen. Vielleicht zu Unrecht; denn man will ja glücklich machen... Aber der Künstler, der das Menschliche in seinen Tiefen faßt und ans Licht bringt, braucht sich um Menschen, die haben wollen, und solche, die geben wollen, nicht unterscheidend zu kümmern...«

Gesprächspartner gab es für ihn in Güstrow wenige. So war Barlach erfreut über die Bekanntschaft mit dem neuen Zeichenlehrer an der Schule in Güstrow, Friedrich Schult. Dieser schrieb Lyrik und Prosa, schuf Holzschnitte und Schattenbilder, spielte Geige und mit »mozarthafter Zärtlichkeit« Klavier. Sie machten zusammen lange Wanderungen, und doch hielt Barlach sich noch zurück. Er mochte keine »Bruderbrünstigkeit«. Erst spät kam es zu einer wirklichen Freundschaft. Schult und dessen Frau spielten Rollen in Barlachs literarischem Werk, und der Bildhauer porträtierte das schmale, sensible Gesicht des Freundes. Schult wurde einer der wichtigsten Biographen, Herausgeber und Hüter von Barlachs Werken.

Ende 1914 empfand Barlach immer stärker Skepsis an der Berechtigung des Krieges. Kein Hochgefühl spricht aus den Worten, die er während der Masernkrankheit des Kindes schrieb: »Wenn ich, wie gestern Nacht, am Bett des würgenden Klaus stehe und ihn sorglich in seine frische Wolldecke hülle, dann fürchte ich den Krieg. Da ist überall rundum dergleichen leises, zartes Leben in Kinderbetten, und nun die barbarische Schöpferfaust? Muß ich nicht doch glauben, daß eine Teufelsfaust den Krieg nach uns geschleudert hat?«

Das Rote Kreuz wollte ihm den Auftrag zu einer in Eisenguß geplanten Hindenburgstatuette geben. Er schuf einen Tonentwurf. Eine Porträtsitzung mit Hindenburg war geplant, doch ehe sie stattfinden konnte, wurde Barlach nun doch zum Landsturm eingezogen. Die Statuette kam nicht zur Ausführung, weil Hindenburg sich schließlich für einen anderen Künstler entschied.

Vom 7. Dezember 1915 an sollte Barlach nun zum Soldaten ausgebildet werden. Die Landsturmmänner lagen in Sonderburg in Bürgerquartieren, alle waren über vierzig Jahre alt. Bei eisiger Kälte wurde vom frühen Morgen an exerziert. Blutjunge Offiziere schnauzten die Älteren an, ließen sie strammstehen, jagten sie über den Platz und durchs Gebüsch, behandelten sie wie dumme Jungen. Krampfhaft versuchte sich Barlach die Nützlichkeit und Gesundheit des harten Dienstes einzureden: »Ein kaltes, windiges Fegefeuer für Spießerseelen.«

Man zwang ihn, mit einem verstauchten Fuß über Wassergräben zu

springen. Die schwere Kost bekam ihm nicht. Er hatte ständig Magenschmerzen. Die Freunde in Berlin sorgten sich. Sie machten eine Eingabe, in der darum gebeten wurde, den bedeutenden Künstler sich nicht durch allzu schwere Belastung aufreiben zu lassen. Er könne mit seiner Kunst Wichtigeres für das Vaterland leisten. Unterschrieben hatten Liebermann, Gaul, Slevogt und andere.
Zuerst schien die Eingabe keine Wirkung zu haben. Barlach versuchte weiter, tapfer seinen Dienst zu leisten und in seinen Briefen nicht zu klagen. Doch er litt. Vetter Karl, den er während dieser Zeit besuchte, schildert ihn als eine tragikomische Gestalt mit viel zu großem, geflicktem Soldatenmantel, schirmloser, zerdrückter Mütze und struppigem Bart im elenden Gesicht.
Schließlich schickte man ihn seines schlechten körperlichen Zustandes wegen in die Garnison, wo er im wesentlichen von dem harten Dienst befreit war. Schlimmer als dieser war nun aber die Langeweile und das Gefühl gänzlicher Nutzlosigkeit. Endlich, im Februar 1916, hatte das Gesuch der Freunde Erfolg. Er wurde vorläufig entlassen. Die Erleichterung war groß, und doch schämte er sich, daß er nicht durchgehalten hatte. Um so »wütender« machte er sich nun an die Arbeit.
Sein bevorzugtes Material war jetzt das Holz. Es war ein Fest, wenn die Kiste mit dem neuen Block von starken Männern hereingetragen wurde. Mit Spannung erwartete er das Lösen der Deckelschrauben. Der »glatte, rotwarme Holzleib« wurde herausgehoben und stand dann »in der wunderbaren Majestät seiner Geduldigkeit da«. Der Anblick gab ihm ein fast sinnliches Vergnügen. Beim Schlagen mit Hammer und Meißel am Holzblock entwickelte er große Energie, vergaß seine Schwäche, die Herzbeschwerden und die Kälte. Das Atelier war nur notdürftig geheizt. Wie die Nahrungsmittel wurde auch das Heizmaterial immer knapper. Zwar war in der kleinen Stadt mit bäuerlichem Umfeld noch eher etwas über die Zuteilung hinaus zu bekommen als in der Großstadt. Doch Barlach quälte sein empfindliches Gewissen, wenn er durch Kaufen auf dem »schwarzen Markt« Vorteile vor anderen erlangte. Daß die meisten Menschen damals ohne Skrupel versuchten, auf diese Weise zu besseren Lebensbedingungen zu kommen, merkte er nicht. Gern nahm er allerdings

von der Nachbarin seines Ateliers ab und zu ein paar Eier an. Weil das Gegacker ihrer Hühner, mit denen er ja Wand an Wand lebte, ihn oft bei der Arbeit störte, schien ihm das gerechtfertigt zu sein.

Die mit so viel Hoffnung begonnene Arbeit am Kaminrelief brachte Schwierigkeiten. Er mühte sich, veränderte und schuf neu. Schließlich stellte er auf der mittleren Haupttafel drei Liebespaare in zärtlicher Umarmung dar, die Seitentafeln zeigten je einen »Liebenden« und einen »Dichter«. Doch den Auftraggebern, besonders Frau Mendelssohn-Bartholdy, gefiel die Wand nicht. Auch Barlach war enttäuscht, als er sie im Raum der Berliner Villa sah. Er glaubte, daß falsche Lichtverhältnisse das Bild verzerrten. Schließlich übernahm der Architekt Bruno Paul die Holzfassung des Reliefs. Leider ist es im zweiten Weltkrieg verbrannt. Ein Gipsmodell ist im Güstrower Atelier erhalten.

Doch Barlach konnte nicht ganz in der Arbeit versinken. Immer wieder spürte er den Wellenschlägen des Krieges nach, die auch an das Ufer des kleinen Städtchens schlugen. Mit Klaus zusammen saß er im Bahnhof und beobachtete ab- und durchfahrende Soldaten, sah verstört einem Transport von Verwundeten zu: »Da treibt aus dem fürchterlichen Krieg die beglaubigte Wirklichkeit heran...« Immer wieder strich er um das Lager von Kriegsgefangenen in der Nähe herum, und er lauschte gleichzeitig entsetzt und angezogen den Frontberichten von Einquartierungssoldaten. Doch wehrte er sich gegen jede Art von Schützengrabenromantik. Der Krieg war ihm mit all seinen Schrecken bewußt geworden. Er glaubte zwar noch immer, daß er nötig sei, um deutsches Denken, deutsche Dichtung und Musik zu erhalten: »Ich und mein Haus kann nur auf deutsch bestehen.« Manchmal aber tauchten Zweifel auf: »Geht es wirklich ums *Vaterland*? Ist das Vaterland nicht vielleicht ein Hilfsbegriff, eine Krücke?«

Der Alltag brachte neue Sorgen. Die Mutter war häufig krank, und Klaus beutelte die Vorpubertät. Er war in der Schule schlecht und hatte wenige Freunde. In seiner Altersgruppe war er ein Außenseiter. Wohl hatte die allzu enge Bindung an den Vater ihn andere Denkgewohnheiten gelehrt als bei Zehnjährigen sonst üblich. Doch litt er darunter, war mit sich selber nicht zufrieden, maulte zu Hause, bockte gegen die Großmutter und

Aus einem neuzeitlichen Totentanz

äffte sie nach. Er aß wenig, war blaß und mager. Der Vater sorgte sich, ärgerte sich auch manchmal, aber: »Seit ich dich habe, habe ich Ansehen als Künstler – kann sein, ich brauche einen Dorn im Fleisch. Liebhaben soll ja am Ende auch keinen Dank und Lust eintragen, und überhaupt, deine Erziehung ist in Wahrheit meine Erziehung.«

Wenn sie gemeinsam über Land streiften, waren sie sich einig, beim Pilzesuchen, Beerenpflücken, Fischen, oder wenn Barlach Storm, Dickens und Reuter vorlas, wenn er erzählte: Mephistogeschichten, Märchen, Sagen, Klausgeschichten, Seumegeschichten, auch wenn Klaus im Atelier »half«, sich manchmal sogar unter den anerkennenden Blicken des Vaters als Bildhauer versuchte. Letztlich war die innige Zusammengehörigkeit durch nichts zu zerstören, auch nicht, als Klaus beim ersten Gymnasialzeugnis unter sechzehn Schülern der Schlechteste geworden war. Barlach überlegte, ob er ihn ganz von der Schule befreien sollte, um ihm die Möglichkeit zu geben, sich nur mit seinen wahren Interessen, dem Erforschen der Natur, dem Basteln und Geschichtenlesen zu beschäftigen, doch ließ er den Gedanken wieder fallen, wohl um den Jungen nicht noch mehr aus der Gemeinschaft seiner Altersgenossen herauszulösen.

Trotz aller Schwierigkeiten und Kümmernisse waren Vater und Sohn sich einig beim festlichen Gang zum Dom am Weihnachtsabend 1916. Tief und beglückt empfanden beide die »gewölbte, leuchtende Domherrlichkeit«.

Der Winter 1916/17 brachte eine harte Hungerzeit. Die Hauptnahrung bestand aus Kohlrüben. Im kleinen Gärtchen hatte Barlach versucht, etwas Gemüse und Kartoffeln zu ziehen. Er war unterernährt und oft erkältet, hatte Herz- und Magenbeschwerden, aber er überwand alles immer wieder durch die Hingabe an die Arbeit. Der »Ekstatiker« wurde nun in Holz gearbeitet. Die Plastik gibt Barlachs inneres Schwanken wider, zeigt gleichzeitig aufbegehrendes Pathos und ein Zurücknehmen der Gefühle.

Auch in Holz entstand »Das frierende Mädchen« und als Gipsrelief »Der Blinde und der Lahme«.

Ein neuer Versuch, Holzschnitte zu bilden, gelang. Diese Art der Grafik entsprach der schweren Zeit. Das harte Nebeneinander von Schwarz und

»Kindertod«, 1919. Um die Schrecken des Krieges aufzuzeigen, schien Barlach der Holzschnitt das rechte Mittel zu sein

Weiß, das Eckige, Bizarre, gab den Blättern »Die Hundefängerin«, »Kindertod«, »Kreuz- und Sargräuber« und vielen anderen Unmißverständlichkeit und unerbittliche Schärfe.
Als Käthe Kollwitz die Drucke auf einer Ausstellung der Sezession entdeckte, schrieb sie: »Da sah ich etwas, was mich ganz umschmiß... Barlach hat seinen Weg gefunden.« Sie ließ sich dadurch beeinflussen, von nun an selber Holzschnitte herzustellen.
Im November 1917 fand die erste größere Ausstellung von Barlachs Werken bei Cassirer statt. Grafische und bildhauerische Arbeiten wurden gezeigt. Bei der Eröffnung sprach Theodor Däubler über den »Dramatischen Barlach«, und der Schauspieler Friedrich Kayßler las aus dem »Toten Tag«.

Doch keine Erfolge ließen ihn einhalten und sich ausruhen. Eine »Grablegung«, ein Relief aus Eichenholz entstand: Die verschleierte Witwe kniet vor dem offenen Grab, während ein Geiger daneben eine traurige Melodie spielt. In Gips formte er den »Mann im Stock«, der eine mittelalterliche Strafe verbüßt und, Kopf und Hände in einen Holzblock gepreßt, dahockt, Sinnbild der Qualen, die ein Mensch ertragen muß.
In der Gruppe »Die Kupplerin« stellte Barlach ausnahmsweise einen nackten Frauenkörper dar, ein Mädchen, das von einer widerlichen Alten enthüllt wird, eine Szene, schamlos und rührend zugleich.
Kurz vor Kriegsende erhielt Barlach noch einen Auftrag vom preußischen Kultusministerium. Es bestellte bei ihm ein Kruzifix, das mehrfach als Eisenguß ausgeführt und auf Kriegerfriedhöfen aufgestellt werden sollte. Im Juni 1918 schrieb er: »Der Christus in Gips ist fertig. Er ist so gut geworden, wie ich ihn machen konnte.« Im Juli schickte er die Figur nach Berlin, doch durch die Wirren des Zusammenbruchs kam es nicht zur Ausführung in Eisen. Jetzt hängen Bronzeabgüsse davon in verschiedenen Kirchen West- und Ostdeutschlands, auch im Güstrower Dom. In diesem gekreuzigten Christus drückte Barlach seine tiefe Trauer um die deutschen Männer aus, die im Kriege ihr Leben gelassen hatten. Das nationale Pathos war bei ihm ausgebrannt.

◀ »Kupplerin«, Kohle, 1919. Selten hat Barlach einen Akt dargestellt. Hier ist es die schutzlose Blöße der jungen Frau

14. Bildhauer und Dichter

In den wirren und unruhigen Zuständen der Nachkriegszeit zog Barlach sich immer stärker in sich selbst zurück. Man bat ihn, sich wieder mehr am öffentlichen Kunstbetrieb zu beteiligen, kulturpolitische Aufgaben zu übernehmen, aber er lehnte ab.
»Die Masse hat das Wort und wird es wohl behalten. Was bleibt übrig als die Hoffnung und Aufgabe, die Masse zu heben?«
An Piper schrieb er: »Kunst ist die Sache allertiefster Menschlichkeit, eine Probe auf den Feingehalt von Geist und Seele... Ich fürchte, wir werden eine große Proletarisierung, eine Entindividualisierung in der Breite bekommen... Die neuen Dogmen werden den alten das Wasser nicht reichen können... Aufklärung und Nützlichkeit werden reißend Absatz für ihren billigen Schund finden.«
Er lehnte es ab, die Kunst als Motor für politische Veränderungen zu benutzen. Er wollte mehr. Seine Werke entstanden nicht aus der Kritik an einer bestimmten Gesellschaftsform heraus, sondern waren eine ewige Suche nach dem Sinn des Lebens überhaupt.
Er war ein extremer Individualist: »Nein, ich gehöre nicht unter die Massen und fühle doch eine Art Apostel-Zuneigung zur Allgewöhnlichkeit als einem mystischen Boden...«
Ein lebensgroßer Moses entstand unter seinen Händen aus einer alten eichenen Mühlenwelle, und Barlach wünschte »Deutschland so einen Zusammenfasser und Bestimmer aller nationalen Dinge«.
In den harten Hungerjahren 1919/20 war es nicht leicht, das Leben zu meistern. Auch wurden persönliche und familiäre Sorgen immer drükkender. Zwar tauchte im März 1919 endlich Hans mit seiner Frau aus dem russischen Chaos auf, doch war er erschöpft und elend nach der

langen Gefangenschaft, und Frau Olga war ihm keine Hilfe zu einem Neubeginn. Sie war träge, lernte kein Deutsch, war habgierig und hysterisch. Ernst Barlach hatte sie erst einmal im Kurhotel am Inselsee untergebracht. Er versuchte, zwischen Hans und Olga zu vermitteln, und litt die Kümmernisse des Bruders heftig mit.

Sorgen bereitete ihm auch Klaus, der viel kränkelte, körperlich und seelisch in keinem guten Zustand war und an Asthma litt. Barlach gab den Jungen aufs Land, in das Dorf Kambs, wo er beim Pfarrer wohnte und auch Unterricht erhielt. Der Vater schickte Klaus wohl nicht nur fort, weil dieser gesunde Landluft brauchte, sondern auch wegen der häuslichen Verhältnisse. Die Mutter wurde immer schwieriger, ihr Gemütsleiden offensichtlicher. Als Vetter Karl die Familie besuchte, wurde Louise Barlach von ihm ferngehalten. Ernst Barlach versuchte zu vertuschen, daß dem Haushalt »Wärme und Freudigkeit« fehlten. Schließlich klagte er aber doch: »Meine Arbeit ist durch all das schwer behindert.«

Es kam eine Hilfe ins Haus, Albertine Heidebruch aus Altona, Fräulein Tina genannt. Sie versuchte, wieder Harmonie in das Familienleben zu bringen. Vielleicht machte sie sich in bezug auf Barlach weitere Hoffnungen. Doch das Verhältnis zwischen ihr und Louise Barlach wurde immer schlechter. Es kam zu heftigen Auseinandersetzungen, und ein Jahr, nachdem sie gekommen war, verließ Fräulein Tina die Barlachsche Familie wieder. Ernst Barlach und sie wechselten noch längere Zeit Briefe. Er war nun wie mit Ketten an die Kranke gefesselt, mußte den Haushalt versorgen und kam kaum zur Arbeit.

Im Herbst 1920 wollte sie auf eigenen Wunsch in ein Sanatorium in Bad Kleinen gehen. Zum Abschied war auch Klaus von seinem Dorf herübergekommen. Er brachte der Verdüsterten die letzten kleinen Freuden, indem er ihr seine Kaninchen auf den Schoß setzte, sie barfüßig zum Bahnhof begleitete und, als der Zug schon fuhr, noch lange winkend neben ihrem Fenster herlief. Bei einem Spaziergang in Bad Kleinen trennte sie sich von den anderen Patienten und verschwand. Schließlich fand man sie ertrunken im Schweriner See.

Für Barlach war es ein Schock und gleichzeitig eine Befreiung. An den

Vetter schrieb er: »Sie fehlt mir sehr, aber ich sehe doch auch, daß ich von ihr übermäßig absorbiert war – sie bestimmte meinen Lebensstil.«
Die Rückkehr der verstorbenen Louise Barlach nach Güstrow war nicht ohne Komik, und Barlach meinte, daß sie, die viel Humor gehabt hatte, die Situation genossen hätte. Als der Pferdewagen auftauchte, der ihren Sarg nach Güstrow brachte, sah Barlach, daß der Kutscher sich mit seinem breiten Rücken »so recht behaglich« an den Sarg gelehnt hatte und eine Zigarre schmauchte.
Barlach war von einer Art Gefängnisdasein befreit und spürte doch plötzlich schmerzhaft seine große Einsamkeit. Fast sehnte er das Lamentieren und die Rührseligkeiten der Mutter wieder herbei, den ständigen Kampf gegen ihre Mutlosigkeit und Ängste. War sie doch ein Mensch gewesen, mit dem er sprechen und für den er sorgen konnte. Klaus, der sich auf seinem Dorf gut erholte, war nur in den Ferien bei ihm. Bruder Hans und seine Frau hatten sich in Berlin niedergelassen. Freunde hatte er in Güstrow nicht viele.
Auch traf ihn ein neuer Schmerz, als in Berlin August Gaul schwer erkrankte. Barlach fuhr zu ihm und besuchte ihn in seinem Atelier, wo der Bildhauer vor der Figur eines großen Menschenaffen saß und mit den Augen versuchte, die Plastik zu vollenden, ohne eine Hand heben zu können. Bald darauf starb er, und wieder stand Barlach an einem Grabe.
Seine Sehnsucht nach menschlicher Nähe trieb ihn in Güstrow in die unglückliche Leidenschaft zu der Frau seines Freundes Friedrich Schult; er hoffte sogar, daß sie ihren Mann verlassen und zu ihm ziehen würde. Als Frau Schult das ablehnte, war er verzweifelt. Er griff mehr als gewohnt zu Alkohol und Schlafmitteln und sehnte sich nach Gesprächen mit Gleichgesinnten. Der Plan kam auf, wieder nach Berlin überzusiedeln. Wie eine Schicksalsfügung kam ihm das Angebot der Akademie vor, eine Professur anzunehmen, mit der ein Atelier in Potsdam verbunden war. Auch wurde er gefragt, ob er Atelier und Wohnhaus seines verstorbenen Freundes Gaul am Roseneck übernehmen wolle. Er hatte sich dort immer wohl gefühlt und entschloß sich deshalb dazu. Koffer und Kisten wurden gepackt, doch Erbstreitigkeiten der Familie Gauls verhinderten eine sofortige Übernahme.

Während dieser Wartezeit kamen ihm Zweifel, die er in der Hektik des Umzugs wohl verdrängt hatte. Nun aber fragte er sich in seinem von Kisten vollgestellten Atelier, ob das Leben in Berlin für ihn überhaupt möglich wäre. Konnte er das freie, ungebundene Dasein, das nur seiner Kunst und Klaus verpflichtet war, aufgeben? Auch merkte er, wie stark er nun doch schon in der mecklenburgischen Landschaft verwurzelt war. Er überlegte, wog ab, zauderte, entschloß sich zu Berlin und am nächsten Tag zu Güstrow. Er hatte Depressionen und Zusammenbrüche und fand sich selbst »irrenhausreif«. Dann, als von Berlin endlich, nach Monaten, die Nachricht kam, daß Gauls Haus für ihn frei sei, lehnte er es ab und auch die Professur an der Akademie, obgleich er dort Mitglied war. Während er seine Kisten nun endlich wieder auspackte, wurde ihm bewußt, daß er einen großen Hunger nach menschlicher Gemeinschaft hatte und gleichzeitig zunehmend vor Kontakten zurückschreckte. Doch das letztere überwog. Hier, in Güstrow, konnte er sich besser verstecken, konnte sich ausschließlich auf sein Werk konzentrieren. Es war eine Entscheidung gegen den Kunstbetrieb der Großstadt, gegen Ruhm und öffentliche Ehren für die störungsfreie Arbeit an seinem Werk. Daß er damit eine größere Einsamkeit auf sich nahm, wurde ihm schmerzlich bewußt.

Vielleicht entstanden aus der Sehnsucht nach verständnisvollen Freunden heraus in den Jahren 1918–22 besonders viele Porträts und Masken von Menschen, die ihm nahestanden, so die Plastik Reinhold von Walters, der 1918 in Güstrow als Dolmetscher arbeitete und ein bekannter Übersetzer russischer Literatur war; das sensible Gesicht des Freundes Friedrich Schult als Maske; ebenfalls als Maske der ironische Kasperkopf von Albert Kollmann; Maske und Büste des Verlegerfreundes Reinhard Piper in heiterer Gelassenheit; natürlich Däublers wildes Gesicht und einige andere. Mit psychologischem Einfühlungsvermögen arbeitete er die Individualität jedes einzelnen heraus. Und doch blieben diese Gesichter für ihn nicht einmalige Abbilder unverwandelbarer Individuen. Ihre Züge übertrug er meist in seine anderen Werke. So benutzte er von Walter zu einem Moses, Friedrich Schult zu einem lesenden Mönch und Däubler zu manchem Gott, Propheten und Dämon.

Die Wandlungen Gottes
Sieben Holzschnitte
von Ernst Barlach

Drei Holzschnitte aus der Folge »Die Wandlungen Gottes«, sieben Holzschnitte, 1920. Das oben abgebildete letzte Blatt, der »ausruhende Gott«, zeigt Barlachs Selbstporträt

Um die häusliche Öde zu vergessen, entwickelte er wieder einen hektischen Schaffensdrang. Neue Gestalten erwachten unter seinen Händen, eine verhüllte Bettlerin, Liebespaare, Menschen aus Güstrow, wie die Frau mit den untergeschlagenen Armen. Aus all seinem Jammer heraus blitzte auch wieder Humor auf in der arroganten Miene eines »Verschwenders« und dem dickschädeligen »Mann mit dem Mantel«.
Neben diesen Plastiken entstanden viele Zeichnungen, Grafiken und Holzschnitte, so der Zyklus »Die Wandlungen Gottes«, sieben Blätter vom Werden einer Welt. Auf dem letzten Bild sitzt Gott erschöpft und nachdenklich mit im Schoß gefalteten Händen, das bärtige Gesicht ist ein Selbstporträt Barlachs.
Mit den Händen im Schoß auszuruhen gelang ihm nur schwer. Wenn er zu müde zum Arbeiten war, las er, am liebsten die alten Chinesen wie

Li Tai-po und Dschuang-Dsi, deren gelassene, heitere Lebensbetrachtung, die Einheit von Innen und Außen, er sich so brennend wünschte, und Goethe, zu dessen »Walpurgisnacht« er Zeichnungen ausführte. Hier konnte er sich ganz der Phantastik des von jeher geliebten Hexengelichters hingeben.
Zu Barlachs Verwunderung war am 20. März 1919 sein Drama »Der arme Vetter« in den Hamburger Kammerspielen uraufgeführt worden. Wie zu erwarten gewesen, fand das schwierige Stück keine einhellige Zustimmung. Zwar gab es Beifall, aber auch energischen Protest. In der Presse lobten die einen, die anderen verrissen. 1920 wurde »Der arme Vetter« in Halle aufgeführt und mußte nach der ersten Vorstellung abgesetzt werden. Doch drei Jahre später kam es in Berlin zu einem großen Erfolg unter der Regie von Jürgen Fehling mit Heinrich George als Siebenmark und Johanna Hofer als Fräulein Isenbarn. Das theatergewohnte intellektuelle Berliner Publikum jubelte, die Kritiker waren meist begeistert. Achtzehn Aufführungen fanden statt und ebneten dem Stück den Weg zu anderen Bühnen.
Auch »Der tote Tag« wurde 1919 im Schauspielhaus in Leipzig uraufgeführt. Man fragte Barlach, ob er zur Premiere kommen wolle, aber er wehrte entsetzt ab und meinte: »Das werde ich bleibenlassen. Niemand ist im Theater weniger am Platz als der Autor.« Wieder hatte das gar nicht bequeme Stück keinen Anfangserfolg. Die Kritik meinte, das Drama sei nur für Intellektuelle geschrieben, obgleich Barlach ja gerade nicht den Intellekt, sondern das Gefühl für Magisches ansprechen wollte. Ein paar Jahre später sah Thomas Mann den »Toten Tag« in München. Er war tief beeindruckt und empfand Barlach als Brecht ebenbürtig.
Barlach wußte, daß die meisten Menschen vom Kunstwerk eine »Erbauung und Befreiung« erwarteten. Er meinte ironisch: »Daß ich das nicht erfülle, spricht gegen mich.« Doch wichtiger als die vielen, die ihn nicht verstanden, waren ihm die wenigen Menschen, die er erschütterte und nachdenklich stimmte.

Der Dom zu Güstrow ▶

Links: »Das Wiedersehen«, Bronze, 1926. Christus und der ungläubige Thomas, der die Gesichtszüge von Barlach zeigt. Diese Plastik wurde von den Nationalsozialisten als »entartete Kunst« gebrandmarkt

Unten: »Der Güstrower Domengel«, Bronze, 1927. Ehrenmal, im Zweiten Weltkrieg von den Nationalsozialisten eingeschmolzen, nach dem Krieg wieder neu gegossen und an Ort und Stelle gebracht. Bertolt Brecht: »Daß der Engel des Güstrower Ehrenmals mich überwältigt, ist nicht verwunderlich…«

Seite 133: Kopf des Domengels und ein Porträt der Bildhauerin und Grafikerin Käthe Kollwitz, die im Ersten Weltkrieg ihren Sohn verlor

Ernst Barlach mit Sohn Nikolaus, 1925

Auch bei den Schriftstellerkollegen tobte ein Kampf um Barlach. Eine besonders böse Attacke ritt Alfred Döblin gegen ihn: »Man liest, nachdem man sich durch die qualvollen Abende geschlagen hat, Hymnen auf den ›Dramatiker‹: ein herrliches Stück. Einer will ihm a tempo den Schillerpreis geben. Da stehste staunend vis-à-vis. Bei einem las ich: von Barlach wird alles ins Mystische zurückgestoßen. Da haben wir ja den Salat: die Dumpfheit, Gärung, Unklarheit – Mystik. Das Brüten, Würgen, Kollern – Mystik. Liebe Herren, gräßlich rückständig, ungeistig, eine Frühgeburt ist Barlach. Diese Mecklenburger friesische Tugend, sehr echt vor sich hinblökend, wie ihr ums Herz ist, was kann sie geben?«

Doch Däubler setzte sich mit ganzer Seele für den Freund ein. Er wußte, daß Barlachs Dichtung und bildende Kunst eng zusammengehörten: »Ernst Barlach kann nur als Dramatiker erfaßt werden, wenn man ebenso auf seine Bildwerke wie auf seine Dichtung eingeht. Er hat sowohl für den ›Toten Tag‹, wie auch jetzt für sein zweites dramatisches Werk, den ›Armen Vetter‹, Zeichnungen gemacht. Ebensogut läßt sich aber auch sagen: die Dichtwerke gehören zu den Skulpturen. In Holzstatuen konnte er nicht durch Schreie die tiefsten Triebhaftigkeiten seiner Natur ausdrücken; aber auch die Gestalten seiner Bühnenvisionen haben für ihn zu wenig Wirklichkeit, um alles, was er sich einzugestehen, uns zu sagen hat, zu erschöpfen. Damit ist aber nicht gemeint, daß den Bildwerken oder Dramen als Kunstwerken etwas fehle, wenn sie jedes für sich in Betracht gezogen werden. Keineswegs, es soll nur heißen: Der ganze Künstler Barlach braucht zwei Möglichkeiten, um sich zu äußern und sein dramatisches Temperament ganz bestätigen zu können: das Drama *und* die bildende Kunst.«

Seit einiger Zeit schrieb Barlach an einem neuen Drama: Der Rummelplatz eines Güstrower Jahrmarktes hatte ihn einst in seiner wirbelnden Lebendigkeit beeindruckt. Eine Geschichte war ihm eingefallen, die er, wie er es gerne tat, variierte. Im Roman »Seespeck« taucht die Fabel vom ausgebrochenen falschen Löwen schon einmal auf und wird nun im Drama »Die echten Sedemunds« zum zentralen Ereignis.

In einer kleinen Stadt geschieht viel Böses. Besonders die reichen Sedemunds versuchen immer wieder, ihren Vorteil zu wahren. Aus dieser

dumpfen, verdorbenen Welt hat sich einer der Bürger, Herr Grude, zurückgezogen und als angeblich Verwirrter in eine Irrenanstalt aufnehmen lassen, obgleich er der einzige ist, der die Welt der Philister und Heuchler durchschaut. Zu einem Begräbnis entlassen, kommt er in die Stadt, in der ein Jahrmarkt stattfindet. Als er erfährt, daß der alte Löwe, der Glanz der Tierschau, gestorben ist, läßt er sich das Fell des Raubtieres geben, behauptet in der Öffentlichkeit, der Löwe sei nicht tot, sondern ausgebrochen, schlüpft schließlich in das Fell und tritt als Löwe auf. In der Panik, die dadurch entsteht, bekennen die Bürger ihre Sünden, und einer der Sedemunds erklärt: »Echte Sedemunds? Ja, so sind sie, unverbesserlich! Es stinkt zum Himmel von Sedemunds wie ein Haufen Unrat, ein Löwenmaul spaltet sich und ein Löwenrachen heult vor Wut über uns... es ist doch momentan in der Welt jeder Name löblicher genannt als just unsrer.« Aber als die Demaskierung stattgefunden hat, der Löwe keine Bedrohung mehr ist, kehren alle wieder beruhigt in ihr gewohntes Leben zurück. Die Sedemunds und die anderen Philister der Stadt ändern sich vorerst nicht. Doch Grude ist nicht ohne Hoffnung. Er tanzt mit seiner schwangeren Frau über die Gräber des Friedhofs: »Die Alten haben ihre Zeit gehabt und sind in Grund und Boden getreten, jetzt kommen wir und nach uns unsere Kinder, alles wird gründlich anders, es lebe die neue Zeit und die echten Grudes!«
Im Gegensatz zum »Toten Tag« sind die Gestalten des Stücks keine Geister, sondern wirkliche Menschen, Kleinbürger, Zirkusleute, Arme und Reiche, die zum Teil mit skurrilem Humor gezeichnet sind. Doch die Sprache bleibt schwierig und ist für Regie und Schauspieler nicht leicht zu bewältigen. Es ist eine Bildsprache, teils im Stabreim, die von Gleichnissen und Symbolen lebt. Die Uraufführung fand im März 1921 wieder in Hamburg unter Erich Ziegel statt. Auch dieses Stück kam bei dem Hamburger Publikum nicht uneingeschränkt an. Kurz danach inszenierte Leopold Jessner das Drama in Berlin. Jessner kam sogar nach Güstrow, um an Ort und Stelle die Kleinstadtatmosphäre zu erspüren. Fritz Kortner spielte den alten Sedemund. Wieder gab es bei der Premiere einen Sturm von Beifall und Pfiffen. Ähnlich verhielt sich die Kritik am nächsten Tag. Alfred Kerr verriß das Stück mit beißender Ironie, doch Her-

bert Ihering und Julius Bab lobten es. Bab hielt allerdings die Aufführung für nicht gelungen.
Barlach war zu dieser Zeit gerade in Berlin, um Bücher zu signieren. Widerwillig entschloß er sich auf Jessners Bitten hin, die zweite Aufführung anzusehen. Der Logenschließer weigerte sich zuerst, den kleinen, bärtigen, schäbig gekleideten Mann einzulassen. Die Aufführung zu verfolgen war für Barlach eine Qual, er fand, daß »die gänzlich verfehlte Stilisierung den breiten Atem meines Stückes platterdings verstellte«. Als Jessner ihn erwartungsvoll fragte, wie es ihm gefallen habe, war Barlach in einer peinlichen Lage und sagte: »Was ich hier gesehen habe, hat nichts mehr mit mir zu tun.« Nie wieder hat er sich eins seiner Dramen auf der Bühne angesehen.
Doch ein ihm im Künstlerischen sehr nahestehender Mensch war von der Aufführung tief beeindruckt. Käthe Kollwitz schrieb in ihr Tagebuch: »Gestern ›Die echten Sedemunds‹ gesehen. Ein tief neidisches Empfinden, daß Barlach so viel stärker und tiefer ist, als ich bin.«

15. Unruhe und Einsamkeit

Er schrieb, er zeichnete, er schnitzte. Im Mai 1922 hieß es in einem Brief an einen Besucher: »Seitdem Sie fort sind, habe ich sozusagen einen einzigen über die Zeit hin erstreckten Arbeitstag gehabt...«

Ein Grabmal für die Mutter entstand in Holz, eine pfostenartige Stele mit übergreifendem Dreiecksgiebel, im Giebelfeld ein versenktes Relief mit einem sitzenden Gottvater, der den starren, geraden Leib einer Frau auf seinen Knien hält.

Vom Leiden und Sterben der Mutter inspiriert ist auch eine erschütternde Kohlezeichnung: »Frau Sorge«, eine alte Frau, die sich mit gichtkrummen Händen auf zwei Krücken gestützt dahinschleppt. Das Gesicht ist verhärmt, und doch steht in ihm geschrieben, daß sie ihre Pflicht bis zum letzten erfüllen wird, daß die Sorge um geliebte Menschen ihr mehr bedeutet als die eigene Qual.

Barlach versuchte, mit der Arbeit die Öde seines Privatlebens zu verdrängen. Bruder Hans hatte ihm eine Haushälterin verschafft. Fräulein Doege war tüchtig, aber ihm nicht sympathisch. Allmählich lebten sie sich miteinander ein, doch die Gespräche mit ihr gingen nicht über das Alltägliche hinaus. Im Dezember 1921 kam Klaus wieder von Kambs nach Güstrow zurück, gesundheitlich erholt, doch, wie der Vater bemerkte, mit großen Wissenslücken. Der Unterricht im Pfarrhaus war nur lässig gewesen. Auch Klaus konnte ihm nicht der Partner werden, der seine Einsamkeit vertrieb, denn der Fünfzehnjährige ging nun schon seine eigenen Wege.

Die Liebe zu Frau Schult setzte Barlach hart zu. Er versuchte, sich mit Ironie davon zu befreien, indem er ein schweinsköpfiges, widerliches

Gruppe vom Grabkreuz der Mutter, Holz, 1920

Frau Sorge«, Kohlezeichnung, 1920. Nach dem Tode der Mutter entstanden

Variationen der Liebe: schweinsköpfiges Liebespaar *(links)* und zartes Liebespaar *(oben)*

»Liebespaar« zeichnete. Doch ein paar Tage später schuf er ein in sich versunkenes »Sitzendes Liebespaar« voll zarter Poesie. An Friedrich Düsel schrieb er: »Das Jahr seit vorigem Frühjahr war ein einziges Furioso, und es ist ein Wunder, daß ich mit heiler Haut davongekommen bin. Nicht so ganz heiler, nein, recht ramponiert bin ich, aber doch immerhin bin ich auf den Beinen. Es gab eine Verstricktheit unter drei Leuten hier am Ort, und ich war der eine. Ich beschloß nach einer Abfuhr, fortzugehen, und fand eine bequeme vorläufige Gelegenheit in einem Auftrag für eine Kirche in Kiel...«

Er sollte dort ein Ehrenmal für die Nikolaikirche schaffen. In einer ausgeräumten Schulhalle richtete er sich ein Atelier ein. Drei Monate lang arbeitete er an einem Hochrelief in Eiche, der »Schmerzensmutter«, einer betenden Frau unter sieben Schwertern. Das schöne Werk wurde im Krieg durch Bomben zerstört.

Wieder in Güstrow, beschäftigte ihn das Epos der Nibelungen. In Florenz hatte er Zeichnungen dazu gemacht und fügte diesen nun fast zwanzig neue Kohlezeichnungen hinzu. Auch hier ging es um Liebe und Tod, Gefühle, die ihn jetzt quälten und von denen er frei zu werden versuchte. Die Arbeit half ihm wirklich. Er empfand sie wie ein »selbsttätiges Wesen«, das ihn nur als »Handlanger« brauchte. Seine Gesundheit – immer wieder auftretende Magen- und Herzbeschwerden – schien ihm nicht so wichtig zu sein: »...ich verwandle mich in Arbeit und bin dabei vollkommen zufrieden.«

Wenn er nicht zeichnete, schnitzte er oder formte in Gips und Ton, und wenn er nicht formte, schrieb er.

Ein seltsames Mysterienspiel entstand, »Der Findling«. Schon 1916 hatte Barlach den Plan zu diesem »Gottdrama« gehabt. Die Frage, ob der Mensch Gott überhaupt ertragen kann, bewegte ihn immer wieder. Damals notierte er: »Man spiegelt sich selbst in seinem Allgut-Spiegel und siehe, man sieht Gott... Manche mögen wohl immer ›Gott gegenwärtig‹ halten. Dann ist es aber ein Onkel, ein Gevatter, ein bequemer Herr, der den ganzen Jammertrödel ansieht, und was schlimmer ist: ansehen mag.«

Nun versuchte er, diesen Gedanken im »Findling« Ausdruck zu geben:

»Das Kind in seiner Glorie«, Holzschnitt aus den Illustrationen zum Drama *»Der Findling«*, 1922

Im Krieg, den ein »roter Kaiser« vom Zaun gebrochen hat, treiben elende, verkommene Menschen über die Landstraße. Schließlich scharen sie sich um den wärmenden und sättigenden Kessel eines Steineklopfers. Die Klagen der in einer imaginären Vorzeit Lebenden sind gemischt mit dem Jammer um die reale deutsche Nachkriegszeit: »Ach Vater – der Hungerhund bellt durch die Welt, von der Etsch bis an den Belt...«

Der Steineklopfer ruft die Menschen auf, sich eines häßlichen, verkrüppelten Findelkindes anzunehmen, das arme Leute bei ihm zurückließen. Doch niemand ist barmherzig, niemand spürt das Göttliche in diesem elenden Wesen. Aus seiner Verachtung heraus füttert der Steineklopfer die Menge mit der Speise aus seinem Topf und gesteht den Gesättigten erst danach, daß sie in ihrer Gier das Fleisch eines Menschen gegessen haben, das des »roten Kaisers«, den der Steineklopfer erschlug. Nur zwei junge Leute, Elise, die Tochter des Wucherers, und Thomas, der Puppenspieler, haben instinktiv nichts von dem eklen Fraß gegessen. Sie nehmen sich des verkrüppelten Kindes an. »Es muß sein, Thomas. Auf dieses Kindes grausame Gestalt lege ich die Hände, gleichwie auf die weheste Wunder der Welt...« Ihr Erbarmen wird belohnt. Das Kind wird in Elises Armen plötzlich wunderschön, und Thomas ruft: »Nun bist du die Mutter eines Gottes geworden.« Elise antwortet ihm: »Es ist nur ein glückliches Kind, Thomas, unser Kind, unser Glück.«

Das Stück ist in einem komplizierten Stil geschrieben, wechselnd zwischen ernstem Pathos, Kasperleversen, Stabreimen und obszöner Sprache. Dieser Stil entspricht der wirren, oft schwer durchschaubaren Realität der Nachkriegszeit.

Es ist vielleicht Barlachs tiefste, wenn auch seine schwierigste Dichtung. Die tiefere Bedeutung ist nicht auf das Wort beschränkt, jede Szene, jede Geste hat Symbolwert. Ihm selber bedeutete sie viel. 1928 wurde in Königsberg eine Aufführung versucht, die aber nur ein mattes Interesse hervorrief. »Der Findling« ist wohl eher ein Lesedrama, auch, weil man dann dazu Barlachs Holzschnitte betrachten kann. Hier erlebt man ganz besonders die Wechselwirkung zwischen Barlachs schriftstellerischem und grafischem Werk, man weiß nicht, ob Sprache oder Bild stärker

sind, doch gehören sie so eng zusammen, daß eine Entscheidung kaum nötig ist.
Entsetzen an der Welt und am Leben, das Barlach in dieser Zeit oft packte und das im »Findling« ständig mitschwingt, drückte er auch in seiner plastischen Arbeit aus.
Selten ließ er sich von zeitgenössischen Künstlern beeinflussen. Diesmal aber hatte ihn das Gemälde des Malers und Grafikers Edvard Munch »Der Schrei« im Innersten angerührt, und er schuf danach eine Plastik, zuerst in Gips und später in Holz: Ein kniender Mensch starrt mit aufgerissenen Augen und offenem Mund ins Leere, die Hände haltsuchend an die Wangen gelegt. Barlach nannte die Skulptur »Das Grauen«.
Anfang 1923 litt er zunehmend unter körperlichen Beschwerden wie Herzschwäche und Schwindelanfällen. Er sorgte sich um Klaus, der in Güstrow Privatunterricht hatte, um die Löcher in seinem Wissen zu stopfen. Doch schien dem Vater, daß er allzu leichtfertig durch das Leben tanze und sich »in seiner Flegeljährigkeit sauwohl« fühle. Um die Zukunft des Sohnes zu sichern, beschloß er, ein Testament zu machen.
Die Nachricht von dem Tod des Bruders Joseph in Amerika brachte ihn noch stärker zum Nachsinnen über Sterben und Vergehen.
Die Zwillinge hatten Hans und Ernst Barlach stets Sorgen gemacht. Sie wechselten oft die Berufe, waren Farmer, Gärtner, Autofahrer, und während der wirtschaftlichen Depression mußte Joseph sogar einen nächtlichen Heizerposten annehmen. Die Prophezeiung, in Amerika könne man leicht vom Tellerwäscher zum Millionär aufsteigen, hatte sich bei beiden nicht erfüllt. Sie wurden enttäuscht und verbittert.
Die Trauer um den Bruder schlug sich in Barlachs Werk nieder. In der Kohlezeichnung »Tod und Sänger« nimmt ein knochiger Tod dem verzückt Lyra spielenden Künstler das Instrument aus der Hand. Als Holzplastik entstand eine weinende trauernde Frau.

16.
Auch der Dichter setzt sich durch

Obgleich der Beifall der Zeitgenossen mehr seinem bildhauerischen und grafischen als seinem schriftstellerischen Werk galt, war ihm das Wort ein ebenso wichtiges Material zum künstlerischen Ausdruck wie Holz, Ton, Gips und Stift. Der Drang zum Schreiben war etwas ganz Persönliches. Viel mehr, als daß er an ein zukünftiges Publikum dachte, wollte er sich dadurch von quälenden Gefühlen und Gedanken befreien. Deshalb beachtete er beim Verfassen seiner Dramen kaum theatertechnische Forderungen. In knapp zwei Monaten entstand nun ein neues Stück, »Die Sündflut«.

Es ist die Geschichte Noahs und seines, von Barlach erfundenen, Gegenspielers Calan. Dieser zweifelt an der Macht und dem guten Willen von Noahs Gott. Er meint, daß, wenn es einen Gott gäbe, dieser auch das Böse erfunden haben müßte. Calan will überhaupt keinem Gott dienen, will keine Knechtschaft, sondern frei sein. Er findet sich höchstens dazu bereit, mit Gott einen Handel einzugehen. Wenn dieser ihm seine geraubten Herden zurückgibt, will Calan Noah, Gottes Knecht, sein schönstes Weib, Awah, geben. Auch Noah haben die Feinde die Herden geraubt, doch er schickt sich darein. Wenn Gott es so gewollt habe, müsse er es ertragen. Um Gott zu versuchen, frevelt Calan, indem er einem jungen Hirten die Hände abschlägt. Triumphierend erklärt er danach: »...ich, Calan, ein Kind Gottes, der mir Kraft gegeben hat, kein Knecht zu sein... Noah und sein Gott konnten mich nicht hindern.«

Gott erscheint als Reisender und als Bettler auf der Erde. Er ist entsetzt über die Untaten der Menschen. Zu den ihn begleitenden Engeln sagt er: »Mein Werk höhnt meiner selbst. Fort mit den Menschen, damit ich Frieden finde.« Er beschließt, die Sündflut zu schicken. Doch Noah

Plakat zur Aufführung »Die Sündflut« im Berliner Staatstheater mit Heinrich George

möchte er als einzigen zusammen mit seinem Clan verschonen und befiehlt ihm, die Arche zu bauen. Calan aber sagt zu Noah: »Warum willst du leben, wenn alle anderen sterben – denn sie sterben unschuldig, da es Gottes Schuld ist, daß sie schuldig wurden... Was kannst *du* für deine Frömmigkeit, daran bist du auch unschuldig.« Doch Noah gehorcht seinem Gott. Er möchte Calan mit in die Arche nehmen, aber der lehnt es ab. Er will untergehn und tut es auf grauenhafte Art: Die Ratten fressen ihm die Augen aus. Zum Abschied spricht Noah noch einmal mit Calan: »Gott ist mein Hirte. Mir wird nichts mangeln. Er wird mich durch die Flut führen und mich retten vom Verderben.« Calan antwortet: »Ich aber sehe den anderen Gott, von dem es heißen soll, die Welt ist groß, und Gott ist winziger als nichts – ein Pünktchen, ein Glimmen, und alles fängt in ihm an, und alles hört in ihm auf. Er ist ohne Gestalt und Stimme... Er schafft und wird vom Geschaffenen neu geschaffen... wie schön ist es, Noah, daß auch ich keine Gestalt mehr bin und nur noch Glut und Abgrund in Gott... Er mit meiner Niedrigkeit, ich mit seiner Herrlichkeit – ein einziges Eins.«
Noah und Calan – beide lebten in Barlach, beide *waren* Barlach. »Eine Gläubigkeit gegenüber dem Schicksal ist ein Glück, das mir von Zeit zu Zeit doch immer wieder zufällt. Oft bleibt davon nur eine Spur zurück in der Form eines trotzigen Fatalismus. Da will ich dann den Sinn und die Güte des Geschehens keineswegs erkennen und versteife mich in Hohn und Lästerung.«
Sehnsucht nach Bindung und Geborgenheit wie bei Noah lebten in Barlach dicht neben dem Drang nach Freiheit und Unabhängigkeit wie bei Calan. Gab es einen Gott außer ihm, oder schuf er den Gott nicht in sich selbst?
1924 sollte die »Sündflut« in Stuttgart uraufgeführt werden. Diesmal wünschte Barlach sehnsüchtig, daß das Publikum das Stück verstehen sollte. Er nahm mit dem Regisseur Kontakt auf und schrieb ihm über seine Vorstellungen von einer Aufführung. Die Premiere wurde ein großer Erfolg, und zahlreiche Bühnen spielen das Stück bis heute immer wieder.
Im November erhielt Barlach dafür den Kleistpreis. Fast widerwillig

nahm er ihn an und meinte, eigentlich würde er jungen Talenten zustehen. Auch brauche er das damit verbundene Geld nicht dringend. Seine Lebensverhältnisse in Güstrow waren äußerst einfach, und der Verdienst reichte aus. Er war nun berühmt. Immer wieder versuchte die Berliner Kunstwelt, ihn in ihren Strudel zu ziehen, aber er kam sich in dem bunten Gewimmel wie ein »starrer schwarzer Pflock« vor. Die kleinbürgerlichen Güstrower Verhältnisse boten ihm einen Luxus, den ihm Berlin nie hätte geben können: absolut frei für seine Arbeit zu sein.
Und doch war Berlin wichtig für ihn, besonders der Kontakt zu Cassirer, der immer vertrauter und freundschaftlicher wurde. Paul Cassirer schlug Barlach nun etwas vor, was dessen Neigungen sehr entgegenkam. Er sollte Gedichte von Goethe mit Lithographien illustrieren. Cassirer plante eine ganze Reihe von Goetheillustrationen durch berühmte Zeitgenossen. Liebermann hatte schon einen Band geliefert. Barlach nahm den Auftrag begeistert an. Tilla Durieux erzählt, daß er mit ihr zusammen die Gedichte aussuchte und sie ihm die Verse immer neu vorsprechen mußte. Natürlich wählte er die spukhaften, magisch-geheimnisvollen. Diese Lithographien wurden Barlachs poetischstes Werk, ohne die Herbe und Kraßheit vieler seiner anderen Arbeiten. Alles zeigt Humor, Heiterkeit und Stimmung: Der übermütige Tanz der Skelette über die Gräber beim »Totentanz«, die zarte Poesie der nächtlichen Landschaft in »An den Mond«. Es ist eins der wenigen reinen Landschaftsbilder von Barlach (der menschliche Schatten im Vordergrund ist kaum zu rechnen). Sonst stellte er meist den Menschen in seiner Beziehung zur Landschaft dar.
Der aufbegehrende »Prometheus« erinnert an seinen »Calan« aus der »Sündflut«. Eine von Barlachs vielen schwebenden Gestalten ist der blitzeschleudernde Gottvater in »Grenzen der Menschheit«. Voll von unheimlichem Zauber lockt der »Erlkönig« den Sohn im Arm des Vaters (das Gesicht des Königs aber ist das des Rolands von Wedel), und lustig drohend taumelt die dicke »Glocke« hinter dem säumigen Kind her.
Vor der Drucklegung nahm der Verlag Barlachs Illustration zu »Der Fischer« heraus, weil Liebermann dazu schon ein Bild geschaffen hatte. Barlach war verärgert und fand sein Blatt gelungener als das des sonst sehr geschätzten Kollegen.

Wirklich ist die Darstellung des geheimnisvollen Ineinanderfließens von Mensch und Wasserwelt eins der schönsten Bilder in Barlachs Goethe-Sammlung.
Seine ganze Liebe zu Goethes Dichtung hatte er in diese Arbeiten gelegt. In einem Brief schrieb er: »Ich sehe ein Gewimmel sonniger oder besonnter Gestalten, ich fühle Gnade walten... Alle Kritik in Ehren, überhaupt jede aufrichtige Ablehnung, aber Goethe spricht zu mir, als wäre irgendwo Musik hinter den Wolken, aber keine geheimnisvolle, sondern eine Musik, die klingt, wie die Sonne scheint.«
Die Mappe erschien bei Cassirer in kostbarer Ausgabe in einer Auflage von nur 100 numerierten Exemplaren.
So sehr Barlach Goethe liebte und verehrte, stand ihm Schiller innerlich noch näher. Das Fehlen des Spielerischen, der pathetische Ernst, waren Barlachs Wesen gemäßer. So begann er mit Holzschnitten zu Schillers »Lied an die Freude«.
Gleichzeitig arbeitete er am großen plastischen Werk. In Stein entstand ein »Grabmal Biesel« für den Stettiner Friedhof, bei dem Freund Garbers diesmal den Handlanger spielte. Und das Holz »rief«, er schnitzte eine »Ruhe auf der Flucht«, das »schwangere Mädchen«, den »Wartenden«, den »Asketen«, ein »Apostelrelief«, das beeinflußt war durch das mittelalterliche Abendmahlsrelief des Levitenstuhles im Güstrower Dom, endlich den »Träumer«, von dessen einfachen geschwungenen Linien Barlach selber sagte, sie seien die Wellen der mecklenburgischen Landschaft.
Im Oktober 1924 fühlte er sich so überarbeitet und erschöpft, daß er aus dem Atelier floh und mit Klaus und Bruder Hans zusammen eine achttägige Herbstfahrt zur Lübecker Bucht, nach Ratzeburg und Mölln machte. Ganz heiter und entspannend kann die Reise nicht gewesen sein, weil Hans in dieser Zeit versuchte, sein unerträglich gewordenes Ehejoch abzuschütteln, und Ernst sich mit dem Bruder zusammen Sorgen machte, wie man für Olga die Trennung einigermaßen erträglich gestalten könnte.
Eine Gruppe junger Maler war nach Güstrow gezogen, mit der Absicht, Barlach als ihren Mittelpunkt und schöpferischen Motor zu betrachten.

Rechts: Ernst Barlach und die Gefährtin seiner letzten Lebensjahre, Marga Böhmer
Unten: Klinkerfiguren an der Fassade der Kirche St. Katharina in Lübeck: »Die Frau im Wind, der Bettler, der Sänger«, 1930–1932. 1936 entfernt, versteckt gehalten und nach dem Krieg 1947 wieder aufgestellt

◀ »Das Magdeburger Ehrenmal« im Dom, 1929. 1934 von den Nationalsozialisten entfernt, seit 1956 wieder aufgestellt. Käthe Kollwitz: »Wenn man von einer der Figuren zur anderen sieht: dieses Schweigen!«

Der Kopf des Vaters vom Magdeburger Mal *(oben)* wurde der Totenmaske von Heinrich Heine *(rechts)* nachgebildet

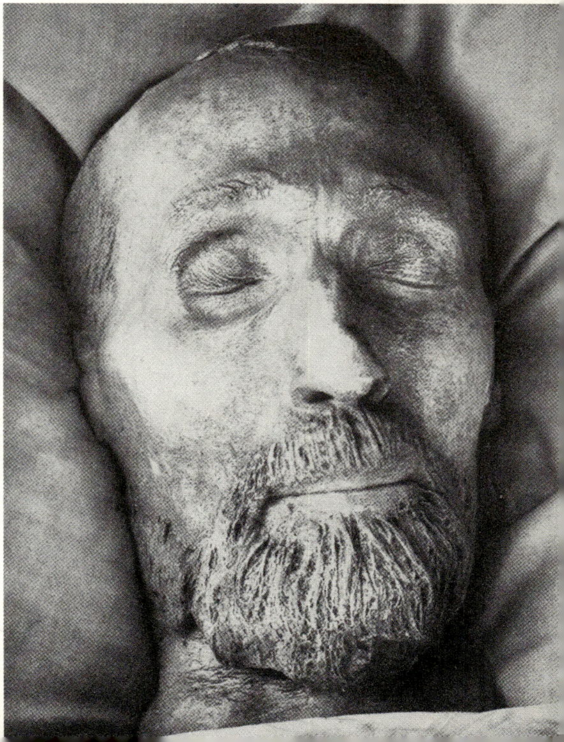

Das neue Atelierhaus in Güstrow

Doch war das gar nicht in seinem Sinne. Er wehrte ab, wurde schließlich grob und schloß sich bei der Arbeit ein. Er wollte keine Jünger um sich scharen und als Meister verehrt werden, er mußte ganz allein in immer neuer äußerster Anspannung um seine Werke ringen. Dazu konnte er keine Zuschauer brauchen. Auch in der Freizeit wollte er allein sein, konnte höchstens Klaus an seiner Seite ertragen. Wenn er sich schlecht fühlte, wollte er schweigend durch den Wald und über die Felder wandern. Erfrischt und erholt kehrte er dann zurück.

Im März 1925 starb der zweite Bruder Nikolaus in Amerika. Auch sein Leben war, wie das seines Zwillings, voller Umgetriebensein und Mißerfolge gewesen. Rheuma und schwerer Herzschaden hatten ihn zum Schluß gepeinigt. Ernst Barlach schrieb: »Ich kann es mir nicht mehr abringen, das Ende des Lebens zu beklagen.«

Er schuf eine neue »Todesgruppe« in Gips: Ein Mann und eine Frau, die einander zugewandt knien, schauen trauernd auf einen sterbenden Mann in ihrem Schoß.

All der Kummer und die harte, pausenlose Arbeit machten eine erneute Erholung nötig. Im Juli reiste er zuerst zusammen mit Hans nach Warnemünde, dann mit Karl und Klaus nach Miltenberg, schließlich nach Nürnberg und Engeburg, wo er sich mit Piper traf, nach Passau und München. Dort wurde er zum Ehrenmitglied der Akademie der Künste ernannt. Die Reise hatte viele neue Eindrücke gegeben, aber ihm kaum Erholung gebracht. Er schrieb bald darauf an Karl: »Ich pfeife auf dem letzten Loch.« Doch nichts hielt ihn ab, sich wieder voll in die Arbeit zu stürzen.

Das Dichten stand jetzt gleichwertig neben dem plastischen Werk. Wie beim Schnitzen und Formen die Figur, drehte er die Sätze hin und her und rang oft tagelang um ein einziges Wort, sann auf seinen Wanderungen darüber nach und quälte sich in schlaflosen Nächten damit ab. Denn ein neues Drama entstand: »Der blaue Boll«.

Das Thema hatte er schon Jahre früher skizziert, vielmehr waren es mehrere Dramenideen, die hier vereinigt wurden. Auch kamen verschiedene Einflüsse dazu, aus der Güstrower Realität, von Goethes Faust – man nannte das Stück später den »Mecklenburger Faust« – und aus der Bibel.

Rastlose Liebe

Dem Schnee, dem Regen,
Dem Wind entgegen,
Im Dampf der Klüfte,
Durch Nebeldüfte,
Immer zu! Immer zu!
Ohne Rast und Ruh!

»Der Fischer« und »Rastlose Liebe«, Steinzeichnungen zu der von Barlach illustrierten, 1924 bei Paul Cassirer, Berlin, erschienenen Mappe *Goethe, Gedichte*

Dort war es die Geschichte des Baal, des wilden Naturgottes. Wohl ganz zufällig beschäftigte Anfang der zwanziger Jahre einen zweiten Dichter dieses Thema. Bert Brecht schrieb ein Drama, in dem er Baal Mensch werden ließ. Auch Barlach wollte sein Stück anfänglich »Baal« nennen, änderte den Namen aber in »Boll« um, vielleicht, weil er von Brechts Drama erfuhr.

Barlach verstand das Wort »Baal« in seiner ursprünglichen Bedeutung, in der es im Semitischen »Besitzer« hieß. Sein Held, der Baal-Boll, ist ein Besitzer, ein kräftiger und rücksichtslos lebender Mecklenburger Gutsbesitzer, seiner Trunksucht wegen »Der blaue Boll« genannt. Doch in diesem banalen Alltagsmenschen ist noch ein ganz anderer verborgen, das entdeckt er selbst mit Erschrecken, als er eines Tages mit seiner biederen, standesbewußten Frau zusammen zum Einkaufen in das kleine Städtchen rund um den mächtigen Dom kommt. Die Stadt ist ein Abbild Güstrows und der Dom, einer der »Hauptakteure« des Dramas, der mächtige Güstrower Backsteindom. Boll, der sich wegen ihrer Einkäufe von seiner Frau trennt, trifft vor der Kirche mit verschiedenen Menschen zusammen, realistischen, wie dem Bürgermeister, und skurrilen, wie dem Schuster, der dem Teufel einen Stiefel anmessen mußte. Hier fließt eine Geschichte ein, die Barlach schon 1915 für den kranken Klaus erfunden hatte, in der dem Schuster das Teufelsbein davonläuft und der Handwerker durch die Straßen rennen muß, um es wiederzufinden. Die seltsamste Begegnung hat Boll aber mit Grete Grüntal, einer jungen Frau aus einem Dorf in der Nähe, deren Mann dort Schweinehirte ist. Sie wird zu Hause für eine Hexe gehalten, denn sie ist wirren Geistes. Sie glaubt, sie müsse ihre drei Kinder vergiften, weil sie sie »ins verfluchte Fleisch« gebracht habe, und sie damit von der Sünde erlösen. Boll soll ihr das Gift besorgen, und sie will ihn mit ihrer Gunst dafür bezahlen. Boll geht zuerst darauf ein, weil die gierige, leichtlebige Seite seines Wesens Lust auf die leichte Beute hat, aber auch, weil der andere Boll, der in ihm erwacht ist, sich der mystischen Macht des Mädchens nicht entziehen kann. Einen ganzen Tag lang versucht er, Gift zu bekommen. Bei diesen Bemühungen hat er ständig Begegnungen mit seiner gewohnten realistischen und einer anderen phantastischen Welt.

Die realistische, im breiten Platt daherredend, sind seine Frau und sein Vetter, der ihm bei einem weinseligen Gelage im Gasthaus am Markt mit banalen Phrasen zuredet, wieder sein altes Ich anzunehmen; die phantastische Welt wird vertreten durch den alten Schuster und einen »Herrn«, einen Sektenprediger, der Teufel und Gott in einem zu sein scheint. Die arme Grete gerät in ihrer Kopflosigkeit in eine finstere Spelunke, soll dort von dem Wirt vergewaltigt werden und erlebt in einer Höllenvision die Leiden ihrer Kinder, wenn sie sie wirklich vergiften würde. Boll, der an diesem Tage einen inneren Wandel durchgemacht hat, holt sie aus dem Gasthof heraus, bringt sie in den Dom und kann sie nun von ihrem Giftwahn befreien. Er schickt die Geheilte zu ihren Kindern zurück. Der veränderte Boll glaubt, daß er sein Leben auf die alte Art nicht mehr weiterführen könne, und will sich vom Turm des Domes hinabstürzen, doch das spöttische Zureden des »Herrn« und »Gott-Teufels« hält ihn schließlich davon ab. Er hat erkannt: »Leiden und Kämpfen sind die Organe des Werdens.« Boll wird als veränderter Mensch weiterleben.
Sosehr die Schrecken des Boll denen des Faust gleichen, wird am Schluß nicht, wie bei Goethe, die Frau ein hilfloses Opfer und durch Faust ins Verderben gebracht, sondern Grete Grüntal wird durch Boll von dem Wahn erlöst, ihre Kinder töten zu müssen.
Die Uraufführung, zu der Barlach Bühnenbilder entwarf, fand 1926 in Stuttgart statt. Sie war kein Mißerfolg, doch das Stück wurde schon nach drei Aufführungen wieder abgesetzt. Vier Jahre später nahm sich Jürgen Fehling des Dramas an und brachte es im Berliner Staatstheater heraus. Den Boll spielte Heinrich George. Es wurde ein Riesenerfolg. Achtundzwanzig Aufführungen fanden statt. Fehling schrieb darüber:
»Und als ich den ›Armen Vetter‹ gemacht hatte und einen sehr starken Erfolg hatte (immerhin basiert meine Börsengeltung im inneren Sinn auf meinen Barlach-Erfolgen), als ich dann fünf Jahre danach den ›Blauen Boll‹ gemacht hatte – da schrieb ihm (Barlach) Cassirer, der das natürlich alles verfolgt hatte: ›Kommen Sie jetzt, dieser Fehling aus Lübeck ist, glaube ich, ein sehr guter Sachwalter, und es wird Ihnen gefallen; vergessen Sie mal den Ärger von damals, von wegen Sedemunds‹, und nach fünf brieflichen Bitten, etwa zur dreißigsten Aufführung vom ›Blauen

Boll‹, erschien tatsächlich Barlach in Berlin. Barlach mit einem grünen Kaisermantel. Ein verschrobenes, merkwürdiges Männchen mit einem wilden Adlerblick. Und die beiden aßen bei Hiller ausgezeichnet um sechs zu Abend. Cassirer war selig, jetzt kommt endlich Barlach, und das ist doch sehr wichtig, und wird wahrscheinlich applaudieren. Und dann gingen sie los, zehn Minuten vor halb acht, um halb acht begann die Vorstellung, und als sie an der Ecke von der Friedrichstraße und den Linden waren, kniff plötzlich Barlach Cassirer energisch in den Popo und sagte: ›Nee, Mensch, wir gehen in den Wintergarten, ich traue dem Kerl nicht, das wird so ein Jessner sein!‹ Und sie gingen in den Wintergarten, und Barlach fuhr ab und hat in seinem Leben nie mehr ein Stück von sich gesehen.«
(Bei dieser hübschen Geschichte hat sich Fehling in einigem geirrt, in bezug auf die Anzahl der Aufführungen und in der Person des Partners von Barlach. Paul Cassirer war damals schon gestorben).
Die Presse war begeistert von Stück und Aufführung. Selbst Alfred Kerr, der sonst Barlachs Stücke stets verriß, schrieb:

»Was ist des Fehlings Vaterland?
Die Waterkant, die Waterkant.
Er tätigte ganz wundervoll
Den Blauen Boll.«

17. Der Güstrower Domengel

Die »Hexe« im »Blauen Boll« ließ ihn nicht ruhen. Unter seinem Schnitzmesser entstand sie in Lindenholz, jung, zart, die Hände im Schoß gefesselt, mit angstvoll aufgerissenen Augen. Später schrieb er: »In ›dieser‹ Zeit habe ich wohl immer gelebt, die Zeit der gequälten Unschuld, der Hexen, Ekstatiker... Die Panik vor dem So-Sein hat mir von jeher zugehört, selbst in den sogenannten paar glücklichen Jahren, die nur den Leuten als solche erschienen.«

Er konnte von seiner Natur her das Leben nicht leichtnehmen. Doch auch von außen drangen immer neue Kümmernisse auf ihn ein. Als Paul Cassirer im Januar 1926 sein reiches und chaotisches Leben durch Selbstmord beendete, war das ein schwerer Verlust für Barlach. Viele Maler und Bildhauer, die Cassirer angeregt, denen er im Künstlerischen und Materiellen geholfen hatte, blieben zurück wie verlorene, verlassene Kinder. Barlach hatte materielle Hilfe nicht mehr nötig, entbehrte aber die anregenden, oft stürmischen Gespräche und Auseinandersetzungen mit Cassirer. Er wußte, daß dieser ihm einst die Bahn frei gemacht hatte und daß viele seiner Werke ohne Cassirers Beistand nicht entstanden und bekannt geworden wären. Kurz nach dessen Tod fand eine noch von Cassirer angeregte Ausstellung von Barlachs Holzbildwerken im Cassirerschen Kunstsalon statt. Sie erhielt viel Beifall, und es gab auch Käufer.

Die Leitung von Verlag und Kunsthandlung übernahmen ein Herr Feilchenfeld und ein Fräulein Ring, doch Barlach klagte bald seinem Vetter: »Meine Sachen stehen da herum, und keiner kümmert sich um sie.«

Auch familiäre Sorgen belasteten ihn wieder. Die Ehe von Bruder Hans mit der russischen Frau wurde immer mehr zur Hölle. Barlach schrieb

über Olga: »Sie zerreißt, zertrümmert, zerstückt ganze Welten wie nichts.« Um den Bruder zu entlasten, nahm er ab und zu die Schwägerin zu sich. Endlich kam es doch zur Scheidung.
In dieser mit Kummer und Sorgen beladenen Zeit entstand eine seiner schönsten Plastiken in Nußbaumholz: »Das Wiedersehen«, die Begegnung des ungläubigen Thomas mit Christus. Thomas legt seine Hände auf die Schultern von Christus und sieht ihm von unten her mit erkennendem Staunen dicht in das Gesicht. Christus hält Thomas unter der Achsel, blickt ihn aber nicht an, sondern schaut in die Ferne, als suche er selbst noch nach Antwort. An den Dichter Edzard Schaper schrieb Barlach: »So sind wohl auch alle meine plastischen Gestalten... nichts als sehnsüchtige Mittelstücke zwischen einem Woher und einem Wohin.«
Eine heitere Glaubenssicherheit konnte er nicht darstellen, ihm blieben immer Zweifel. Besonders diese Gruppe wurde von den Nationalsozialisten 1937 als »entartete Kunst« gebrandmarkt.
Für den Bülowplatz in Berlin war ein Wettbewerb für ein Beethovendenkmal ausgeschrieben worden. Barlach und andere bekannte Bildhauer wurden dazu aufgefordert. Barlach stellte ein Modell her, eine Vollsäule mit neun Relieffiguren, von einer Beethoven-Büste gekrönt. Doch das Mal kam nicht zur Ausführung, weil gar kein Preis vergeben wurde.
Lag es an Cassirers Selbstmord, daß Barlach sich wieder mit dem Tod beschäftigte? In Gips formte er eine männliche Gestalt, die sich hoch aufreckt und mit glücklichem Gesicht, die Hände an die Wangen gelegt, nach oben schaut. Er wollte damit eine »Auferstehung« darstellen, doch ließ er sich von einem Freund dazu bewegen, die Plastik »Tod im Leben« zu nennen, was er später bereute. Als er 1933 in schwerer finanzieller Bedrängnis war, erklärte er, daß er lieber hungern und frieren würde als diese Skulptur zu verkaufen.
Der mit Barlach befreundete Domprediger Schwartzkopf regte an, daß der Bildhauer ein Gefallenenmal für den Güstrower Dom herstellen sollte. Barlach plante zuerst ein Relief an der Außenwand des Domes, dann im nördlichen Seitenschiff. Schließlich entschloß er sich zu einer vollplastischen, fliegenden Engelsfigur. Die ersten Skizzen zeigen eine mit aufgerichtetem Oberkörper und unter dem Leib gefalteten Händen

nach oben fahrende Gestalt. Doch in weiteren Entwürfen wurde der Körper immer mehr horizontal ausgestreckt, das Modell schließlich ganz gerade mit nach vorn gerecktem Kopf und unter der Brust gefalteten Händen. Diese starre Figur gibt trotz ihrer Kompaktheit vollkommen die Illusion des Fliegens. Daß das ungewöhnliche Denkmal angenommen wurde, war dem Domprediger zu verdanken. Eigentlich hatte die Gemeinde etwas anderes erwartet. Es gab in dieser Zeit nach dem Weltkrieg wieder einen Aufschwung der nationalen Gefühle. Man wünschte sich Gefallenenmäler mit heldischem Pathos, wollte sich vor Augen stellen, daß Männer und Söhne für eine große Sache gefallen und nicht umsonst gestorben waren.

Barlach hatte von seiner nationalen Begeisterung zu Beginn des Krieges bis hierher einen weiten Weg gemacht, für ihn lag kein Sinn mehr im Tod für das Vaterland. Er wollte etwas ganz anderes darstellen:

»Alles diente dem Wunsch, eine Abgewandtheit aus der Gegenwart hin in die Zeit des unerhörten Geschehens glaubhaft zu machen, die schmerzvolle Erinnerung schlechthin zu symbolisieren... Es war mir bewußt, daß ich eine Erstarrung in vollkommener Entrücktheit, gewissermaßen die Kristallisierung der Vorstellung von ewiger Dauer, formen mußte, um der Größe der Aufgabe zu entsprechen.«

Den Entwurf schenkte Barlach der Stadt Güstrow, der Bronzeguß wurde von der Gemeinde bezahlt. Er fand in der berühmten Gießerei Noack in Berlin statt und war die erste größere Bronzearbeit Barlachs. Die Figur wurde im östlichen Joch der Nordhalle des Domes an einer Kette schwebend aufgehängt. »Mein Bronzeengel hängt unter dem Domgewölbe und tut es so bewegungslos, als täte er's schon hundert Jahre.«

18.
Freunde

Das strenge Gesicht des Domengels mit den geschlossenen Augen hatte Ähnlichkeit mit dem der Künstlerin Käthe Kollwitz, die gleich am Anfang des Krieges ihren jüngsten Sohn auf dem Schlachtfeld in Belgien verloren hatte. Als Barlach darüber befragt wurde, sagte er: »Rein zufällig. Nicht beabsichtigt. Übrigens ganz nebenbei, ist die Kollwitz ja wohl eine Ehrung wert.« Und ein andermal: »In den Engel ist mir das Gesicht von Käthe Kollwitz hineingekommen, ohne daß ich es mir vorgenommen hätte. Hätte ich so was gewollt, wäre es wahrscheinlich mißglückt.«

Käthe Kollwitz arbeitete ebenfalls an einem Kriegerdenkmal. Sie wollte es für ihren Sohn Peter schaffen. Auch ihr Werk sollte kein nationales Pathos zeigen, sondern die tiefe Trauer von Mutter und Vater.

Beide Künstler schätzten sich sehr, obgleich sie sich nicht oft sahen. Barlach war in seiner Güstrower Abgeschiedenheit allzu fern der Kollwitz, die im Norden Berlins als Frau eines Armenarztes lebte. Sie begegneten sich ab und zu bei Sitzungen der Sezession, weil sie beide dem Vorstand angehörten, und bei Beerdigungen von Künstlerfreunden. Käthe Kollwitz war drei Jahre älter als Barlach. Beider künstlerische Entwicklung war ähnlich. Sie erhielten zu verschiedenen Zeiten den Villa-Romana-Preis, beiden war eine Rußlandreise ein entscheidendes Erlebnis, beide schufen Grafik und Plastik, waren Mitglieder der Akademie und erhielten den Pour le mérite. Beide stellten mit Vorliebe einfache Menschen dar, Barlach eher Kleinbürger und Bauern, Käthe Kollwitz Arbeiter. Doch während sie mehr politisch dachte, aktiv eingreifen, den Finger auf die Wunde legen und mit ihrer Kunst eine Veränderung der sozialen Zustände erreichen wollte, blieb Barlach unabhängig von den Zeitströmun-

gen und wollte allgemein Menschliches ausdrücken. Aber beide hatten die gleiche Vorstellung von hoher Verantwortung zur Wahrhaftigkeit in der Kunst. Später, in der Nazizeit, sollte ihr Leben noch traurige Parallelen aufweisen.
Käthe Kollwitz schrieb über ihn: »Seine Arbeit ist außen wie innen… Nirgends fällt etwas auseinander, nirgends ist Füllsel.« Diese beiden Außenseiter des modernen Kunstbetriebes standen sich näher als anderen Zeitgenossen.
Von der Kunst der Zeit ließ sich Barlach nicht beeinflussen, obgleich er sie mit Interesse verfolgte. Piper, der in seinem Verlag moderne Kunst veröffentlichte, schickte Barlach meist die Neuerscheinungen. Die größten Schwierigkeiten hatte dieser mit der gegenstandslosen Kunst. Er weigerte sich, eine Schrift des Malers Kandinsky über »Das Geistige in der Kunst« zu lesen. Er schrieb an Piper: »Es klafft ein Abgrund, der nicht tiefer sein kann.« Er meinte, man könne mit Punkten, Flecken, Linien und Tupfen keinen seelischen Ausdruck gestalten. Phantasie und Gefühle könnten möglicherweise durch gegenstandslose Formen angeregt werden, aber »…meine künstlerische Muttersprache ist nun mal die menschliche Figur oder das Milieu, der Gegenstand, durch das oder in dem der Mensch lebt, leidet, sich freut, fühlt, denkt. Darüber komme ich nicht hinaus. Auf eine Esperanto-Kunst kann ich mich auch nicht einlassen… Was der Mensch gelitten hat und leiden kann, seine Größe, seine Angelegenheit… dabei bin ich engagiert, aber meine Spezialgefühlchen oder meine eigenste Sensation ist ja belanglos, ist bloße Laune, wenn ich dabei aus dem Ring des Menschlichen heraustrete…«
Ähnlich war seine Einstellung zu Picasso. »Picasso redet Esperanto eigener Erfindung und beansprucht: der Klang, der Vortrag, die Geste muß wirken. Aber sie wirkt natürlich bloß aufs Auge, ästhetisch. Gefühl, Seele wird nicht bewegt.« Das Spielerische in Picassos Kunst ging ihm gegen den Strich. Für ihn war das Schaffen von Kunst immer mit heiligem Ernst und hoher Verantwortung verbunden.
Das galt besonders für die Arbeit am Domengel. Er fühlte sich »gnadenlos gefesselt, mit ganzer Kraft eingespannt«. Immer häufiger kapitulierte der zarte Körper. Im Juni 1927 fuhr Barlach zu einer Badekur nach Kis-

singen. Es gefiel ihm dort nicht, und es langweilte ihn maßlos, nur an den eigenen Körper denken zu müssen. Auch drückten ihn wieder persönliche Sorgen. Klaus entwickelte sich nicht so, wie er es wünschte. »Der Junge ist begabt, vielleicht mehr als ich, aber er wendet die Gaben nicht an. Er ist ein guter Junge, aber er hat kein Lebensziel.«

Vorübergehend hatte Klaus eine Tischlerlehre begonnen und danach als Volontär in einer Fabrik für landwirtschaftliche Maschinen gearbeitet. Schließlich, im Oktober, entschloß er sich aber doch, das Abitur zu machen, und Barlach schickte ihn auf die Odenwaldschule. Mit Skepsis betrachtete er auch dieses Experiment. Doch die Erinnerung an sein eigenes zielloses Umhergetriebensein in den Jugendjahren kam ihm nun. Hatte sich die Mutter nicht ähnlich um ihn gesorgt, wie er sich jetzt um Klaus sorgte? Vielleicht schrieb er besonders für den Sohn die Erinnerungen: »Ein selbsterzähltes Leben« nieder.

Wenn Klaus zu Hause war, hatte Barlach ihn gerne dicht und nah bei sich, bei Spaziergängen, in der Werkstatt. Wenn er selbst auf einem wakkeligen Klappstuhl am Ofen saß, die Füße auf einen anderen Stuhl gelegt, und auf den Knien zeichnete, liebte er es, beim Aufblicken den Sohn zu sehen, wie er ihm am Tisch gegenübersaß, bastelte und hantierte. Doch auch in den Ferien trieb es den Jungen jetzt oft hinaus. Er hatte ein Motorrad, mit dem er über Land brauste. Weihnachten 1927 war Barlach das erste Mal bei diesem Fest ohne den Sohn, der mit Freunden zusammen auf dem Feldberg feierte.

Gegen seine Depressionen, die Erschöpfung und körperlichen Beschwerden kämpfte Barlach immer wieder mit aller Energie an. An den Bruder schrieb er: »Es bleibt nichts übrig, man muß sich über sich selbst erheben, wenn man nicht erliegen will, was gewiß geschieht, wenn man sich vor den Miseren des Lebens beugt. Ich habe auch noch viel darin zu lernen, wenn ich's nicht lerne, bin ich bald zu Ende.«

Eine Hilfe in dieser Zeit war die beginnende Freundschaft mit einem jungen Bildhauerehepaar, Bernhard und Marga Böhmer, die ihm bei der Arbeit beistanden und in deren gemütlichem Heim am Heidberg er häufig einkehrte.

Wieder begann er an einem Drama zu arbeiten, »Der Graf von Ratzeburg«, ließ es aber unvollendet, als ein neuer Auftrag kam. Die Stadt Kiel wollte von ihm »zur Verschönerung der Altstadt« eine Plastik haben, die in einer Nische der Universitätskirche stehen sollte. Die Stadtväter hatten keine rechte Vorstellung davon, welches Motiv geeignet wäre, und überließen die Entscheidung Barlach ganz allein. In vielen verschiedenen Entwürfen machte er Vorschläge, von denen die meisten abgelehnt wurden. Er klagte um die vertane Zeit, denn er bekam von der Stadt Kiel keinen Pfennig für die Entwürfe. Endlich gefiel dem Senat einer von ihnen. Nun entstand eine der seltsamsten und bedeutendsten Plastiken von Barlach, »Der Geistkämpfer«.

Die ersten Skizzen dazu zeigen einen Engel oder segnenden Christus, auf einem Totenschädel, einer Figurengruppe oder einem Untier stehend. Im Verlauf der Zeichnungen kristallisierte sich immer mehr ein stehender Engel mit einem erhobenen Schwert heraus, der »Sockel« wurde zu einem schlichten, glatten, den Kopf gebeugt haltenden Tier. Barlach ließ sich im Atelier aus Holz eine Nische bauen, die der an der Kieler Kirche entsprach, um seinem Gipsmodell die richtigen Proportionen zu geben.

Obgleich der ehemalige Pferdestall einen Anbau erhalten hatte, reichte er für die große Arbeit nicht aus, und Barlach zog mit dem Atelier in eine Garage um.

Das mächtige Werk wäre über seine Kräfte gegangen, wenn ihm nicht Marga und Bernhard Böhmer dabei geholfen hätten. Bernhard Böhmer, der eher ein gewandter Geschäftsmann als ein Künstler war, begann daneben Barlachs finanzielle Angelegenheiten zu regeln, was früher im wesentlichen Cassirer getan hatte.

Im Januar 1928 kam von Kiel endlich der definitive Auftrag. Unter großen Mühen entstand nun nach dem Modell die originalgroße fünfeinhalb Meter hohe Gipsfigur. Im August goß Hermann Noack in Berlin sie in Bronze. Ende November wurde der schöne, schlanke Engel, der die Gesichtszüge von Klaus trug, in Kiel aufgestellt. Ein Teil der Bevölkerung stand bewundernd vor der gelassen auf dem glatten Tierkörper stehenden Gestalt, die das Schwert mit seiner Spitze zum Himmel emporhält.

Den Sieg des Geistes über die primitiven Lebensvorgänge hatte der

Künstler zeigen wollen, und viele verstanden ihn. Doch rechtsradikale Kreise bezogen gegen das Mal heftig Stellung. Ihnen ist es wohl zuzuschreiben, daß das Schwert an der Spitze öfter umgebogen wurde. Mitten in aller Anerkennung von Barlachs Schaffen und stetig wachsendem Ruhm spürte er wie Nadelstiche erste Anfeindungen. Bald sollten daraus verwundende Waffen werden.

Einschneidend für ihn war auch, daß ein Projekt für ein Gefallenenmal in Malchin von dem vaterländischen Verein »Stahlhelm« zu Fall gebracht wurde. Man wollte kein Werk von diesem Künstler, der den Krieg nur in seinen Schrecken darstellen konnte. Barlach schrieb in einem Brief an die Malchiner: »O nein, nur nichts Trauriges, beileibe kein anderes Gefühl, als die hackenklappende Gesinnungsorder vorschreibt... der weite Wald, der zu Kreuzen geworden, ist umsonst gefallen.«

◀ »Der Geistkämpfer«, Entwurfszeichnung zu der auf Seite 171 abgebildeten Plastik

19.
Das Magdeburger Mal – »Wider den Ungeist«

Neben den großen Denkmälern entstanden in den Jahren 1927/28 trotz Barlachs körperlicher Labilität in erstaunlicher Fülle weitere Plastiken, so eine Beethovenbüste, zwei große Masken und eine seiner bekanntesten und beliebtesten Skulpturen, »Der singende Mann«.

Diese in Gips gearbeitete Gestalt war sicher gleich für Bronze bestimmt. Durch den Domengel hatte Barlach ein neues Verhältnis zum Metall gewonnen. Er meinte, es gäbe Motive, die allein für Bronze geeignet seien, die durch das Eckige und Kantige des geschnitzten Holzes nur verlören. Das scheint bei dieser sitzenden Figur mit ihren schwingenden, musikalischen Linien, dem runden Knie, das die Hände umspannen, den weichen Falten des Gewandes der Fall zu sein. Hier ließ Barlach auch wieder einmal seinen Humor aufblitzen. Das Gesicht mit den geschlossenen Lidern, den vollen, sich öffnenden Lippen, der im Nacken steif gehaltene Kopf zeugen nicht nur von der Lust am Gesang, sondern auch von naiver Selbstdarstellung und ein wenig Eitelkeit.

Ein dritter Auftrag für ein Gefallenenmal kam aus Magdeburg. Nach vielen zeichnerischen Vorentwürfen hatte Barlach ein Gipsmodell hergestellt: Eine Gruppe von sechs Figuren um das Kreuz in ihrer Mitte geschart, drei jugendliche Soldaten, der mittlere erhöht, so daß eine Pyramidenform entsteht, vor ihnen drei halb in den Boden gesunkene Gestalten, zwischen Vater und Mutter der Gefallene, den Helm schief auf dem

Endgültige Ausführung des »Geistkämpfers« in Bronze für die Universitätskirche in Kiel, 1928. »Der Sieg des Guten über das Böse.« 1937 von Rechtsradikalen entfernt, nach dem Kriege wieder aufgestellt ▶

Links: Christusmaske, Bronze, 1931. Mehrere, ganz verschiedene Gesichter schuf Barlach auf der Suche nach dem wahren Christusbild
Unten: Pietà, Bronze, 1932. Gefallenenmal für das Johanniterkloster in Stralsund. Das Modell wurde 1932 abgelehnt, weil es nicht »heroisch« genug sei

◀ »Hamburger Ehrenmal« mit dem Relief »Mutter und Kind« von Barlach, Stein, 1931. 1939 abgebrochen und zerstört, nach dem Krieg 1949 nach Entwürfen wieder neu gestaltet

Apostelrelief, Holz, 1924/25. Barlach wünschte sich in dieser Zeit einen solchen Gesetzgeber

Totenschädel. Der Vater, dessen Gesicht der Totenmaske Heinrich Heines nachgebildet ist, hält die Hände entsetzt an die Schläfen, die Mutter ballt verzweifelt die Fäuste. Ihr Gesicht hat sie unter einem Tuch verborgen. Als sich nach vielem Hin und Her dieser Modellplan in Magdeburg durchgesetzt hatte, war vorerst kein Geld dafür vorhanden. So begann Barlach ohne Bezahlung die Figuren in mächtige Eichenholzblöcke zu schnitzen. Er schrieb, daß er an dem »verantwortungsreichsten und größten Stück meines Lebens« arbeite. Ohne die Hilfe von Böhmers hätte er das Werk nie geschafft. Besonders Marga Böhmer arbeitete mit zähem Einsatz aller Kräfte. Barlach mußte ihr ab und zu den Meißel fortnehmen, damit sie sich nicht zu sehr erschöpfte.
Anfang November 1929 wurde das Werk probeweise im Dom von Magdeburg aufgestellt und der Bevölkerung gezeigt. Barlach schrieb später über das Mal: »Wollte man das Ganze symbolisch unterbauen, so müßte man sagen: Hier ist auf Not, Tod und Verzweiflung als Gradmesser der wahren Bedeutung unverhohlener Opferbereitschaft hingewiesen... Ich lehne es ab, darüber zu streiten, ob solche Darstellung Bestandteile eines Ehrenmals sein dürfen. Ich benötige sie zur Ganzwerdung eines aller Beschönigung unzugänglichen Geschehens. Die Fürsprecher einer solchen Beschönigung wünschen Gefallen an ihrem Mal zu finden.«
Und wieder waren es rechtsradikale Kreise, die an Barlachs Denkmal keinen Gefallen fanden. Am entschiedensten war die Ablehnung des Dompredigers Martin, der Führer im »Stahlhelm-Bund« war. Auch polemisierten nationalistische Offiziere in der Presse gegen diese Soldatengestalten, die kein heroisches Pathos, sondern verzweifelten Ernst zeigten. Man sprach von »unerlöster Dumpfheit... die sie (die Figuren) von deutschem Wesen trennt und einem östlich orientierten Geist entwachsen erscheinen läßt...« Ja, das Wort »Rassenfremdheit« tauchte auf, und man plante, die Plastik wieder zu entfernen und »den Dom zu reinigen«. Vorerst gelang das noch nicht. Der Güstrower Pastor Schwartzkopf und Freunde im Kultusministerium sorgten dafür, daß das Mal stehenblieb.
Käthe Kollwitz gehörte zu den Menschen, die von dem Denkmal tief beeindruckt waren. Sie schrieb darüber: »Da ist wahrhaftig Kriegserleben festgelegt. Wahr für mich und für viele. Wenn man von einer der Figuren

zur anderen sieht: Dieses Schweigen. Wenn Münder sonst zum Sprechen gemacht sind – hier sind sie so fest geschlossen, als ob sie nie gelacht hätten. Aber der Mutter hat er ein Tuch über den Kopf gezogen. Gut Barlach!«

Trotz dieser auch körperlich unsagbar schweren Arbeit am Magdeburger Mal war ganz nebenbei ein neues Drama entstanden. An den Vetter schrieb Barlach: »Ich fühle nicht, was ich schreibe, dichte, schaffe, sondern ich schreibe nieder, was geschieht, was ich erfahrend wahrnahm.« Die Zeit mit ihren vielfachen Wirren und Problemen floß in dieses Stück ein, und er nannte es »Die gute Zeit.«

Auf einer Insel lebt eine mondäne, verrottete Gesellschaft unter dem Meister »Atlas«, der dafür sorgt, daß jeder frei das tun kann, was ihm angenehm und bequem ist. Man möchte hemmungslos und fröhlich leben. Beliebt ist, was hübsch und gefällig wirkt. Die ironisch geschilderte Szene gleicht der in einem modernen Sanatorium der High-Society. Dieser oberflächlichen, modischen Welt gegenüber steht eine archaische. Auf den Bergen der Insel wohnt ein elendes Volk, Nachkommen antiker Könige. Sie sind so arm, daß sie alle ihre Söhne gleich nach der Geburt in der Wildnis aussetzen, bis auf zwei, die den Fortbestand des Geschlechtes garantieren sollen. Doch ihr einfaches Leben scheint Celestine, der schwangeren Frau eines regierenden Fürsten, ohne Falschheit zu sein, so daß sie glaubt, die Menschen dort oben würden im Gegensatz zu der verrotteten Gesellschaft unten eine »gute Zeit« haben. Celestine erfährt, daß ihr Mann krank ist und daß ihr Kind deshalb nicht gesund sein wird. Der Fürst will unbedingt einen Erbprinzen haben, ganz gleich, wie dieser beschaffen ist. Celestine scheint aber das Kind ein Symbol zu sein für die verrottete »böse Zeit«, und sie flüchtet ins Gebirge hinauf. Sie weiß, wie elend die Menschen dort leben, doch »das Leid ist es, das aufwächst in der bösen und gerät zur Herrlichkeit in der guten Zeit«.

Aber auch bei den Bergbewohnern findet sie keinen Frieden, sondern Wirren und Not. Einer der Söhne des Volkes soll vom Nachbarvolk gekreuzigt werden, weil er im spielerischen Kampf ohne Absicht den Sohn des dortigen Fürsten getötet hat. Sein Vater versucht, ihn zu retten. Als das nicht gelingt, meint er resignierend zu dem Sohn, diesem würde durch den Tod viel erspart, denn das Leben sei ja auch nicht lebenswert. Der Sohn widerspricht dem Vater: Er liebe das Leben trotz aller Not und habe »Lust am Sein«. Er dankt dem Vater, daß er ihn als Säugling nicht in der Wildnis ausgesetzt hat, sondern leben ließ, denn ihm schien die Zeit bis jetzt eine »gute Zeit«. Celestine läßt sich nun statt seiner kreuzigen. Sie tötet damit das Kind in sich und die alte verrottete Zeit, weil die gute, hoffnungsvolle leben soll.

An einen Freund schrieb Barlach: »Ich spüre es im klaren Bewußtsein, daß uns der Weg trägt, den wir zu gehen meinen, die Zeit, in die wir uns getan fühlen, sind wir wohl selbst, die gute wie die böse.«

Der Erbprinz Reuß in Gera, ein Bewunderer von Barlachs Werken, ließ das Drama auf seiner Privatbühne uraufführen. Wie erwartet, hatte das Publikum es schwer mit dem auch sprachlich nicht einfachen Stück. Barlach fand wohl selbst, daß er seine Zuschauer damit überfordert hatte, denn er versuchte 1930 durch eine Selbstanzeige in einer Zeitschrift das Stück zu erläutern.

Der Winter 1929 war hart. Wild und Vögel hungerten und erforen, Menschen lebten in Not. Barlach schämte sich oft, daß er diese Zeit trotzdem genoß, den klirrenden Frost, die reine Luft, den Schnee und vor allem die »Teeromantik im Heidberghaus«. Denn hier wurde ihm etwas geboten, was er sein ganzes Leben lang vermißt hatte: Geborgenheit und kultiviertes Behagen. Oft kehrte er im Heim von Marga Böhmer ein, denn seine Güstrower Wohnung schien ihm ohne Klaus verödet, und mit der Haushälterin verstand er sich immer weniger. Am Heidberg aber fand er Wärme, Herzlichkeit, geistige Gemeinschaft und mehr. Marga Böhmer dachte und empfand ähnlich wie Barlach selbst. Bernhard Böhmer dagegen war ein ganz anderer Mensch, unruhig, geschäftstüchtig bis zur Raffiniertheit, mit Bedürfnissen nach mondänem gesellschaftlichem Leben, doch mit großem Kunstverständnis und voller Bewunderung für Barlachs Werk. Er setzte sich mit Mut und Gerissenheit dafür ein, auch später, als es für ihn persönlich nicht ungefährlich war. Barlach nannte Böhmer seinen »guten wie seinen bösen Geist« – wieder fand er hier das Göttliche und das Teuflische in einer Person.

Die Böhmers hatten sich auseinandergelebt. So stand einer Gemeinschaft zwischen Marga Böhmer und Barlach nichts im Wege. Barlach fand endlich, was er sich ein Leben lang ersehnt hatte: eine geistige Gefährtin, eine verständnisvolle und helfende Künstlerin, die mit ihren eigenen Arbeiten stets zurückstand, eine liebevolle Krankenpflegerin, wenn der zarte Körper wieder einmal der enormen Arbeitsleistung nicht standhalten konnte. Wenn er krank war, zog er ganz ins Heidberghaus. »Die mich bewachende Freundschaft ist hieb- und stichfest. Ich bin in guter Bewahrung.«

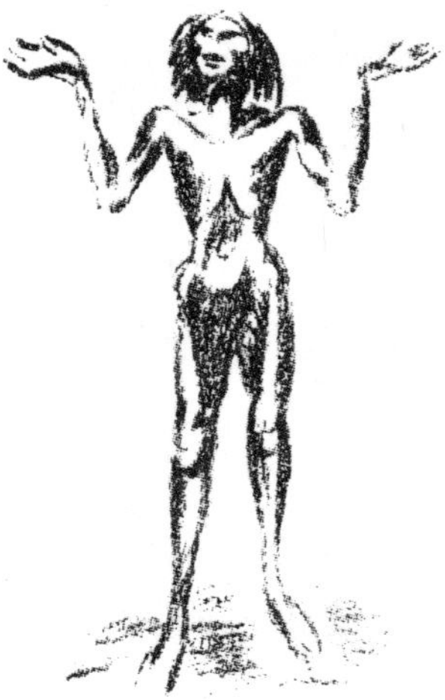

20.
Das Atelier am Heidberg

Im Januar 1930, zu seinem sechzigsten Geburtstag, gab es viele Ausstellungen seiner Werke. Im Folkwangmuseum in Essen, in der Kunsthalle Kiel, in Berlin in der Galerie Flechtheim und in der Akademie der Künste. Dort hielt der dreiundachtzigjährige Max Liebermann die Eröffnungsrede. Darin hieß es: »Er (Barlach) möchte die Menschen bessern. Und zwar durch die Liebe zum Leben. Predigen denn nicht alle seine Werke das Evangelium der Lebensbejahung? ...Barlachs Kunst, anknüpfend an die Meister der Gotik, weist in die Zukunft: Er wäre der Berufenste, der künstlerischen Jugend Führer und Förderer zu sein.«

Im Berliner Staatstheater wurde der »Blaue Boll« aufgeführt. Zahllose Briefe erreichten Barlach, Freude und Last zugleich, denn er glaubte, alle beantworten zu müssen. Ein Bekannter ernannte ihn zum Paten seines eben geborenen Söhnchens und hatte die seltsame Idee, diesem den Vornamen »Barlach« zu geben. Ernst Barlach mahnte: »...geben Sie ihm einen *Rufnamen.* Ich beuge damit vor, mein Name ist nicht gefeit, die Zeiten können sich wandeln, es kann ein Klang werden, in Mißliebigkeit getaucht und mit Schimpf verdunkelt... ein Name ist leicht gegeben, aber der Mensch soll ihn sein Leben lang tragen, seien wir bedacht, daß die Last keine Bürde werde.«

Der Ruhm brandete noch einmal hoch auf, ohne daß Barlach anders als mit Erschöpfung darauf reagieren konnte. Auch störten ihn ständig Besucher, und es war eine Klage, als er an den Bruder schrieb: »Im Moment bin ich schrecklich populär.« Schließlich reiste er mit Marga Böhmer nach Magdeburg und in den Harz.

Auf Bernhard Böhmers Drängen hin ließ sich Barlach zum Bau eines

neuen Atelierhauses überreden. Ein Grundstück zwischen Inselsee und Heidberg wurde gekauft, und da es nicht ganz ausreichte, legte der Magistrat der Stadt Güstrow noch einen Waldstreifen zu. Barlach bedankte sich dafür, indem er der Stadt einen Bronzeguß des »Dorfgeigers« schenkte. Das Modell dafür war schon 1914 entstanden, ein gelassen dahockender Mann, der die Geige unter dem Arm, den Bogen auf dem Schoß hält. Diese schöne Plastik hatte später ein ganz besonderes Schicksal. 1936 verkaufte Rechtsanwalt Blauert sie auf Veranlassung des Nazi-Oberbürgermeisters Lemm und meldete ihm: »Sehr verehrter Herr Oberbürgermeister! Ich kann den ›Dorfgeiger‹ verkaufen für 350 RM in bar. Sind Sie damit einverstanden? Ich glaube nicht, daß wir mehr erzielen können, und ich habe ihn vielfach angeboten und meine, daß dieser Preis für das Scheusal allerhand ist.«
Der Bau des Ateliers begann. Mit einigem Widerwillen sah Barlach, wie Böhmer diesen mit Schwung organisierte, »als wäre er der Direktor der Barlach-GmbH«. Die finanziellen Belastungen waren erheblich. Barlach versuchte mehr als sonst schon zu arbeiten, denn »...der Betrieb kommt dummdreist mit immer frecheren Forderungen heran...«
Seit einiger Zeit arbeitete er an einem Auftrag für die Lübecker Katharinenkirche, die als Museum benutzt wurde. Barlach sollte für Nischen in der backsteingotischen Wand sechzehn Figuren, eine »Gemeinschaft der Heiligen«, schaffen. Er wollte, im Gegensatz zu mittelalterlichen Totentänzen, einen »Lebensreigen« bringen. Als erste Plastik entstand der »Bettler«, ein sich auf Krücken dahinschleppender Mann, der den Kopf wie auf Anruf lauschend erhoben hält. Ein für bildhauerische Arbeiten fremdes Material wurde gewählt: der eigentlich als Baustoff benutzte Klinker, eine Ziegelmasse aus Tongemisch und leicht schmelzbaren Bestandteilen. Der Stoff bekommt durch ein Ausschmelzen von Glasflüssen eine glatte, schimmernde mehrfarbige Oberfläche.
Da die Stadt Lübeck wenig Geld hatte, suchte man Stifter, die für sich persönlich eine Zweitfassung der entsprechenden Figur erhalten sollten. Nur unter dieser Bedingung hatte sich der Senat überhaupt zu dem Plan bereit gefunden, der hauptsächlich von dem Lübecker Museumsdirektor Carl Georg Heise vorangetrieben wurde. Er suchte und fand auch Stifter.

Der »Bettler« wurde probeweise in einem Lübecker Park aufgestellt. Doch ein Teil der Bevölkerung reagierte mit einem Proteststurm, dem sich manche Zeitungen anschlossen. Nein, solche Figuren wollte man nicht an der Kirche sehen. Man fand, der Bettler hätte kein deutsches, sondern ein slawisches Aussehen. Der Vorsitzende des Vereins für Heimatschutz schrieb über Barlachs Plastiken: »Es sind Vertreter der kraftlosen unmännlichen Lehre vom irdischen Jammertal, in denen man weder Heilige noch Gottsucher, sondern nur weltverneinende Asketen, Dulder, Sieche, Büßer und Schwärmer zu erblicken vermag... Solche Vertreter der den einzelnen wie das ganze Volk zugrunde richtenden Resignation mögen vielleicht in ein Buddhistenkloster passen, aber nicht an die... Königstraße (Katharinenkirche).« Doch es gab auch andere Stimmen; so den sozialdemokratischen »Lübecker Volksboten«, der die Idee des »Lebensreigens« »einen Gedanken von prachtvoller Kühnheit« nannte. Heise kämpfte mit aller Energie für das Projekt und fand auch Stifter für zwei weitere Figuren, den »Sänger« und »Die Frau im Wind«.
Eine andere wichtige Arbeit war ein Grabmal, das der Erbprinz Reuß für ein Familiengrab in Auftrag gegeben hatte; ein mächtiges Kreuz, von zwei Trauernden und zwei Reliefs flankiert, einem Engelrelief und einem Relief »Hoffnung«.
Doch die Kieler Arbeiten und das Grabmal wurden nur zögernd bezahlt, so daß Barlach sehr erleichtert war, als ein neuer Auftrag ihm auf lange Zeit monatliche Zahlungen zu garantieren schien. Tilla Durieux wollte für ihr Musikzimmer einen Figurenschmuck bestellen, und ihr zweiter Mann, der Industrielle Katzenellenbogen, erbot sich, durch laufende Raten von Anfang an die Sache zu finanzieren. Endlich gab es damit eine gewisse Sicherheit für den weiteren Atelierbau.
Außerdem konnte Barlach hier eine ihm schon lange vorschwebende Idee verwirklichen: Den »Fries der Lauschenden«, Gestalten, die den Sockel des Modells für das Beethovendenkmal geschmückt hatten und die er nun groß und einzeln, als hölzerne Halbreliefs, ausführen wollte. Diese Arbeit beglückte ihn sehr. Musik hatte ihm schon immer viel bedeutet. Ein Wunschtraum war, daß der fertige Fries mit einem Konzert eingeweiht werden sollte.

»Musik setzt sich bei mir oft unmittelbar in Bildvorstellung um, ich glaube auch, meinen mir selbst vorgeschriebenen Rahmen nicht zu überschreiten, wenn ich zu sagen wage, daß ich durch Musik dem Schöpferischen an sich am nächsten zu gelangen glaube, da ist am spürbarsten Schalten und Walten des unbegrenzten Willens zu Gestaltung in absoluter Freiheit...«
Er begann mit einem »Wanderer« und ließ eine »Tänzerin« und einen »Träumenden« folgen.
Da die Verbindung mit Cassirers Nachfolgern für Barlach nicht mehr befriedigend war, schloß er einen Vertrag mit Alfred Flechtheim, der in Berlin eine Galerie führte. Dieser verkaufte nun einige Werke von Barlach, neue und alte. Begehrt war dort die Büste des Schauspielers Paul Wegener. Barlach hatte diesen in einem Brief gebeten, ihn porträtieren zu dürfen:
»Derartige Gelegenheiten begünstigen mich selten, einen Kopf, in dem die Natur so viel Außerordentliches miteinander verschmolzen hat, studieren und vielleicht gar mit einiger Muße studieren zu dürfen. – Seien Sie versichert, daß ich ganz ohne vorgefaßte Idee von dem Ergebnis an die Arbeit gehen werde, als hätte ich nie etwas von Ihnen gewußt und sähe Sie zum ersten Mal...«
Wegener kam nach Güstrow, und es entstanden zwei Porträts und eine Maske. »Der Kopf verfolgt mich«, meinte Barlach zu dem Schriftsteller Paul Schurek. Auch Wegener schien von Barlach und seinem Werk beeinflußt zu sein. Der Kritiker Herbert Ihering schrieb im »Börsenkurier« nach einer Strindbergaufführung: »Herr Wegener hatte als Richter endlich wieder einen großen Abend... Es war meisterhaft, wie er... als komisch-tragische Barlach-Figur durch die Szene tapste...«
Die Belastung durch die vielen Aufträge war übermäßig. An Bruder Hans, der als Heizungsingenieur in Berlin lebte und wieder geheiratet hatte, schrieb Barlach: »...die großen Stücke sind eben so unendlich verantwortungsvoll, ein Mißlingen hat so unausdenkbare Folgen, daß die Spannung und der Kampf um das Letzte dessen, was man vermag, sich überwältigend vergrößern.«
Die Erschöpfung war zu groß. Eine Badekur in Kissingen war im Sep-

tember wieder dringend nötig. Klaus, der sich bei den Vorarbeiten für das Abitur überanstrengt hatte, begleitete ihn. Doch beiden bekam die Kur diesmal nicht gut. Kaum erholt kehrte Barlach nach Güstrow zurück. Im November feierte man im Heidbergatelier Richtfest. Die Unruhe des Hausbaus, vieler Besuche und die Panik, er könne den Bau nicht weiter finanzieren, nahmen ihm etwas, was er fast immer besessen hatte: die Freude an der Arbeit.

21.
Die »gute Zeit« geht zu Ende

Im März 1931 stand das Atelierhaus fertig da, ein schöner roter Ziegelbau mit vielen weißgerahmten Fenstern, zwischen Kiefern und Buchen dicht am See. Nun freute Barlach sich doch über das große, lichte Atelier mit seinen technischen Verbesserungen, dem Hebekran, den verschiedenen Möglichkeiten, die Lichtverhältnisse zu regulieren, und den Waldblick, wenn seine Augen sich ausruhen wollten. Doch in der großzügigen, dem Atelier angeschlossenen Wohnung mochte er nicht leben. Er zog in Marga Böhmers kleines Haus auf einem Nachbargrundstück. Im Atelierhaus wurde zuerst die Haushälterin untergebracht, weil die Güstrower Wohnung aufgegeben wurde, später mietete Bernhard Böhmer, der nach der Scheidung von Marga wieder heiratete, mit seiner zweiten Frau die Atelierwohnung. In seinem neuen Heim fühlte Barlach sich wohl. Sein ganzes Leben lang hatte er spartanisch einfach gelebt, nun konnte er sich in behaglichen Wohnräumen von der Arbeit ausruhen, zwischen schönen alten Bauernmöbeln, guten Teppichen, vielen Büchern, eigenen Plastiken und Bildern und denen befreundeter Künstler. Im Schlafzimmer stand ein schweres altes Himmelbett. Der Blick von dort aus ging über den See. Hunde waren Hausgenossen, Frau Böhmers Hund Rex, später ein Setter, der »braune Boll«, und die schwarze Dogge »Baldo«. Man wanderte gemeinsam durch die Wälder, badete im See, nahm Sonnenbäder und hatte lange Gespräche. »Frau Böhmer und ich leben einig miteinander und sind ruhig in schöner Gegenseitigkeit. Ich fühle, daß in mir eine Lücke geschlossen wird, daß ein Leben rund und voll geworden ist.«

Auf eine Legalisierung dieses Verhältnisses legten beide keinen Wert.

Wie nötig ein größeres Atelier geworden war, erkannte Barlach, als ihm ein neuer Auftrag angeboten wurde. Die Stadt Hamburg hatte einen Wettbewerb für ein Kriegerdenkmal ausgeschrieben. Es sollte von der halbrunden Alstertreppe aus über das Wasser blicken. Barlachs Entwurf »Der Erschütterte« war abgelehnt und statt dessen eine lange, schmale Tafel mit Schrift von dem Architekten Klaus Hoffman gewählt worden. Der Hamburger Baudirektor Fritz Schumacher empfahl aber, die kahle Rückseite durch ein Relief mit dem Thema »Mutiges Zusammenraffen aus tiefem Leid« zu verzieren. Das entsprach ganz Barlachs Einstellung zu Gefallenenmalen.

Diesmal wurde sein Entwurf akzeptiert. Er wählte eine ernste, strenge Muttergestalt im Profil, die schützend ihre Arme um ein Kind legt, das sich an sie schmiegt. An Fritz Schumacher schrieb er, daß er »Aufrichtung und innere Gefaßtheit« darstellen wolle, »...die Kristallisierung einer Kraft aus einer Welt von Erschütterungen.« Er formte zuerst ein kleines Modell, dann das Denkmal in halber Größe in Gips im Atelier. Danach wurde das Relief in Hamburg vom Steinmetzen Friedrich Bursch in Stein gehauen, wobei Barlach half. Wieder war er hier ein »Handlanger«, wie zu Garbers Zeiten, aber diesmal, anders als beim »Neptun«, nach eigenem voll bejahtem Entwurf.

Es war ein schweres, großes Werk, weitere Aufträge kamen dazu, und 1931 wurde wieder, wie er an Bruder Hans schrieb, ein »unmäßig arbeitsreiches Jahr«. Neben den Figuren für Lübeck und dem »Fries der Lauschenden« schuf er ein Kruzifix in Bronze für die Elisabethkirche in Marburg und einen »Lehrenden Christus«, für dessen Gesicht er vorher sechs Masken formte. Die erste war ein Selbstporträt, eine andere zeigte ein glattes, jugendliches Gesicht. Schließlich wählte er ein jugendlich bärtiges in kühler, klarer Archaik. Diese Suche nach dem »wahren« Gesicht Jesu bewog manchen, Barlach nach seiner Einstellung zur Religion zu fragen, aber dem entzog er sich. »Die Gläubigkeit meines Wesens möchte um alles Heiligen willen von Befragung verschont bleiben. Sie ist sich ihrer selbst kaum bewußt und viel zu stolz, wenn sie schon gestellt wird, es darauf ankommen zu lassen, daß man sie zu etwas Worthaftem nötigt...« Allein in der Kunst meinte er sich ausdrücken zu können, »wenn auch stammelnd«.

Diesen »Lehrenden Christus« einer Kirche zu verkaufen gelang nicht. Erst spät wurde die Figur am Grabe des Malers Christian Rohlfs aufgestellt, der kurz vor Barlach starb und sich eine Plastik von Barlach gewünscht hatte.

Eine ganz persönliche Figur entstand nach einer Lithographie, »Der Zweifler«, ein kniender, die Hände ringender Mann. Nikolaus Barlach schrieb später darüber: »Mein Vater war noch nicht verfolgt, aber schon heftig bedrängt, als nach dem Litho von 1918 das kleine Modell und die Bronze entstanden; er glaubte, an seiner Zukunft zweifeln zu müssen. Er bezog nicht nur den ungläubigen Thomas im ›Wiedersehen‹, sondern auch den ›Zweifler‹ auf sich, aber die Ähnlichkeit ist beim Thomas trotz des fehlenden Bartes größer.«

Die Zweifel an seiner Zukunft waren auch im Wirtschaftlichen nicht unberechtigt. Obgleich er dringend Geld für die Abzahlung des Neubaus brauchte, waren seine Auftraggeber nur sehr unzuverlässig. Der Erbprinz Reuß war ein säumiger Zahler, und für die Lübecker Figuren wollten sich keine neuen Stifter finden. Am bittersten aber war, daß seine zuerst am sichersten erscheinende Quelle versickerte und schließlich ganz versiegte. Katzenellenbogen geriet immer mehr in wirtschaftliche Bedrängnis und konnte den »Fries der Lauschenden« nicht mehr bezahlen. So folgenreich das für Barlach war, schickte er dem Industriellen tröstende Worte statt Mahnungen. Doch die Enttäuschung war groß, auch, weil er die ihm liebgewordene Arbeit vorerst aufgeben mußte.

Nach der »Frau im Wind« für Lübeck fand sich vorläufig kein Stifter mehr. Der »Bettler«, der »Sänger« und die »Frau im Wind« wurden 1932 in Berlin in der Akademie der Künste ausgestellt und erhielten dort viel Beifall. Anschließend wurden sie vorläufig im Chor der Katharinenkirche in Lübeck gezeigt.

Außer den finanziellen Sorgen gab es neue familiäre. Klaus war durch das Abitur gefallen und wußte nicht, wie es nun weitergehen sollte. Er fühlte sich auch gesundheitlich nicht wohl und ließ sich treiben. Barlach meinte, daß er gescheit und sensibel war, aber »Er wandelt dahin, ohne daran zu denken, daß er mal ›ankommen‹ muß.« Um das alles von sich abzuschütteln, stürzte Barlach sich wieder kopfüber in die Arbeit.

»Die lesenden Mönche« entstanden und ein Grabmal für die Schauspielerin Louise Dumont-Lindemann, eine sitzende Frau, in Trauer versunken. Das brachte einigen Verdienst, doch nicht genug. Die Beschäftigung mit den finanziellen Problemen störte und ärgerte ihn: »Ich komme mir vor wie ein Bürochef, kaum noch wie ein Künstler.« Immer wieder hoffte er, daß ein neuer Interessent für den »Fries der Lauschenden« auftauchen würde und daß Heise wieder Stifter für Lübecker Figuren finden könnte. Doch auch politisch nicht dem rechten Flügel zugehörige Menschen lehnten ab. Man wollte durch die Kunst nicht gerne an das Elend der Welt erinnert werden. Barlach aber meinte: »Vorübergehen an dem Grausen, das um Hilfe ruft, und dann irgendwas belangloses Niedliches machen, ist schäbig.«

Fast mit Verwunderung merkte er, wie die Diffamierung seiner Person von einer bestimmten politischen Seite her immer stärker wurde. Er war im Grunde ein unpolitischer Mensch und aus Prinzip parteilos. Doch hatte er versucht, die jungen Menschen in ihrer nationalen Begeisterung zu verstehen. »Gewiß ist in der ›Bewegung‹ echter Idealismus...« schrieb er, doch »...ist diese Uniformherrlichkeit was anderes als bengalische Feuerwerkerei?«

Er konnte die Gedanken und Gefühle, die in einer neuen politischen Richtung wie ein Steppenbrand das ganze Land ergriffen, nicht nachvollziehen und sehnte sich doch danach, nicht aus der Gemeinschaft herauszufallen. »Ich bin nicht ganz unempfänglich gegen immer brutaler werdende Versuche, mich zu bemakeln als nicht eigentlich hergehörig, nicht vollberechtigt zu sein innerhalb der Gemeinschaft, in der allein ich doch zu Hause bin. Das Schaurigste in dieser Hinsicht ist doch wohl, daß man von mir als von einer ausgemachten Selbstverständlichkeit wie von einem Juden spricht. Damit treibt man mir Arbeit und Aufträge ab, so tuschelt man den Leuten in die Ohren, und man kann sich nicht einmal wehren, denn natürlich ist es keine Beleidigung, sondern eine Spekulation auf gewisse Instinkte, gegen die ihre Träger, unbewußt oft, wehrlos sind. Wenn ich die Niedrigkeit hätte, mit Erbitterung zu reagieren, so geschähe es wegen der doch wohl ausgemacht undeutschen Feigheit, mit der alles geschieht. Aber ich erbittere mich nicht, sondern bedaure...«

Er konnte kein Verständnis für den Antisemitismus haben, zuviel Gutes hatte er von Juden, besonders Cassirer, erfahren. Doch meinte er, sich gegen den Vorwurf, ein Jude zu sein, wehren zu müssen, um weiter seine Arbeit leisten zu können, die allein für ihn wichtig war.

Depressionen wechselten mit Hoffnungen, daß es sich bei diesem eisigen politischen Luftzug nur um ein vorübergehendes Übel handeln könnte, das sein Schaffen nicht ernstlich behindern würde. Noch im September 1932 schrieb er: »...erheben wir uns über solche Kategorien der Zeitmisere! Sie gönnen mir viel, beinahe doch zu viel des Guten... Ganz nett über die sechzig weg bin ich nun gelangt und begreife das Leben erst recht als einen unablässigen Prozeß, dessen Stoßkraft wenig, vielleicht gar nicht geschwächt, meine geheimste und höchste Lust ist... Ich habe nichts zu widerrufen, aber viel zu vollenden... Hierin erschöpft sich für mich der Begriff der Freiheit, ich darf fahren lassen, was kein Wesensstück von mir ist...«

Doch ein neues Ereignis trübte den Optimismus über seine Lage. Er erhielt von Stralsund die Aufforderung, für den mit einem Kreuzgang umgebenen Innenhof des früheren Johanniterklosters ein Gefallenenmal zu schaffen. Nicht ohne Skepsis ging er an die Arbeit. »Es warten Prüfungen auf mich...die Auftraggeber sind Kreis-Kriegerverbände, so sehe ich Ärger und Verdruß ohne Maßen voraus – aber der Gedanke, in Stralsund eine Arbeit zu haben, lockt allzusehr.«

Er zeichnete zuerst fünf Entwürfe, unter ihnen drei mit den Rücken zueinanderstehende Soldaten und die von einer frühmittelalterlichen Pietà beeinflußte Gruppe, eine hoch aufgerichtet sitzende Mutter, mit dem Madonnenschleier über Kopf und Schultern, den starr gerade daliegenden toten Soldatensohn auf dem Schoß. Von ferne wirkt die Gruppe wie ein Kreuz.

Barlach reichte seine Entwürfe in Stralsund ein, doch monatelang hörte er nichts darüber. Schließlich erfuhr er durch heimliche Quellen, daß »Stahlhelm« und »Kyffhäuserbund« energisch gegen seine Pläne opponierten. Ein halbes Jahr nach dem Einsenden seiner Entwürfe forderte er sie zurück, um weitere Unannehmlichkeiten zu vermeiden. Sie wurden ihm bereitwillig wieder zugeschickt.

Ruhm und Mißerfolge wechselten einander ab. In einer Wanderausstellung von moderner Kunst wurden in Skandinavien auch Skulpturen von Barlach gezeigt und erhielten große Anerkennung. Doch in Deutschland verkauften sich seine Werke immer schwerer. Weil sie sich im Kunsthandel nicht veräußern ließen, nahm Barlach deshalb die »Hexe«, den »Beter« und den »Träumer« wieder an sich. Er empfand es fast als Glück, seine »Kinder« wieder bei sich zu haben.

»Der neue Tag«, Grafik zum Jahresbeginn 1933. Noch einmal raffte sich Barlach zu hoffnungsvoller Beschwörung auf

22.
Geehrt und bedroht

Das Jahr 1933 begann. Barlach wollte seinem immer wieder aufkommenden Pessimismus nicht nachgeben und schuf zum Jahreswechsel eine fröhlich-lebensbejahende Lithographie »Der neue Tag«: Ein Horn- und ein Trompetenspieler senden mit aufgeblasenen Backen ihre Töne von einem Berg hinab in die Ferne, eine Illustration zum Goethevers: »Horchet! Horcht dem Sturm der Horen! Tönend wird für Geisterohren schon der neue Tag geboren.«
Er wurde gebeten, bei einer Rundfunk-Vortragsreihe im Deutschlandsender mitzuwirken. Obgleich er ahnte, wie sich die Zustände in Deutschland entwickeln würden, sagte er in seiner Rede »Künstler zur Zeit« am 23. Januar mutig und rücksichtslos gegen sich selbst seine Meinung über die Stellung des Künstlers in dieser Zeit. Er forderte »Atemfreiheit« für die Geistigen, »...aber die in sonstigen Dingen äußerst versierte Zeit ergibt sich einer hahnebüchenen Ausschweifung im Erdrosseln des Atems, dessen Laute ihrer eigenen Formulierung nicht gleichen. Die Legende von der Gedankenfreiheit, die einmal immerhin kniefällig erbeten werden durfte, ist eine umstürzlerische, ja landesverräterische Ehemaligkeit geworden, von der man besser nicht spricht...«
Barlach verlangte, die Ideen der Andersdenkenden nicht durch »selbstgerechte Besserwisser« zu unterdrücken. Wie eine Vision des Kommenden aber waren seine Worte: »Für Gedeihen und Verderben verflossener

»Der Wanderer im Wind«, Bronze, 1934. Gegen die Unbilden der Zeit zieht er den Hut in die Stirn ▶

»Das schlimme Jahr«, Bronze, 1936. Ernste Besorgnis vor dem Kommenden ▶

Links: Kopf des Blinden, des Dritten von rechts, aus dem *unten* abgebildeten »Fries der Lauschenden«, Holz (Eiche). Unter Schwierigkeiten 1931–1935 entstanden und schließlich für den Hamburger Fabrikanten Reemtsma vollendet, war dieses Werk die Freude seiner letzten Jahre

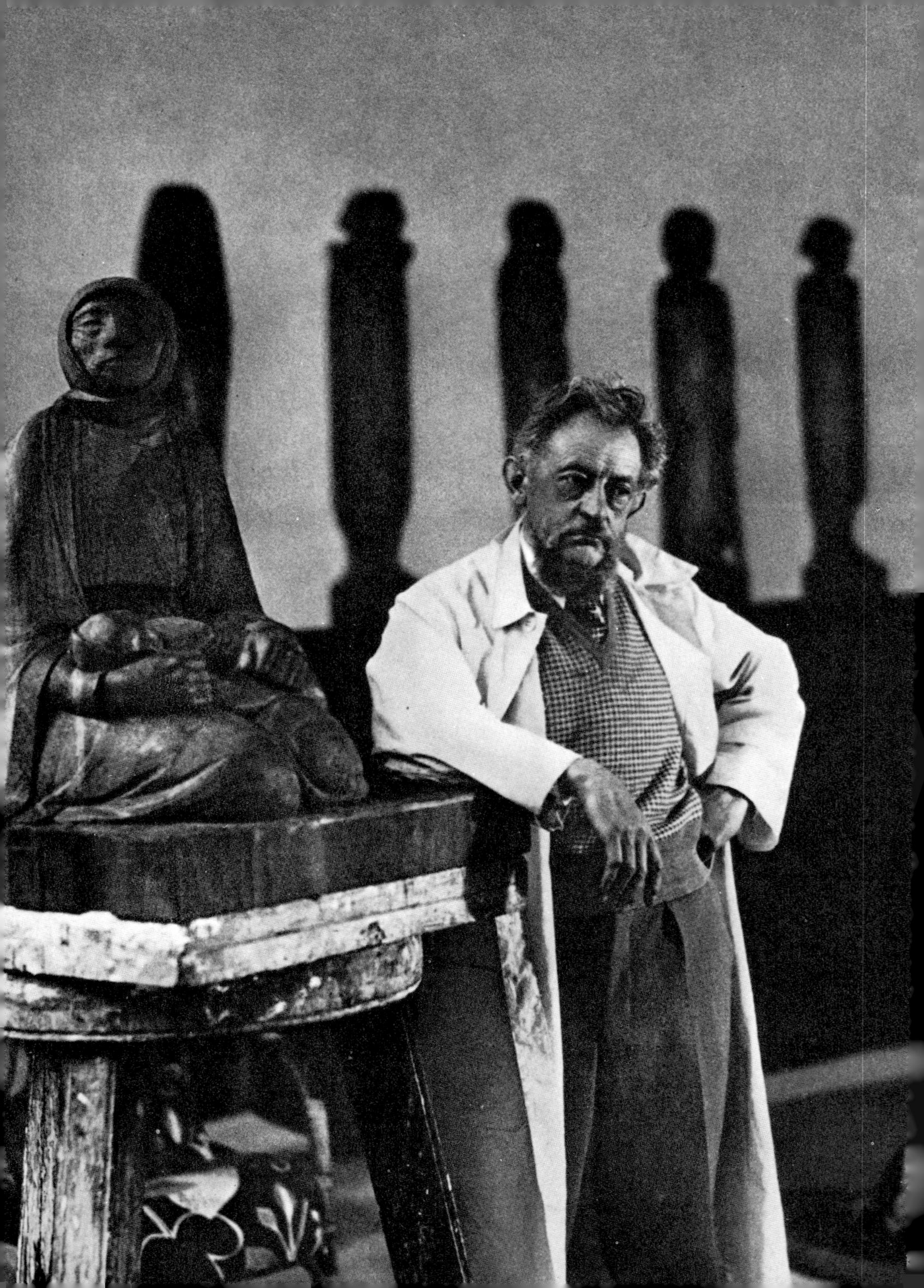

Jahrtausende, für Hexenverbrennung und Folter, Massenmord und den Wahn monopolisierter Schlächter, die, den Milliardensegen im Kopfe, Millionen von Mitmenschen meisterlich auf Opfersteinen und Knochenmühlen handhaben, läßt sich eine für alle Zeiten lückenlose Widerlegung ihrer Gegnerschaft beibringen. Die Täter ihrer Taten überboten sich in Vorwänden und Grundfindungen, aber ihr Tun geschah aus der Notwendigkeit ihrer Natur, ihre Gutgläubigkeit war gegeben, nichts hinderte sie am Vollzug ihrer von Sucht und Unbedenklichkeit diktierten Handlungen, und nichts wird sie ferner daran hindern.«

Als sieben Tage später Hitler an die Macht kam und die Nationalsozialisten sich mehr um die »Andersdenkenden« kümmern konnten, wurde diese Rede nicht vergessen.

In der Akademie der Künste hielten sich anfänglich noch einige Andersdenkende. Barlach wurde im Februar der »Pour le mérite« verliehen. »Ausgerechnet Liebermann und Käthe Kollwitz (die auch den P.l.m. hat!) haben für mich gestimmt, außerdem eine Anzahl Naturwissenschaftler, die sich von den zweien gut beraten glaubten, von Künstlern verlautet nichts. Der Staat hat nichts damit zu schaffen, sonst wäre bestimmt nichts daraus geworden«, schrieb er an Karl.

Doch bald mischte sich der Staat sehr wohl in die inneren Belange der »Akademie der Künste«. Käthe Kollwitz und Heinrich Mann mußten auf äußeren Druck hin ihren Austritt erklären, weil andernfalls die ganze Akademie aufgelöst werden sollte. Beide hatten noch nach der »Machtergreifung« öffentlich zu einem Zusammenschluß der Linksparteien gegen die Nationalsozialisten aufgerufen.

Wieder exponierte sich Barlach, indem er ein Protestschreiben gegen den Austritt der beiden an die Akademie richtete.

Die Ordensverleihung bewog wieder viele Verehrer von Barlach, nach Güstrow zu pilgern. »Es ist ein Skandal, wie ich zum Schaustück geworden bin.« Doch auch andere »Besucher« fanden sich ein, neugierige, die

◀ Ernst Barlach in seiner Werkstatt, 1935

von der Straße her das Haus anstarrten, neidische und böswillige, die mit Steinen Fenster einwarfen.

Beides, die positive wie die negative Reaktion der Welt auf seine Werke und sein Leben, veranlaßten ihn dazu, sich noch mehr zurückzuziehen, ja, fast zu verstecken. Selten ging er in den Ort Güstrow hinein und vermied Kontakte mit den Einwohnern. Bekannte, die ihn besuchen wollten und seine Adresse nicht kannten, erlebten, daß nur wenige in der Stadt und ihrer Umgebung seine Anschrift wußten. Doch immer wieder grub man sein »Fuchsloch« aus, und es belästigten ihn ungebetene Bewunderung und Anfeindung, er erhielt Bettelbriefe und anonyme Drohschreiben. Zustimmung und Ablehnung bedrängten und quälten ihn gleichermaßen. Er rauchte stark und nahm Schlaftabletten.

Zuerst war er unsicher, ob ein »Mitmachen« in der neuen politischen Richtung nicht nützlich, ja notwendig sei. An Vetter Karl schrieb er: »Die Freunde, die Dir raten, in die Partei zu gehen, haben nicht schlecht geraten. Ein guter Sauerteig ist dort bitter not.« Doch merkte er bald, daß die neuen Machthaber ihn gar nicht wollten. »Du hast recht zu vermuten, daß ich durch die neue Ordnung im Lande nur noch weiter linkshin gedrängt, mehr gestoßen werde.« Gift spritzte aus Presse und anonymen Briefen gegen ihn. Man drängte ihn, das Land zu verlassen. Seine Abneigung gegen die Nationalsozialisten war weniger auf klare Erkenntnisse der politischen Ungeheuerlichkeiten zurückzuführen, als auf gefühlsbedingte Ahnungen, die Verbitterung über persönliche Diffamierungen und ästhetischen Widerwillen. Er hatte einen Abscheu vor den braunen Uniformen, dem absurden Gruß mit erhobener Hand, dem »Unteroffizierston« der Redner. Er empfand Haß und war sich doch nicht sicher, ob das berechtigt sei. Aber seine tiefsten Gefühle sagten ihm, daß hier eine Welt des Unrechts sich auftat, die nichts zu tun hatte mit seinen eigenen Vorstellungen von der Würde des Menschen und dessen Aufgaben.

Als Klaus zu ihm von »minderwertigen« und »wertvollen« Rassen sprach, meinte Barlach, er kenne nur zwei Rassen, die geistige und die ungeistige.

Gerüchte über ihn gingen um, daß er wahrscheinlich jüdisches Blut habe,

»ostisch«, ganz sicher aber »artfremd« sei, ein verschwommenes Wort, das eine verhängnisvolle Bedeutung erlangte. Barlach setzte sich in einer Schrift damit auseinander: »Mir wird das Wort ›artfremd‹ zugeworfen – ich ergreife es und prüfe es am Lichte. Und siehe, es ist ein häßliches Wort, möge man es getrost einen Mißklang heißen! Wer möchte artfremde Kunst zwischen seinen vier Wänden gewahren, sie in den Kirchen, auf Plätzen, in repräsentativen Räumen dulden... Ohne Umschweife aber bekenne ich, nicht zu wissen, was artgemäß oder artfremd ist. Von welchem Jahrhundert, welcher Vergangenheit soll man sich belehren lassen, etwa vom letztvergangenen? ...Ich bekenne mich zur Schülerschaft von unbekannten Meistern, wie etwa des Christus am Kreuz, als oberdeutscher Herkunft bezeichnet, 13. Jahrhundert... oder des Jesus am Kreuz der Gruppe eines Tiroler Meisters, offenbar aus Willen zum Grotesken mit rauh hackendem Beil gestaltet und mit einem regelrechten Schifferbart – heute würde man dieses Antlitz aus eingebildeter Rassenkunde als negroid bespeien – unsre unbekannten Meister, falls sie dergleichen zur Zeit riskierten, wer gäbe ihnen Brot und Aufträge? ...Soll immerhin das Lob der Bodenständigkeit erschallen! Da lebe ich seit fast einem Menschenalter in meinem Städtchen und betrage mich, falls ich einmal, und sei es nur für Tage, fort muß, wie ein Chinese. Und doch sitze ich denen und jenen, vielen von dieser oder jener Art, wie ein Übel im Halse, und sie raunen einander das Ärgernis meiner Fremdheit, nicht einer schlichten, sondern einer bösartig-verzwickten, aus entzündeter Wutkehle zu...«

Wie es den mittelalterlichen Meistern seiner Meinung nach geschehen wäre, geschah es nun ihm. Die Aufträge blieben aus, für Lübeck fanden sich keine Stifter mehr. Der Museumsdirektor Carl Georg Heise war, auch seines Einsatzes für Barlach wegen, von den Nazis aus seinem Amte entlassen worden. Die Domgemeinde in Magdeburg stellte einen Antrag auf Entfernung des Ehrenmales, denn der meist durch nationalsozialistische »Deutsche Christen« gebildete Gemeindekirchenrat behauptete, daß die von Barlach dargestellten Gestalten »entartete Kunst« und vom »völkischen« Standpunkt aus zu verurteilen seien. Doch noch war Barlachs Ruf so bedeutend, daß selbst ein gemeinsamer Beschluß zur Entfernung

des Males vom Konsistorium, Vertretern der Provinzialregierung und dem Gemeindekirchenrat kein Gehör im preußischen Kultusministerium fand.
In dieser Frühzeit des Nationalsozialismus glaubten sogar Parteigenossen, sie könnten durch Proteste und Diskussionen eine gewisse Freizügigkeit und Liberalität erreichen. Zwar stimmte es bedenklich, daß von rechter Seite verlangt wurde: »Es wird ein Bildersturm durch deutsches Land gehen müssen!« und daß das auch erfolgte. Bilder und Plastiken von Expressionisten, die als »Geistesjuden« galten, wurden aus Museen geholt. In Weimar übertünchte man ein Fresko von Oskar Schlemmer. Man gründete einen »Kampfbund für deutsche Kultur«. Am 10. Mai kam es zur Bücherverbrennung, bei der viele Bände von jüdischen und nichtjüdischen Autoren auf öffentlichen Plätzen unter fanatischem Geschrei den Scheiterhaufen übergeben wurden.
Doch aus eigenen Reihen entwickelte sich Widerstand gegen diese Kulturschande. Am 29. Juni 1933 fand im Auditorium maximum der Universität Berlin eine öffentliche Kundgebung statt, die von nationalsozialistischen Studenten veranstaltet wurde. Sie verkündeten: »Der Gartenlaubenkünstler und der Literaturmaler erleben ihre große Zeit, denn der erstere ahmt die Natur nach und erklärt, das Volk verstehe ihn, der andere malt germanische Inhalte und erklärt, seine Kunst sei ›völkisch‹... Aber wir lassen uns diese Leute nicht als nationalsozialistische Künstler aufschwätzen! ...Die nationalsozialistischen Studenten kämpfen gegen die Kunstreaktion, das Lebenselement der Kunst ist und bleibt Freiheit! ...Die planmäßige Diffamierung der Barlach, Heckel, Kirchner, Otto Mueller und Schmidt-Rottluff ist ein Vergehen an deutscher Kultur!« Der »Kampfbund für deutsche Kultur« wurde als eine »Organisation übellauniger Pinselschwinger« bezeichnet. Der NS-Studentenbund veranstaltete eine Ausstellung, in der er Werke von Barlach, Christian Rohlfs, Nolde, Pechstein und anderen Künstlern zeigte und diese als »Dokumente nordischen Wesens« vorstellte.
Propagandaminister Joseph Goebbels, der selber einige Barlachplastiken besaß, schlug sich anfänglich auf die Seite der Studenten. Dadurch geriet er in eine heftige Kontroverse mit Alfred Rosenberg, dem Rassentheore-

tiker der Nazis, die schließlich durch Hitler zugunsten von Rosenberg beendet wurde.
Junge Menschen wie die Berliner Studenten gaben Barlach Grund zu neuer Hoffnung, obgleich auch junge Nationalsozialisten immer wieder das Schwert des »Geistkämpfers« in Kiel zu einem »Angelhaken« bogen.
Bedrückend wurden die Geldsorgen. Es gab wenig Aufträge und Verkäufe. Ein Grabmal für die Familie Otto Pauly, ein Bronzerelief mit einem schwebenden Engel, konnte Barlach fertigstellen. Die Mahagoniholzplastik »Der Durstige« fand einen Käufer. Doch das waren Ausnahmen.
Er schrieb: »...mein Kahn sinkt und sinkt immer rapider, die Zeit ist abzusehen, wo ich ersaufe...«
Bernhard Böhmer setzte sich für Barlachs Werk in einer Art ein, die diesem nicht immer lieb sein konnte. Böhmer verstand es, sich nach allen Seiten hin Freunde zu machen. Er kaufte für Goebbels und Hitler Werke alter Meister ein, brachte später für ein Butterbrot sogenannte »entartete Kunst« an sich, schützte und deckte aber gleichzeitig Barlach, versuchte dessen Werke zu verkaufen, versteckte und rettete später viele von ihnen. Er war Barlachs böser und guter Engel.
Im Ausland wurde Barlach immer bekannter. Plastiken von ihm wurden für die Chikagoer Weltausstellung entliehen. Er hoffte, daß dadurch auch die »Magdeburger Gefahr« geringer würde. Konnte man den Ruhm, den er im Ausland erfuhr, einfach ignorieren?
Den Haupthinderungsgrund, neue Aufträge zu erhalten, sah er darin, daß man ihn für einen Juden hielt. So ging er darauf ein, daß Freunde einen Stammbaum der Familie Barlach aufstellten und veröffentlichten. »...zu denken, daß so was nötig, ja fast unerläßlich ist! Ich möchte sie (die Ahnentafel) im Berserkerzorn lieber zerquetschen als verwahren...«
Als das Jahr voranschritt, häuften sich die Schwierigkeiten. Flechtheim, der ein Bürge für den Hausbau gewesen war, mußte als Jude seine Kunsthandlung liquidieren. Barlach hatte Mühe, aus dem Zusammenbruch eigene Bronzen zu retten. Cassirers Firma war schon seit einiger Zeit in kluger Voraussicht nach Zürich übergesiedelt.

Im Schweriner Stadttheater sollte im November eine Morgenfeier über Barlachs Werke stattfinden. Zwei Tage davor wurde sie ohne Begründung verboten.
Die persönlichen Belästigungen wurden immer häufiger. Mit der Post kamen offene Drohkarten, an der Pforte hingen Zettel mit Beschimpfungen. Barlach meinte zu entdecken, daß seine Post geöffnet wurde, und bat die Freunde, in ihren Briefen vorsichtig zu sein. Um nachts schlafen zu können, nahm er zu viele Schlafmittel. Und doch wachte er früh am Morgen auf, und Ängste und Sorgen überfielen ihn mit Macht. Dann flüchtete er sich wieder in die Bücher, und Lesen half. In Shakespeare oder die alten Chinesen versunken, fand er Entspannung und Frieden. »Kostbare Stunden« nannte er sie.
Wenn er am Tage zusammen mit Marga Böhmer in die Natur fliehen wollte, wurde ihm auch dieses vergällt. Der Heidbergwald wurde in großen Teilen wegen geplanter Neubauten abgeholzt. Barlach litt: »... ein paar Axthiebe, ein bißchen Sägen, und schon gerät der 60–70jährige ins Schwanken, Neigen, Stürzen und schlägt auf den Boden, daß der Berg dröhnt. Fortsetzung: Sägewerk. Das Erlebnis vieler Winter, Frühlinge und Sommer, tausendfaches Biegen, Beugen, Kämpfen gegen den Sturm, Erleiden der Kälte – ein Objekt für Meistbietende...«
Der Lärm der Sägen störte ihn bei der Arbeit. Büchsenschüsse knallten, das Wild wurde gejagt oder verscheucht.
Gelassenheit, die Barlach sich immer wieder predigte, versuchte er in eine Plastik hineinzulegen. »Die sitzende Alte« hat die Hände im Schoß gefaltet und schaut mit ihrem ruhigen, einfachen Gesicht sinnend in Vergangenheit und Zukunft.
Ab und zu kam Klaus zu Besuch, der sich in einem Technikum in Neustrelitz zum Ingenieur ausbilden ließ. Doch da es ihm nicht viel Freude zu machen schien, konnte Barlach sich der Sorgen um den Sohn immer noch nicht entledigen. Er sah so viele Begabungen in ihm, zum Forscher und zum Künstler, aber »ohne den dazugehörigen Raptus«.
Das Weihnachtsfest 1933 war getrübt von Bangigkeit und Sorgen. Von der »Nordischen Gesellschaft« war er, wie andere bekannte Persönlichkeiten des europäischen Geisteslebens, gebeten worden, Vorschläge zu

machen, wie der Frieden in der Welt erhalten bleiben könne. Er schrieb: »Friedensarbeit? Die Welt ist so voller Mißtrauen, daß der Nächste, der Nachbar, der Mitbürger schon an dieser Seuche kranken… Ich sage wieder, wie schon einmal: Den anderen verstehen wollen, schließlich auch verstehen lernen, dem Gesetz der Eigenheit gehorsam das Gesetz des Anderssein achten möchte als schwerer und nicht lange aufschiebbarer Anfang der Arbeit am Frieden gelten.«

23.
Der Wanderer im Wind

Anfang Januar 1934 schickte Barlach an seinen Bruder Hans ein trauriges Resümee: Die Theaterdirektoren wagten seine Stücke nicht mehr aufzuführen, die Museen nichts anzukaufen. Das Bremer Museum zog einen Auftrag zurück, der Leiter erklärte freimütig, man wage nichts von Barlach zu zeigen. Die Zeitungen brachten Schmähschriften. Der »Niederdeutsche Beobachter« rügte die »Mecklenburger Monatshefte« wegen »unbewußter Widersetzlichkeit«, weil diese Zeitschrift gewagt hatte, einen positiven Artikel über Barlach zu bringen und seinen Stammbaum zu veröffentlichen, der bewies, daß kein jüdisches Blut in ihm war.

Zwangsläufig mußte er in den »Reichsverband deutscher Schriftsteller« eintreten. Bestand dadurch doch die leise Hoffnung, daß sein literarisches Werk nicht mehr ganz so heftig abgelehnt würde.

Eberhard Hanfstaengl, der Direktor der Berliner Nationalgalerie im Kronprinzenpalais, versuchte mit vorsichtigem Taktieren, Werke von nicht erwünschten Künstlern wie Käthe Kollwitz und Lehmbruck doch noch für seine Sammlung zu erhalten. Er bat Barlach, das mächtige Apostelrelief, das ein Bankier Simon der Nationalgalerie 1928 geschenkt hatte, gegen ein anderes Werk einzutauschen. Der Apostel, der in der Wüste mahnend gegen eine verrottete Welt zu predigen scheint, hatte den neuen Machthabern mißfallen. Hanfstaengl wollte das Werk gegen die ruhige Plastik der »Lesenden Mönche« auswechseln.

Barlach meinte zu Schurek: »Wenn sie es nicht besser haben wollen, mir kann es recht sein.« Finanziell war der Tausch von großem Vorteil für ihn. Der Preis der rundplastischen Mönchsgruppe war bedeutend höher als der des Reliefs.

Böhmer, der Barlachs Geschäfte immer mehr in die Hand nahm, schrieb an Hanfstaengl: »Ich muß Ihnen sagen, welche innere Beruhigung Ihr Brief in seinen Zusammenhängen Barlach gegeben hat. Gerade in den letzten Wochen war sein seelischer Zustand so, daß ich die größten Befürchtungen hatte. Es sind so verschiedene Momente zusammengekommen. Verzeihen Sie mir, sehr verehrter Herr Doktor, meine offenen Worte, aber als beinahe jahrzehntelanger Mitarbeiter Barlachs, dem es vergönnt ist, täglich mit ihm alles, was es auch sei, zu erledigen, fühle ich mich verpflichtet, seinen nächsten Freunden an maßgebender Stelle die Situation zu schildern, in der er sich befindet. Die finanzielle Lage des Künstlers hat sich in den letzten Monaten derart zugespitzt, daß unbedingt Rat geschaffen werden muß. Es wird mir schwer, sagen zu müssen, daß ihm die Sorgen für die Zukunft die nächtliche Ruhe rauben...«
Hanfstaengl tat, was er irgend konnte. Bis 1936 zeigte er in der oberen Etage des Kronprinzenpalais die »Lesenden Mönche«, den »Rächer«, das Holzrelief »Die Verlassenen«, die Haupttafel des Kaminreliefs und die Zeichnung »Ernstes Gespräch«. Schließlich aber wurde diese Abteilung auf »Weisung von oben« geschlossen und Eberhard Hanfstaengl 1937 zwangsweise beurlaubt.
Böhmer setzte sich mit all seinen Kräften für Barlachs Werk ein, mit Überredungskunst, Geschick und wenn nötig auch List. Im Wesen des zwielichtigen Mannes trat für den Künstler immer mehr »der gute Engel« zutage.
Die Nazizeitung »Völkischer Beobachter« brachte als Ausstellungskritik einen Artikel voll von unglaublicher Gehässigkeit. Sie »erbrach sich« förmlich, wie Barlach an den Bruder schrieb. Es hieß darin: »Man hat inmitten dieser Barlach-Gestalten das Gefühl, in einer Gesellschaft von nervenkranken, geistig unzulänglichen, haltlosen Kreaturen zu weilen. Man fühlt sich umwittert von den Ausdünstungen verwahrloster Leiber von plumpem Bau und von schlechten Säften, von Opfern rassischer Niederzucht...«
All das zerrte an den Nerven. Barlach meinte, daß diese Zeit ihn in Geschwindigkeit uralt gemacht hätte.
Und doch gab es immer wieder einige Lichtblicke. Im Berliner Rundfunk

konnte Barlach eigene Prosa lesen, der »Blaue Boll« wurde im Stadttheater Altona aufgeführt, und in der Kunsthalle Bern fand eine Ausstellung seiner Werke statt. Auch kauften einige Menschen, wie Barlach erstaunt feststellte, sogar Nationalsozialisten, kleinere Bronzen und Holzarbeiten. »Kurz, das Versaufen ist noch immer wieder hinausgeschoben«, schrieb er an den Vetter.

Die Aufträge gaben Impulse zu neuen Arbeiten. Er schuf den »Wanderer im Wind« in Eichenholz, ein Motiv, das in seinem Werk immer wieder auftaucht. Zwar hatte er nun, in seinen »Fuchsbau« vergraben, die langen Spaziergänge aufgegeben, aber das Glück dieser Wanderungen lebte noch in der Erinnerung. Nikolaus Barlach sagt, der Vater habe diese Plastik ohne Freude nach alten Zeichnungen hergestellt. Er habe in dieser harten Zeit lieber »radikalere« Stücke machen wollen als so »lyrische«. Er habe geäußert: »...es pulst in mir eine böse Rücksichtslosigkeit.« Doch schrieb Barlach an Piper: »...statt römische Armgesten zu vollziehen, ziehe ich den Hut in die Stirn...«

Genau das ist hier dargestellt: Ein Mann, der den Hut tief in die Stirn zieht, schreitet gegen den Wind aus. Das ernste bärtige Gesicht ist ein Selbstporträt. Obgleich er behauptete, er habe bei dieser Figur mehr an die Wünsche der Kunden gedacht, scheint sie doch auch ein Symbol für seine damalige Situation zu sein.

Härter und aggressiver geriet die Gipsfigur vom »Vergnügten Einbein«, dem Krüppel, der in trotziger Heiterkeit sein Holzbein in einem wilden Tanz schwingt.

Eine »Sinnende« entstand, noch einmal eine »Hockende Alte« und »Die Flamme«, ein hoch aufgerichteter Jüngling mit wehendem Haar.

Das Gipsmodell dieser Skulptur schenkte Barlach dem Hamburger Industriellen Hermann F. Reemtsma, der ihn in Güstrow besuchte. Dieser Besuch brachte in seelischer und finanzieller Hinsicht einen kaum noch erwarteten Aufschwung. Reemtsma kaufte einen »Beter«, sah in Barlachs Atelier die drei Figuren vom »Fries der Lauschenden« und gab dem Künstler den Auftrag, den Fries für sein eigenes Haus in Hamburg zu vollenden. Barlach konnte sein Glück kaum fassen, zumal Reemtsma sich im Gespräch als eine gleichgestimmte Seele erwies. Er würde den Besitz dieser dem Künstler so wichtigen Figuren verdienen, weil er sie begriff. Die Aufgabe brachte Barlach neuen Lebensmut. Zu Schurek sagte er: »Man weiß doch wieder, wozu man da ist.«

Daß Reemtsmas Auftrag gerade in diesem Moment kam, war von ganz besonderer Bedeutung, ja, vielleicht lebensrettend. Denn im September erfolgte der erste schwere Schlag gegen Barlachs Werke.

Die Situation um das Magdeburger Mal spitzte sich zu. SA-Männer beschmierten es mit Farbe, und der »Beauftragte des Führers für die Überwachung der gesamten geistigen und weltanschaulichen Erziehung der NSDAP«, der Rassenfanatiker Rosenberg, schrieb darüber: »Barlachs sogenannte Landsturmmänner schielen halbidiotisch und kleindimensional in die Welt, stehen stumpf und blöde nebeneinander.«

Durch die Eingabe des Kirchenvorstandes der Domgemeinde an den Gauleiter und Reichsstatthalter wurde schließlich veranlaßt, das Mal aus dem Dom zu entfernen. Man schickte es an die Nationalgalerie in Berlin.

Da Hanfstaengl zu dieser Zeit eine noch relativ sichere Stellung hatte, nahm Barlach an, daß das Ehrenmal dort gezeigt werden könnte. Aber das war dem Museumsdirektor nicht mehr möglich. Das Mal kam ins Magazin und war nur auf ausdrückliches Verlangen zu sehen.

Die Domgemeinde Magdeburg errichtete statt Barlachs Gefallenenmal an der Außenseite des Domes ein SA-Ehrenmal des nationalsozialistischen Bildhauers Hans Wissel.

Barlachs Magdeburger Mal wurde später von den Nazis in die »entartete Kunst« eingereiht und sollte, wie viele dieser Werke, an das Ausland verkauft werden, wovor Böhmer es bewahrte, indem er es erwarb.

Auch gegen den Güstrower Domengel wurden immer mehr Stimmen laut. In der Lokalzeitung stand: »Barlach ist uns innerlich fremd, deswegen gibt es keine Gemeinschaft zwischen uns und ihm. Wir hoffen, daß die letzten Spuren seiner schrecklichen Werke bald von den Stätten, wo sie noch stehen, beseitigt werden... vor allem diese Kriegermale in der übelsten verzerrten bolschewistischen Weise!«

Barlach sandte Schurek eine Ansichtskarte mit dem Domengel darauf und schrieb mit grimmigem Humor: »Wie lange noch? Häßlicher Haß legt Eier an diesem Ort, und Klock zwölf in der Nacht murmelt was: Nur fort, nur fort mit das!«

Er überlegte, ob er nicht doch lieber nach Berlin übersiedeln sollte, um dort unterzutauchen. Aber obwohl er viele Jahre lang Güstrow nur als Provisorium betrachtet hatte und eines Tages weiterwandern wollte, war ihm die Stadt nun doch zur Heimat geworden und vor allem die Mecklenburger Landschaft, die er liebte.

Auf Zetteln, die er am Tor seines Grundstückes fand, und in anonymen Briefen wurde ihm immer wieder erklärt, daß er hier unerwünscht sei und fortgehen, am besten auswandern sollte.

Barlach schauderte vor einer Emigration zurück. Wie konnte er, der sich im Ausland nie wirklich wohl gefühlt hatte, in seinem Alter dort noch Wurzeln schlagen? Doch wenn sie den Engel aus dem Dom entfernten, wäre ein Weiterleben in Güstrow unmöglich, dann würde er weichen müssen – aber wohin?

24.
Flucht in die Arbeit

Noch trug ihn die Arbeit am »Fries der Lauschenden« wie eine milde Welle in das Jahr 1935 hinüber. »Mir ist ein großer, sehr großer Wunsch erfüllt... geht es doch um eine Möglichkeit, an der ich schon halb und halb gezweifelt hatte«, schrieb er an Reemtsma.

Mit aller Hingabe lebte er sich wieder in dieses Werk ein. Es war nicht leicht, für die restlichen Figuren Holz zu beschaffen, das im Ton und in der Maserung den drei ersten Skulpturen glich. Barlach war glücklich, als er in Berlin bei seinem alten Holzhändler noch Blöcke aus gleichartigem und gleichaltem Holz fand, die dieser seit Jahren aufbewahrt hatte.

Den vorhandenen Figuren, dem »Wanderer«, der »Tänzerin« und der »Träumenden«, folgten nun sieben weitere: der »Gläubige«, der »Begnadete«, die »Pilgerin«, die »Erwartende«, der »Empfindsame«, der »Sinnende«, den Barlach aber schließlich wieder ausschied und zu einer vollplastischen Einzelfigur gestaltete. Am schwersten fiel ihm die Formung der letzten Figur. Er grübelte und verglich die Gestalten miteinander. Alle standen in verzücktem, andächtigem oder versunkenem Lauschen. Es war ein sanfter Reigen ganz der Musik Hingegebener. Allzu sanft, fand Barlach plötzlich, allzu lyrisch. Wie eine gute Musik ihre Dissonanzen braucht, schien auch dieses Werk nach Gebrochenheit und Herbe zu verlangen. Plötzlich wußte er, was er dem Fries als Herz- und Kernstück hinzufügen mußte: einen sich auf Krücken stützenden Blinden. Es wurde das schönste der neun Gesichter in seiner Gefaßtheit, dem innerlichen Schauen und Lauschen.

Reemtsma verfolgte mit großer Anteilnahme und tiefem Verständnis das Werden des Frieses. Er bewunderte, wie Barlach körperliche Schwäche und Beschwerden im Ringen um das Werk überwand, wie er einigen Lebensmut, Heiterkeit und Gelassenheit dadurch wieder erlangte. Barlach selbst meinte, daß die schwere vorangegangene Krise ihn erst wirklich reif gemacht habe für diese Arbeit.

In Altona war »Der blaue Boll« ein großer Theatererfolg gewesen und hatte viele Vorstellungen erlebt. Dadurch ermutigt, brachte der Intendant Legband im Mai 1935 »Die echten Sedemunds« zur Aufführung. Bei der Premiere jubelten Publikum und Presse. Der bedeutende Kritiker Herbert Ihering schrieb: »Barlachs Drama, das auf der Bühne wiederzusehen heute eine Beglückung bedeutet... diese irrlichternde, unheimliche Dichtung... in ihrem Kern ist sie deutsch mit dem Helldunkel ihrer Gestalten, mit der Phantasie ihres Humors.«

Doch die neuen Machthaber fanden das Stück im höchsten Maße »undeutsch«. Am Tag nach der Premiere wurden alle weiteren Aufführungen verboten.

Die Kränkungen und Sorgen drangen wieder lautstark bis zu Barlach durch und störten seinen Arbeitsalltag. Im Landesmuseum Schwerin wurde die Gruppe »Das Wiedersehen« aus den Ausstellungsräumen entfernt und ins Magazin verbannt.

Doch immer noch bat man ihn um Werke für Ausstellungen, aber er wehrte ab: »Ausstellen tue ich nicht, teils meinet- teils der Veranstalter wegen. Ich habe die Anpöbelungen satt... Wenn diejenigen, die etwas für mich wagen, gemaßregelt werden, so kommt etwas Schmerzliches dazu.«

Immer wieder gab es Geraune um die Entfernung des Domengels. Barlach entwickelte einen Widerwillen gegen die Güstrower, vermied es, wenn irgend möglich, in das Städtchen zu gehen, durch das er früher mit soviel Genuß geschlendert war. Zu den notwendigen Geschäften ließ er sich in einem geschlossenen Taxi durch die Straßen fahren. Wie eine Schnecke in ihr Haus, zog er sich dann rasch wieder in das Heidberg-heim zurück und wehrte auch die meisten Besucher ab. Nur enge Freunde waren willkommen, wie Schult, Schurek und Piper, vor allem Reemtsma. Dann kam es trotz allem noch zu harmonischen Stunden in der gemütlichen Sitzecke im kleinen Wohnzimmer oder im verwilder-

ten Garten bei Tee oder einem Glas Wein. Barlach rauchte, die Hunde lagen zu seinen Füßen. Marga Böhmer war eine aufmerksame Gastgeberin.
Man redete nicht nur über die politische Lage, sondern auch über Kunst, Literatur, Menschen, Natur, Gott und die Welt. Barlach sprach leise, stockend, doch so eindrucksvoll, daß mehrere Freunde diese Gespräche aufzeichneten. Er konnte intensiv und aufmerksam zuhören, wenn ein anderer sprach, und von Herzen lachen. Klaus brachte ihn manchmal dazu, so, als er eine Grammophonplatte, auf der Barlach Prosa sprach, einmal zu schnell, dann wieder zu langsam laufen ließ.
Der Humor verließ ihn nie ganz, wenn er jetzt auch oft in Sarkasmus umschlug. Er gipste eine Pistole, die er gerne beseitigen wollte, in eine weibliche Porträtbüste ein. Hunger nach Heiterkeit brachte ihn dazu, wieder in dem vor Jahren geschriebenen Roman »Seespeck« zu lesen, der ein Stück Autobiographie war. Er empfand das als eine »Kur gegen Niedergedrücktheit«. Doch der Mann, der die Seiten umblätterte, war ein anderer als der, der sie geschrieben hatte. Er erkannte, daß er diesen Roman nie vollenden würde.
Aber am kleinen, mit Büchern überladenen Schreibtisch begann er jetzt nachts einen neuen Roman zu schreiben, »Der gestohlene Mond«. Dieses Prosastück voller Poesie, Gedankentiefe und ironischer Kritik an der Welt und den Menschen war von Jean Paul beeinflußt:
In einem Städtchen, das Güstrow ähnelt, leben die beiden Freund-Feinde Wau und Wahl. Die Menschen im Ort ähneln in ihrer spießigen Selbstgerechtigkeit den Güstrowern von 1935. Echte Porträts sind eingearbeitet, und Freunde werden sogar mit Namen genannt, wie der Lehrer und Dichter Schult, dessen eigene Gedichte in dem Roman enthalten sind. Der Zollinspektor Wau ist ein Selbstporträt Barlachs. Er begegnet dem Phantasten Wahl, der mit seiner Überredungskunst Wau zu immer neuen gewagten finanziellen Abenteuern verführt, so zum Bau eines Gartenhauses, in dem sich bald Orgien einer obskuren Gesellschaft abspielen, an denen Wau nicht teilnimmt. (Hier schlägt sich wohl Barlachs Hausbausituation nieder, und der Verführer Wahl hat eine schwache Ähnlichkeit mit Böhmer).

Oben: »Lesender«, Steinzeichnung für das Titelblatt der Mappe *Goethe, Gedichte* (siehe auch Illustrationen auf den Seiten 156 und 157 und die Vignetten auf den Seiten 104, 178, 183, 201 und 242)
Rechts: »Der Flötenspieler«, Bronze, 1936
Musik und Literatur waren wichtige Lebenshilfen

212

Oben: Büste Leo von Königs von Barlach, Bronze, 1937
Links: Porträt Barlachs von Leo von König, Öl, 1937
Die von den Nazis ausgeschalteten Künstler porträtierten sich gegenseitig

»Die Hexe Pfefferzunge«, Holz, 1937. Bertolt Brecht: »Ihr Lachen ist wie ein Singen, es hat den ganzen Körper gelöst, er sieht beinahe jung aus.«

Im Gartenhaus zeugt der alte Vater von Wahl dem sehr jungen Hausmädchen Frieda ein Kind. Die Sippe des Mädchens verdächtigt und erpreßt statt seiner Wau. Dieser nimmt alles gutmütig auf sich und will für das Mädchen sorgen, weil seine Frau ihm vor ihrem Selbstmord das »Kind Frieda« ans Herz gelegt hat. Doch alles läuft schief. Der alterswirre Vater Wahl besteht darauf, Friedas Kind gezeugt zu haben, obgleich er es nicht ernähren kann. Frieda ist zum Gespött des Ortes geworden und geht ins Wasser. Wahl, der alles nicht miterlebt hat, weil er auf Reisen nach einer reichen Frau und einkömmlichen Geschäften suchte, kehrt zurück, wird von Wau für das Unglück verantwortlich gemacht und aus dem Hause gewiesen. Schließlich, nachdem Wahl tatsächlich eine reiche Frau geheiratet hat, versöhnen sich die Freunde wieder. Durchwoben ist die ganze Geschichte von Gesprächen zwischen den beiden Haupthelden. Diese berühren Reales und Phantastisches, Banales und Poetisches. Wie eine Grundmelodie durchzieht die Fabel vom Mond, der gestohlen wurde und nun Finsternis hinterließ, den Roman, sie beschäftigt Wau immer neu und begleitet ihn über Jahre hin, scheint ihm ein Gleichnis seines Lebens zu sein. Er meint zu entdecken, daß nicht der Schatten der Erde das Universum verfinstert, sondern sein eigener Schatten den Mond und damit die Welt verdunkelt. Waus Schatten ist das Böse in ihm selbst, das übermächtig wird, wenn er das Licht nicht wiederfindet. Wie beim »Blauen Boll« klingt hier das Faustthema an: Wau, Wahl und Frieda entsprechen Faust, Mephisto und Gretchen.

Auch »Der gestohlene Mond« blieb schließlich ein Fragment.

Neben dem »Fries der Lauschenden« bedrängten Barlach neue bildhauerische Pläne. Wieder schienen im Holz und Gips »die Figuren auf ihn zu warten«. Aber die schwere Zeit, die schlaflosen Nächte, die pekuniären Sorgen hatten ihn erschöpft. Das Herz machte immer wieder Beschwerden, der Magen streikte, und häufige Erkältungen quälten ihn. Er schrieb an den Vetter, daß ihm in körperlicher Beziehung zehn Jahre fehlten. Doch meist überwand er mit großer Energie die Schwäche, ignorierte alle Beschwerden und stürzte sich mit immer neuer Arbeitswut auf neue Projekte.

Theodor Däubler war 1934 an Zucker und einer Lungenentzündung gestorben. Man hatte Barlach gebeten, die Totenmaske abzunehmen. Doch aus Krankheitsgründen hatte er abgelehnt, die Maske allerdings später überarbeitet. Däubler hatte sich einst einen Grabstein von Barlachs Hand gewünscht. Nun bat die Schwester des Verstorbenen um eine Realisierung.

Barlach machte sich sofort an die Arbeit. Einen schwebenden Leib mit erhobenem Kopf wollte er darstellen. Däublers Name, Geburts- und Sterbedatum sollten darunter eingemeißelt werden und ein Wort des Dichters: »Ich bin der Glaube an die Macht der Sonnen.«

Das Geld, das die Schwester dafür zur Verfügung hatte, reichte nicht aus. So stellte sie bei der Reichsschrifttumskammer einen Antrag auf Beihilfe. Diese erklärte, man müsse leider ablehnen, wenn Barlach das Mal schüfe. Sollte die Schwester einen anderen Bildhauer finden, ließe sich später darüber reden. Die Frau verzichtete. Barlach hätte das Mal am liebsten auf eigene Kosten gemacht, doch konnte er sich das in seiner derzeitigen Lage nicht leisten.

Die Abfuhr war eine neue Kränkung, andere kamen dazu. Eine Zeitschriftenredaktion erklärte, sie könne nichts über Barlach veröffentlichen, weil sie sonst Ärger mit der Hitlerjugend bekäme. Die Gerüchte, daß Güstrower Bürger darauf hinarbeiteten, den Engel aus dem Dom zu entfernen, wollten nicht schweigen. Ähnliche Nachrichten kamen aus Kiel, den »Geistkämpfer« betreffend.

Enttäuschungen, Kummer und Beunruhigungen bewegten Barlach ständig. Die einzige Betäubung brachte die Arbeit und immer wieder Arbeit. Er schnitzte in Teakholz die »Mutter mit Kind«, eine Frau, die auf der Erde kniet und ihren Säugling im Schoß hält, den sie mit zärtlichen großen Händen fest umfaßt.

»Ja, groß müssen die Hände sein«, sagte Barlach zu Schurek, »groß und hart! ›Diesen sollen sie nicht haben!‹ – so schreit die Frau.« »Diesen sollen sie nicht haben!« sagt auch das breite, einfache Gesicht aus, das abwehrend und feindlich einen Gegner anblickt. Die Figur erinnert wieder an Plastiken der Käthe Kollwitz, die auch Mütter schuf, die ihre Kinder vor den Gefahren des Lebens bewahren wollen, Mütter, die die Nationalsozialisten als »undeutsch« abwerteten.

Und neue Zeichnungen entstanden, schnell, locker, rasch, Menschen im Alltag und in Ausnahmesituationen, ein Bittender, ein Gebundener, ein Pilger, ein Entschlossener und viele andere. Beim Zeichnen überlege er vorher nicht lange, schrieb Barlach an Vetter Karl, das beste dabei sei das »Geschenk des Moments«. Friedrich Schult, der diese Skizzen später herausgab, nannte sie deshalb auch »Übungen der leichten Hand«.
Zum fünfundsechzigsten Geburtstag von Barlach gab Piper einen Band Zeichnungen heraus. Künstler und Verleger waren bei der Auswahl nicht immer einer Meinung. Barlach wollte nicht nur »lyrische«, sondern auch problematische und aggressive Skizzen bringen, um »den ganzen Barlach« zu zeigen, der Verleger dachte an den Verkauf. Der bekannte Kunsthistoriker Wilhelm Pinder, der in einem Werk über moderne deutsche Plastik Barlach lobend erwähnt hatte, wurde von Piper gebeten, zum Buch ein Vorwort zu schreiben. Doch Pinder lehnte ab, er wolle sich nicht Barlachs wegen »diffamieren« lassen. Statt dessen schrieb der Schriftsteller und Kritiker Paul Fechter die Einführung. Das Buch verkaufte sich gut.
Auch die Nationalgalerie interessierte sich für Barlachzeichnungen und erwarb einige. Das gab Aufschwung und Freude.
Das Wichtigste in diesem Jahr blieb immer der »Fries der Lauschenden«.
»Arbeiten zu dürfen an diesem Werk schob mich durch die Zeit und hob mich über ihre schlammigen Gründe.«
Am Totensonntag 1935 fuhr Reemtsma nach Güstrow, um von Barlach den Fries in Empfang zu nehmen. Barlach schrieb danach an Reemtsma: »...ich fühle mich gut und reichlich belohnt durch das Bewußtsein, daß der Ertrag meiner Mühe von Ihnen mit freudigen Händen empfangen wurde, durch das Glück zu glauben, daß ein Innerstes von mir Gestalt bekommt, das leicht, heiter und doch streng Ihrem Wesen willkommen ist und zugewandt bleibt. Zu wissen, daß dieser so lange mit mir durch Jahre hindurch gewanderte Wunsch der Vollendung der neun Gestalten erfüllt ist, darf mich wohl erheben, ich sage gern, daß es das tut, besonders in einem Augenblick, wo ich erfahre, daß politische Umstände wieder einmal mit dickbäuchiger Unsachlichkeit auf meinen Weg treten.«

Fast entbehrte er die neun Figuren, die für ihn so etwas wie »Nothelfer« geworden waren.
Trotz aller Rückschläge stand in ihm immer wieder die Hoffnung auf, daß das nächste Jahr mehr »in Dur« gespielt werden würde als das vergangene, und zum Jahreswechsel schrieb er an Reemtsma einen Vers aus dem »Findling«:

»Heil', Herz und hoff!
Das Wort ward Stoff,
Und zur Gestalt
Erblühte seine Lichtgewalt.«

25.
Als Emigrant im Vaterland

Doch 1936 wurde kein Jahr »in Dur«. Zwar wählte man Barlach zum Ehrenmitglied der Vereinigung bildender Künstler der Wiener Sezession, und die Akademie der Künste in Berlin wollte zu einer Jubiläumsausstellung vier Werke von ihm zeigen. Doch einen Tag vor der Eröffnung wurden seine Arbeiten zusammen mit Werken von Käthe Kollwitz und Lehmbruck aus den Ausstellungsräumen entfernt. Reichsminister Rust sprach in seiner Eröffnungsrede von »frecher Mißachtung der Tradition« und erklärte: »Aus dieser Erkenntnis heraus habe ich vor einigen Tagen den Entschluß gefaßt, gewisse Erscheinungen einer vergangenen Periode zunächst erst einmal den Blicken zu entziehen, damit wir zu uns selber kommen.« Die ganze Unsicherheit der Machthaber sprach aus diesen Worten. In bezug auf Barlach wurden sie in ihrer Ablehnung immer entschiedener.

Ein schwerer Schock war es, daß im Piper-Verlag die noch nicht verkauften Exemplare der »Zeichnungen« von der »Geheimen Staatspolizei« beschlagnahmt wurden. In einem Schreiben hieß es: »Die Bayerische Politische Polizei teilt mit: Aufgrund des § 7 der Verordnung des Reichspräsidenten zum Schutze des deutschen Volkes vom 4. 1. 1933 wird die Druckschrift ›Zeichnungen‹ von Ernst Barlach mit einer Einführung von Paul Fechter, erschienen im Verlag R. Piper u. Co., München, polizeilich beschlagnahmt und eingezogen, da der Inhalt geeignet ist, die öffentliche Sicherheit und Ordnung zu gefährden. I. A. Schmäling.«

Der Piper-Verlag bat um eine genauere Begründung, die aber ausblieb. Man erfuhr nur, daß die Aktion vom Propagandaministerium ausging. Barlach wandte sich hilfesuchend an die »Reichskulturkammer«, erhielt von dort aber nur die Nachricht, daß man »keine Veranlassung sähe, die

Beschlagnahme der Zeichnungen von Ernst Barlach zu beanstanden«. Da Barlach wußte, daß der Propagandaminister Goebbels zwei Arbeiten von ihm, eine Bronzeplastik und eine in Porzellan, besaß, hoffte er auf dessen Fürsprache. Er bot ihm in einem Brief an, einige Zeichnungen aus dem Buch zu entfernen, wies auch darauf hin, daß die meisten Skizzen, wie der »Lesende«, der »Geiger«, das »Lied an die Freude«, zeitlos allgemein menschliche Themen brächten, die ganz sicher nicht den »Schutz der Öffentlichkeit« nötig machten. »Der künstlerische Wert oder Unwert meiner Arbeiten steht außerhalb der von der politischen Polizei zu treffenden Entscheidung. Dagegen droht die mich zu erdrücken geeignete riesengroße Beschuldigung der Schädlichkeit meiner Zeichnungen in einem mir verborgenen Sinne.« Vor allem wies Barlach in diesem Schreiben darauf hin, daß nicht nur er selbst, sondern vor allem auch der Verleger dadurch schwer geschädigt würde. Dieser Brief und ein zweiter wurden nicht beantwortet und der Auflagenrest von 3500 Büchern eingestampft. Barlach litt, nicht nur an der erneuten persönlichen Kränkung, sondern vor allem Pipers wegen. »Meine Hauptsorge ist durchgängig, daß meine Freunde für ihr Tun und Festhalten Nachteile haben.«
Reemtsma hatte vorgehabt, im Rembrandt-Verlag Bilder vom »Fries der Lauschenden« zu veröffentlichen, wagte es dann aber doch nicht. Schließlich gab er das Buch in einem sehr kostbaren Privatdruck heraus. Barlach freute sich darüber, fürchtete aber um böse Folgen für Reemtsma. Das schöne Buch konnte dann auch nur sehr vorsichtig an Liebhaber verteilt werden.
Am liebsten hätte Barlach nach diesen neuen Schicksalsschlägen Gestalten des Protestes und Aufbegehrens geschaffen. Doch mußte er leben, und, wie er wußte, wollten die Käufer von ihm »lyrische« Sachen sehen. So formte er in Gips und schnitzte dann in Holz einen »Flötenbläser«. Wenn er auch behauptete, er habe das Werk hauptsächlich des Publikums wegen geschaffen, spürt man doch an dieser Figur seine ganz persönliche Hingabe. Wieder ist es die geliebte Musik, die er durch das Medium »Mensch« darstellt. Ein Hirte sitzt auf einem Stein und bläst verträumt in sein Instrument. Alles, der runde Hut, die weichen Linien des Mantels, die sensiblen Hände an der Flöte, hat etwas Schwingendes, Harmonisches.

Die Plastik ist erstarrte Musik. »Es ist nicht das, was ich möchte, was ich muß«, sagte Barlach zu Schurek. Und doch hat ihm die Arbeit an dieser Figur wohl neue Kraft gegeben, denn in einem Brief heißt es: »Freudigkeit ist unerläßlich, es geht nicht ohne sie, sie muß gefunden und aus eigenem erzeugt und gestaltet werden, wenn keine Hand von außen sich hilfreich erweist. Ich verlange sie von mir und für mich, sie muß und wird mir zuteil werden trotz Wolf und Schwein.«

Der »Flötenbläser« atmet Freudigkeit. Reemtsma kaufte die Teakholzfigur. Einige Bronzeabgüsse wurden hergestellt, von denen einer sofort nach Amerika verkauft wurde. Diese Plastik wurde eine der bekanntesten und beliebtesten von Barlach.

Neben dem »Flötenbläser« entstand eine Figur, die Barlachs derzeitigen Gefühlen mehr entsprach: eine strenge, hochaufgerichtete, einer griechischen Kore ähnliche Frau in Ton und später Holz. Er nannte sie »Das schlimme Jahr«. In dem herben, sehr ernsten Gesicht liegt Sorge um die Zukunft. Und doch verspricht eine große Klarheit und Selbstgewißheit Überwindung. Nie, trotz aller Bedrückung, zeigt sich in Barlachs Werken aussichtslose Verzweiflung.

Das Titelbild der bei Piper erschienenen Zeichnungen schmückt ein Lesender. Mit dessen über der Zeit stehenden Friedlichkeit hatte Barlach Goebbels gegenüber argumentiert. Doch den Nationalsozialisten erschien ein Lesender durchaus nicht ungefährlich zu sein. Die Deutschen sollten sich nicht durch die Literatur anderer Zeiten und Welten beeinflussen lassen. Als Minister Rust bei der Eröffnung der Akademieausstellung sagte, man wolle »erst einmal zu sich selber kommen«, bedeutete das, die Deutschen sollten sich auf das nationalsozialistische »Gedankengut« konzentrieren, sich nicht davon ablenken lassen, geschweige denn eigene Gedanken fassen. Alle, die die Nazizeit miterlebt haben, werden sich erinnern, wie die Buchhandlungen an philosophischen und unparteiisch historischen Werken, an Belletristik und Lyrik, überhaupt an anerkannter Weltliteratur immer mehr verarmten, bis man nur noch politische Propagandaschriften kaufen konnte. Bei der Bücherverbrennung 1933 hatte man nicht nur jüdische und politische Literatur den Flammen übergeben. Alle anderen Gedanken, jede andere Moral und Ethik waren gefährlicher

Sprengstoff für die Machthaber, der das Gebäude ins Wanken bringen konnte.

So war Barlachs nächste Plastik, so lyrisch sie wirkt, in Wirklichkeit ein Protest gegen die Zeit, ein »Buchleser«.

Von früh an hatte er immer wieder Lesende dargestellt, in Zeichnungen, Grafiken und Plastiken, lesende Männer und Mönche und jenen Sitzenden im »Bildermann« 1916, der gegen den Krieg »anlas«. Dieser Grafik ähnelt die Plastik, die er jetzt aus Gips formte: ein zusammengekrümmt Dasitzender, die Ellbogen auf die Knie gestützt, der völlig vertieft in einem alten Buch liest. Auch dieser »las gegen die Zeit an«.

Von Kindheit an las Barlach mit Leidenschaft. Damals, aber auch später, gab es richtige »Leseorgien«, in denen er das Buch kaum aus der Hand legte. Er wollte durch das Lesen seine Umwelt vergessen, in ein schöneres, aufregenderes Leben eintauchen oder auch Ruhe und Harmonie gewinnen, er wollte aus den Büchern lernen und etwas erfahren über die Menschen, die Natur und Gott, er suchte auch künstlerische Impulse für seine Werke. Er hatte Lieblingsautoren, deren Bücher er zeit seines Lebens immer wieder las: Schiller, Goethe, Keller, Jean Paul, Rilke, Fritz Reuter und Klaus Groth und vor allem auch die alten Chinesen. An einen Bibliothekar schrieb er: »Was ich als Denker bin, weiß ich nun so ziemlich, es ist Zeit, ich bin über 65! Was ich als Mitdenker, Nachdenker wert bin, werde ich wohl nie wissen, aber eins weiß ich sehr gut, nämlich, daß ich an echter Gestaltung nie, ohne eine Spur eingeprägt zu bekommen, vorbeigelange, will beinahe anmaßend sagen, daß mir überall etwas aufgeht, wo es sich vernotwendigt, daß sich etwas umsetzt in Eigentum...«

Doch war er ein kritischer Leser, selbst die »Hesperiden« des Freundes Däubler konnte er nicht bedingungslos annehmen: »...er schaufelt und schaufelt und wirft nichts hoch, was mir dienen könnte, meine Leere auszufüllen.« Auch die großen Russen wie Tolstoi und Dostojewski forderten seine Kritik heraus. Obgleich er sie wiederholt las, waren ihm ihr Überschwang und ihre Neigung zu abgrundtiefer Verzweiflung zuwider. Er machte es sich mit Büchern nicht sehr bequem, las auch, was ihm gegen den Strich ging, wenn es nur sein Denken anregte, die Phantasie le-

bendig hielt. Waches Suchen und konzentriertes kritisches Denken spricht auch aus dem Gesicht der Plastik »Der Buchleser«. Für die Nazis aber war nichts unerwünschter als kritisches Denken.
Auch dieses Werk gab Barlach neue seelische Kraft. Er fühlte die Luft »klar und scharf« um sich, versuchte die Sorgen und Kümmernisse beiseite zu schieben und seinen Blick anderem zuzuwenden: »Aber wehe dem, der vergißt, wie unendlich ewigkeitsträchtig die kleinen und kleinsten Dinge sind, ich rette mich geradezu in die Betrachtung dieses oder jenes Naturvorganges, nicht größer, als in eine Streichholzschachtel geht.« Kraft gab die Familie und gaben die Freunde. Die »Dichter-Abteilung« der Berliner Akademie hatte noch im November 1936 den Mut, Barlach mit Worten zu ehren und ihm eine Arbeits- und Werkhilfe von tausend Mark zuzusenden.
Vielleicht gab das den Impuls, sich wieder seinem literarischen Werk zuzuwenden. Ein schon vor Jahren begonnenes Drama beschäftigte ihn nun: »Der Graf von Ratzeburg«.
Das Städtchen Ratzeburg in der Nähe gab ihm den Vorwurf, die Geschichte des Grafen Heinrich, der Macht und Ruhm von sich tut, die Familie verläßt und fortzieht zum Kreuzzug ins »Heilige Land«. Vieles erlebt er auf der Irrfahrt. Er ist ein Wegsucher, ein Gottsucher. Sein Gegenspieler ist Offerus, der immer nur dem Mächtigsten dienen will, ganz gleich, ob dieser gut oder böse ist, und der schließlich doch dem mächtigen Gott dient und zum »Christophorus« wird. Viele Gestalten treten im Stück auf und suchen auf ihre Art nach Gott, richten immer wieder bittende, beschwörende und rebellische Fragen an ihn. Da ist die Familie des Grafen, sind Kreuzfahrer, Heilige, Höflinge und Gestalten aus der Bibel, wie Adam, Eva und Moses. Viel erfährt Graf Heinrich auf dieser langen Fahrt: Schuld, Not, Grausamkeit, Opfer. Als er schließlich nach Ratzeburg zurückkehrt, findet er dort endlich seine Lebensaufgabe: Sein unehelicher Sohn Wolf, der durch die ungünstigen Lebensumstände zum Raubritter geworden ist, soll hingerichtet werden. Heinrich nimmt die Schuld auf sich, weil er Wolf gezeugt und sich später nicht um ihn gekümmert hat. Er fühlt sich schuldig und büßt. Vor seinem Tode trifft er den Fährmann Christophorus, der immer noch nicht sicher ist, seinen

wirklichen Herrn gefunden zu haben. Heinrich sagt zu ihm: »...so iß das herrliche Brot der nie ermattenden Unzufriedenheit!«

Dieser Satz kam tief aus Barlachs Lebenserfahrung. Er wußte, daß die nie ermattende Unzufriedenheit ein Hauptmotor seiner schöpferischen Kraft war.

»Der Graf von Ratzeburg« blieb ein Fragment. Die Fülle der Gestalten hätte noch geordnet, die Figuren hätten psychologisch durchgefeilt, die Gespräche gestrafft, die Gedanken geklärt werden müssen. Allzuviel dringt auf den Leser ein. Barlach schrieb auf das Manuskript: »Wünschend zu beenden und zu erweitern.« Doch dieser Wunsch wurde ihm nicht mehr erfüllt. Er hatte gehofft, daß das Drama den Extrakt aller seiner anderen Stücke enthalten würde, die endgültigen Erkenntnisse über Vater-Sohn-Beziehung, Lebenssinn und Gott. Doch mußte es auch hier bei der »Unzufriedenheit« bleiben, weil die körperliche und seelische Schwäche immer mehr zunahm.

26. Das schlimme Jahr 1937

Das »schlimme Jahr« 1937 begann, das schlimmste in Barlachs Leben, das wie ein Sturz in den Abgrund war, bei dem er von Klippe zu Klippe fiel und bei jeder Etappe schmerzhaft aufschlug. Schon im Januar schrieb er an den Vetter: »Hassen wird langweilig, Verbitterung ist ein Zeichen von Kleinmut, Kämpfen ist unmöglich, denn die Voraussetzung der Gegenseitigkeit in ehrlicher Feindschaft fehlt. Selbst die mit Zusprüchen nicht sparenden Gönner und Förderer geben die Hoffnung auf.«

Noch stärker verkroch er sich ins Heidberghaus, nicht mehr wie ein Eremit, sondern wie ein waidwundes Tier. Man ließ ihm keine Ruhe. Fenster wurden eingeworfen, nachts schlichen unliebsame Besucher um das Haus, und Barlach glaubte, daß in seiner und Marga Böhmers Abwesenheit Fremde sogar »geschnüffelt« hätten.

Er traf Schutzvorrichtungen. Im Garten wachten die Hunde. Eine kräftige Falltür verschloß im Haus den oberen Stock vom Parterre, so daß man sich notfalls dahin zurückziehen konnte. Barlach rechnete mit dem Schlimmsten, wohl auch mit einer Erstürmung des Hauses. Vom Schlafzimmerfenster beobachtete er oft mit einem Opernglas die Umgebung und schoß manchmal nachts aus dem Fenster heraus, um zu zeigen, daß man sich hier verteidigen würde. Im Garten vergrub er seine Tagebücher, die Romanfragmente und andere Aufzeichnungen. Er wagte sich kaum vor das Tor und nannte das Heidberghaus »mein KZ«.

Am zwanzigsten April wurde »Der Geistkämpfer« in Kiel von seinem Platz an der Kirche entfernt und ins Magazin des Kieler Museums gestellt. Wenig später bestand die Gefahr, daß er im Zuge der Aktion gegen »entartete Kunst« eingeschmolzen wurde. Böhmer verstand es, die Pla-

stik an sich zu bringen und bei Freunden in der Lüneburger Heide zu verbergen.
Barlach schrieb im Mai an Schurek: »...in ziemlicher Stille ist am 20. vorigen Monats, am Geburtstag Hitlers, der Geistkämpfer in Kiel abgebrochen. Er gehört zu den Arbeiten, die aus den Anforderungen des Ortes heraus ihre letzte Form erhalten hatten... und mit ihm eine Einheit ausmachten, wie auch das Magdeburger Mal.«
Freunde und Bewunderer seiner Werke versuchen zu vermitteln, konnten aber nur wenig ausrichten. Einflußreiche Persönlichkeiten in Hamburg waren mutig genug, bei einem Umbau der Petrikirche die plastische Ausgestaltung des Tympanons über dem Haupteingang Barlach übertragen zu wollen. Reemtsma wollte die Gelder dazu stiften. Barlach lehnte ab. Allzu schwach und krank fühlte er sich, vor allem aber sorgte er sich, daß Reemtsmas Einsatz für ihn dem Fabrikanten schließlich schaden könnte.
Im Juli wurde in München das von Hitler inspirierte »Haus der deutschen Kunst« eingeweiht. Es sollte ein »Tempel der Kunst« sein, war monumental in kalter Pracht gebaut und luxuriös ausgestattet. Der Kunsthistoriker Hans Kieler schrieb: »Denn diese Kunst, der solch ein wertvolles Gehäuse gegeben wird... soll wieder der alle angehende großartige Ausdruck sein des edelsten und heroischen Wollens des ganzen Volkes.« Diesen geschwollenen Worten entsprach die ausgestellte Kunst überhaupt nicht. Es gab keine Kunst, die in hoher Form die nationalsozialistischen Ideologien vertrat. Mittelmäßige, durchschnittliche Werke, Neoromantik, Neoklassizismus und platter Realismus zogen in die »Heiligen Hallen« ein, Heimatbilder, süßliche Familienszenen, pathetische Arbeiter- und Kriegerdarstellungen.
Leichtsinnig eröffneten die neuen Machthaber zur gleichen Zeit eine zweite Ausstellung in den Hofgartenarkaden. Sie wollten darin »Entartete Kunst« zeigen. Was unter diesem Wort zu verstehen war, konnte niemand deutlich machen. Man sprach von »jüdischer«, von »kulturbolschewistischer« Kunst, erklärte mit diesen diffusen Begriffen höchstens einen politischen Standpunkt, aber keinen künstlerischen. Diese Kampagne richtete sich nicht nur gegen politisch links orientierte und sozialkri-

tische Kunst wie die von Otto Dix, George Grosz und Käthe Kollwitz, sondern der Haß tobte fast gegen alles, was in den zwanziger und Anfang der dreißiger Jahre als bedeutende deutsche Kunst galt. Die Gedanken, Gefühle und Erkenntnisse der führenden Künstler dieser Zeit galten als gefährlich und undurchsichtig. Alles mußte beseitigt werden, was nicht platt und klar die politischen Tendenzen des Nationalsozialismus zum Ausdruck brachte. Jeder, der andere Ansichten hatte, galt als »krank« und »dekadent«. Seine Werke mußten für die »Gesundung des deutschen Volkes« ausgemerzt werden. Man glaubte, mit der Ausstellung im Hofgarten der Bevölkerung Abscheu vor dieser Kunst einflößen zu können; auch, indem man gefälschte Kaufpreise angab, um zu zeigen, welche Unsummen der vorige Staat für einen solchen »Schund« ausgegeben hatte.

Der Plan mißlang gründlich. Die Ausstellung war eine der gesuchtesten und besuchtesten, die je stattgefunden haben. Mit über zwei Millionen Besuchern erreichte sie die dreifache Zahl der Besucher der »Großen deutschen Kunstausstellung«, deren Bauern- und Landschaftsbilder das Publikum rasch langweilten. Unter den über fünfhundert Werken im Hofgarten von Otto Müller, Emil Nolde, Dix, Heckel, Hofer, Christian Rohlfs, Kandinsky, George Grosz, Paula Becker-Modersohn, Lovis Corinth, Macke, Franz Marc und anderen war von Barlach die Bronzefassung »Das Wiedersehn« und ein erhaltener Band der eingestampften Piper-Zeichnungen ausgestellt.

Hitler sagte zu der Ausstellung: »Diese vorgeschichtlichen, prähistorischen Kultursteinzeitler und Kunststotterer mögen unseretwegen in die Höhlen ihrer Ahnen zurückkehren, um dort ihre primitiven internationalen Kritzeleien anzubringen...«

Barlach war tief deprimiert. »Der Sommer ist mir gestohlen, ich habe nichts arbeiten können, von Woche zu Woche gab es Hetzsignale. Und es sieht ganz genau und geradeso aus, als ob das erst der zarte Anfang, der Beginn war. Es wird noch ganz anders kommen, alle alten Tanten schütteln die Köpfe. Hätte ich einen langen Bart, so würde ich mich im Heidberg begraben lassen, und die Raben und Krähen sollten sich die Zungen aus dem Halse schreien...«

Die Chemnitzer »Städtische Kunstsammlung« besaß einige Barlachplastiken. 1933 hatte die neue Direktion eine Ausstellung mit dem pathetischen Titel veranstaltet: »Kunst, die nicht aus unsrer Seele kam«. Barlachs Skulpturen wurden hier als Herzstücke der Sammlung an den Pranger gestellt. Nun, 1937, wollte sich das Museum dieser Stücke entledigen und verkaufte das »Steppenweib« und »Das Grauen«. Auf Umwegen verstanden Freunde Barlachs, die Plastiken zu erwerben, wodurch sie erhalten blieben.
Barlach atmete auf, als die Buchhandlung Buchholz in Berlin eine Ausstellung seiner Zeichnungen und Plastiken zusammen mit Werken des ihm wesensverwandten Gerhard Marcks veranstaltete. Das Publikum zeigte viel Interesse, die Presse äußerte sich lobend, mit Kaufwilligen wurde verhandelt. Doch die »Reichskammer der bildenden Künste« schloß die Ausstellung nach ein paar Tagen ohne Kommentar und verbot Barlach überhaupt jede weitere Ausstellung. Gleichzeitig legte man ihm nahe, aus der Akademie der Künste auszutreten. Barlach schrieb an den Vetter: »Ein Zuhälter und Mörder hat es weit besser, er genießt den Vorteil eines ordentlichen Verfahrens, darf sogar wagen, sich zu rechtfertigen – wir werden einfach verworfen und womöglich ausgemerzt.« Und an Bruder Hans: »Darf so was sein? Ich lebe noch... Barlach soll aber tot sein – kurz, die Ausstellung wurde geschlossen...«
Auch drohte ihm, wie es Nolde geschah, ein totales Berufsverbot. Dazu kam es dann doch nicht. Er durfte weiter arbeiten, aber wie konnte er ohne Ausstellungen und Veröffentlichungen seine Werke bekannt machen? Er klagte: »Ich erfahre somit eine Ausgestoßenheit, die der Preisgabe an Vernichtung gleichkommt... In dieser Hinsicht ist mein Zustand noch übler als der eines echten Emigranten, und wenn es nicht ausdrücklich formuliert ist, so ergibt sich doch die Verhängung der langsamen Erdrosselung, deren Absicht klar genug zu Tage tritt...«
Und doch schuf er Neues. Es war ihm nötig wie atmen und essen. Der zarte, kranke, müde Körper raffte sich immer wieder auf. Die geformten Gestalten fingen an, sich in seinem Atelier zu drängen, weil wenig verkauft wurde. Wieder entstand geliebtes »Hexengelichter«, eine sich in unwiderstehlicher Heiterkeit schüttelnde »Hexe Pfefferzunge« in Nuß-

baumholz und eine hockende, frierende alte Frau in Teakholz, die Barlach »Die alte Gewittersche« nannte. Noch einmal tauchte er in die geheimnisvoll magische Zauberwelt ein.
Noch einmal entstand ein Porträt. Der Freund und Maler Leo von König, auch »ein Emigrant im Vaterland«, besuchte Barlach im Sommer und Herbst. Das Goebbelsbild, das er im Staatsauftrag hatte malen müssen, war abgehängt worden und auch der Maler nun verfemt. Die beiden Schicksalsgenossen porträtierten sich gegenseitig.
Von König erzählt, wie er Barlach dabei beobachtete: »So konnte ich die Intensität, mit der er schuf, bewundern. Gebückt wie ein Panther vor dem Sprung, trat er mehrere Schritte von der Arbeit zurück, sah scharfen Auges auf das Modell und die Arbeit, um dann mit zwei oder drei hastig ausgeführten Schritten ein winziges Teilchen an den Kopf zu drücken. Der zarte, kranke Körper war wieder ganz schwingende Kraft geworden, um so seine letzte Arbeit zu schaffen.«
Barlach schuf von dem Maler zwei Porträts, eins als »Dokument« und eins als »Vision«. Von König schenkte eins der Barlachgemälde Frau Böhmer. Mit dem Freund zusammen wagte Barlach auch wieder Spaziergänge auf den Heidberg.
Die letzte große Figur in Teakholz schnitzte er nach dem Gipsmodell und der kleinen Bronze von 1931: »Der Zweifler«. Der kniende Mann starrt in bohrender Frage vor sich hin und ringt die Hände. Das bärtige Gesicht wurde wieder ein Selbstporträt.
Am vierundzwanzigsten August kam wie ein Beilhieb der schwerste, fast vernichtende Schlag: Der Engel wurde aus dem Güstrower Dom entfernt. Das traf Barlach so tief wie nichts vorher. »Der Engel ist weg, jetzt ist meines Bleibens hier nicht mehr!«
Als Schurek den Oberbürgermeister von Güstrow anrief und unschuldig fragte, warum der berühmte Domengel nicht mehr zu sehen sei, erklärte der Beamte, man habe die Plastik beseitigen müssen, weil sie eine Beleidigung für jeden Soldaten gewesen sei. Auch solle die so »unheldische« Figur wohl eine Frau darstellen, eine gewisse Käthe Kollwitz, »...ich kenne die Dame nicht!« Dieser Engel sei wirklich kein Kunstwerk, Hermann Göring solle ihn lieber zu Granatringen umschmelzen lassen, damit

er einen vernünftigen Zweck erfülle. Ein guter Bildhauer sei Barlach ja nicht, doch selbstverständlich würde man ihm deshalb kein Haar krümmen. Wovon er leben solle? Nun, das ginge ihn nichts an.
Der Engel wurde eingeschmolzen, wahrscheinlich zu Granatringen. Das Geld, das der Schrott einbrachte, erhielt eine Nazi-Ehrenhalle zugesprochen. Das Gipsmodell des Engels war 1933 wieder in Barlachs Besitz gekommen. Direktor Hoff vom Duisburger Museum, welches das Modell damals besaß, widersetzte sich dem nationalsozialistischen Bildersturm und wurde deshalb entlassen. Vorher schickte er noch das Engelsmodell an Barlach zurück. Böhmer versteckte es. 1938 wagte er sogar unter Gefahren, das Modell nach Berlin zu bringen und bei Noack gießen zu lassen. Der Zweitguß wurde in der Lüneburger Heide versteckt und nach dem Krieg an die Antoniterkirche in Köln verkauft. Später stellte man einen Drittguß für den Güstrower Dom her, wo der Engel nun wieder hängt, als »hinge er schon hundert Jahre« ohne Unterbrechung dort.
Barlachs Lebensmut war nur noch ein mattes Flämmchen. Er dachte an Selbstmord. Die Schwäche, sich zu nichts aufraffen zu können, wechselte mit Unruhe, die ihn forttrieb: »...ich reise wohl eines Tages ab, es kommt nicht darauf an, wohin...«
Er begann halbherzig mit Verkaufsverhandlungen für das Heidberggrundstück. »Ich verkaufe mein Anwesen, und es ist fast schon geschehen, ich gehe hin, wo es mir möglich ist, in einiger Ruhe vielleicht noch einige Jahre arbeiten zu können. Wohin aber, weiß ich heute noch nicht, da ich zunächst ein Minimum von Kräften dort versuchen muß zurückzugewinnen... Frau Böhmer geht diesen Weg ins Ungewisse mit mir, und ohne diese Hilfe würde ich vermutlich einen noch kürzeren Weg dahin zu finden wissen, wo es gut sein heißt...«

Altersfoto ▶
»Genug, ich bin verfemt!« (Aus einem Brief an Karl Barlach, 1938)

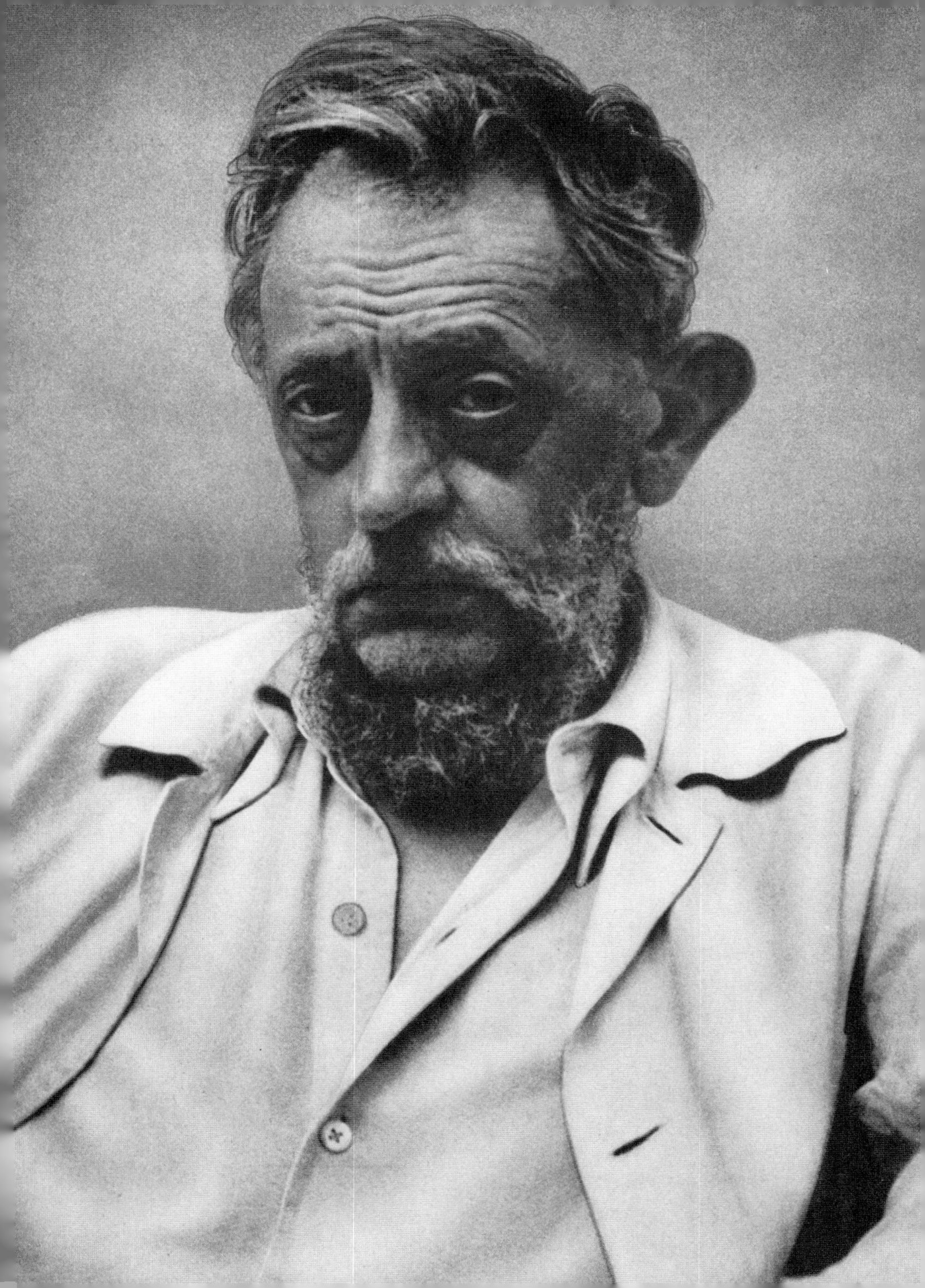

Links: »Totenklage«, Bronze, 1938, von Käthe Kollwitz nach Barlachs Tod. Tagebucheintragung der Künstlerin: »Es ist mir manchmal, als ob der tote Barlach mir seinen Segen hinterlassen hat. Ich kann gut arbeiten.«
Unten: Barlach auf dem Totenbett. Zeichnung von Käthe Kollwitz, 1938

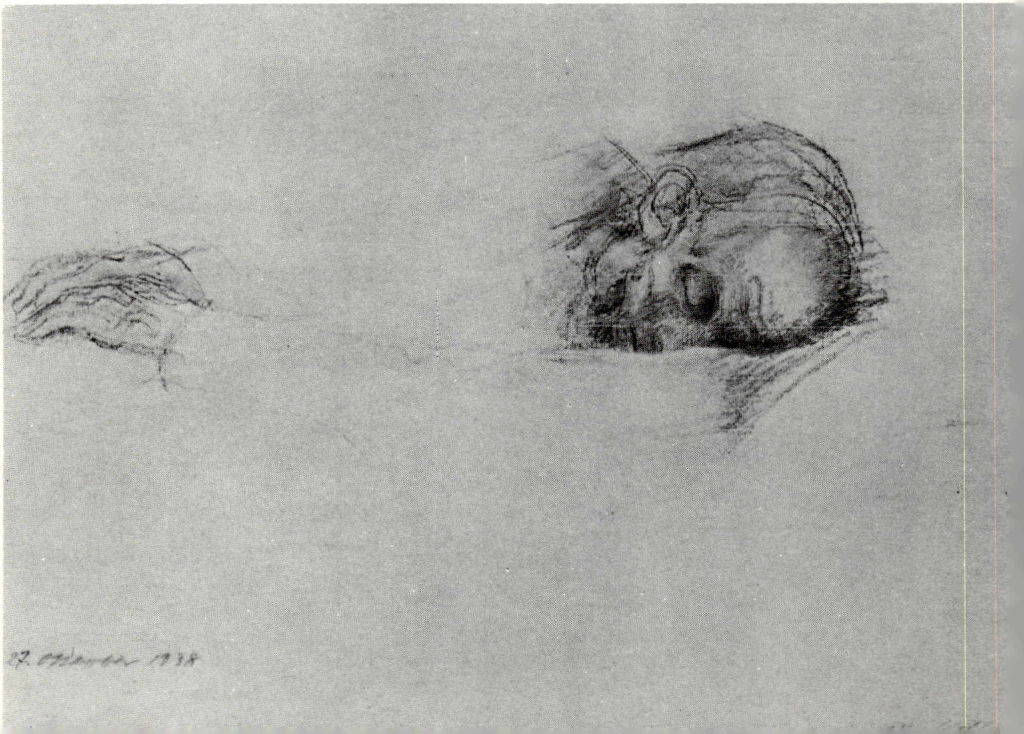

27.
Das Ende

Es gibt viele Bilder aus Barlachs letzter Lebenszeit, von Freunden gemalte, gezeichnete und Fotos. Alle zeigen das schmale, eingefallene Gesicht, die sorgenvoll gefurchte Stirn, die Tränensäcke unter den großen Augen, deren Blick tiefe Resignation ausdrückt, den traurigen Mund. Dieser Mensch war zu Tode getroffen. Immer wieder plante er Fluchtversuche, wollte Güstrow den Rücken kehren und gab alles vor lauter Müdigkeit auf.

Schließlich, im Dezember 1937, fuhr er auf den energischen Rat des Arztes zusammen mit Marga Böhmer in den Harz. Wernigerode war die erste Station, Weihnachten verbrachten sie in Quedlinburg. Die Landschaft mit ihren Bergen, Tälern, Flüssen und Wäldern, in denen seit alters her Hexengeschichten umgingen, gefiel ihm, und doch: »Was sollen oder wollen wir hier?«

Er hatte sein ganzes Leben lang gearbeitet und war, trotz aller Müdigkeit, zu einem Dasein in reiner Muße nicht fähig. Er fühlte sich wie in Verbannung. Die Unruhe trieb ihn zu langen Wanderungen in Regen und Schnee, an deren Ende er sich in dem kleinen Café des Ortes verkroch. Es war kein Zuhause, es war ein »Irgendwo«. Die Sehnsucht, das Leben nicht mehr weiterführen zu müssen, begleitete ihn. Als er hörte, daß der achtundachtzigjährige Christian Rohlfs gestorben war, meinte er: »Tot sein ist recht gut!«

Ende Januar reisten sie nach Bad Harzburg. Das allzu viele Laufen hatte Barlach starke Hüftschmerzen verursacht, so daß er eine Zeitlang liegen mußte. Hier erfuhr er, daß nun auch das Hamburger Ehrenmal, das Mutterbild, von der Stele abgerissen werden sollte. Noch vor kurzem war es hoch gelobt worden, und der Bildhauer Richard Kolbe hatte öf-

fentlich von ihm gesagt: »Ein starkes, tiefempfundenes Menschenbild. Ein würdiges Mal – Hamburg soll dankbar sein.«
Nun aber hieß es in der Zeitung: »Ein mäßiger, zur Plastik aufgeblähter Holzschnitt... eine Verhöhnung der deutschen Mutter...«
Barlach schrieb: »Inzwischen ist in Hamburg die Entfernung meiner Arbeit von dem Ehrenmal beschlossen. Wenn das geschehen, sind alle meine größeren Arbeiten abgetan und von dieser Zeit ausgetilgt. In Magdeburg, Lübeck, Kiel, Güstrow, Hamburg. Andere Arbeiten in Museen sind auch entfernt. Ich klage nicht an, aber ich bin nicht im geringsten reumütig oder gar gebessert.«
Die Platten in Hamburg wurden abgelöst und zerstört, obgleich Böhmer noch versuchte, sie nach dem Abbruch zu übernehmen. Nach dem Krieg wurde das Mal nach Zeichnungen und Modellen rekonstruiert.
Ende Februar 1938 kehrten Barlach und Marga Böhmer wieder nach Güstrow zurück, doch lustlos und »seltsam unwirsch«, wie Barlach sagte. Die Freude, die er früher stets empfunden hatte, wenn er die Mecklenburger Landschaft wiedersah und sein Atelier betrat, konnte er nicht empfinden. Er fühlte sich hier nicht mehr daheim und war in der Fremde auch nicht heimisch geworden. Vielleicht brauchte er eine ganz andere Landschaft? Flüchtig plante er, sich ein Atelier am Meer zu mieten, aber der Arzt riet energisch davon ab und meinte, das beste wäre, wenn der Herzkranke sich ständig in mittlerer Höhe aufhielte.
Eine persönliche Last wurde ihm genommen, als sein Sorgenkind Klaus endlich eine Stellung als Ingenieur bei der Luftwaffe auf Rügen erhielt.
Ganz überraschend kam noch ein Auftrag. Für eine Kirche in Hamm sollte Barlach ein Taufbecken schaffen. Zwar war die Finanzierung noch unsicher, doch daß es noch Menschen gab, die es wagten, ihn um eine Arbeit zu bitten, machte ihm Freude, und er nahm trotz körperlicher Schwäche an. In vierzehn zeichnerischen Entwürfen und einigen Gipsmodellen versuchte er, sich auf den modernen Raum einzustellen, doch klagte er: »Das mach mal einer, für so eine nüchterne Kirchenarchitektur von heutzutage! Kinos kann man heute bauen, aber Kirchen nicht!« Er nannte diese Arbeit seinen »kümmerlichen Schwanengesang«. Zu einer Verwirklichung kam es nicht mehr.

Unruhe trieb ihn oft, stundenlang rauchend auf und ab zu gehen und Pläne zu schmieden für eine neue Flucht. Doch blieb er immer wieder. Der körperliche Zustand verschlimmerte sich ständig. Einen kleinen Aufschwung gab es ihm, als ein amerikanisches Team auftauchte, das für Schulen in den USA einen Film über den »berühmten Bildhauer« drehen wollte.

Gutmütig spielte Barlach mit, erzählte humorvolle Anekdoten und erklärte schmunzelnd: »Jä, denn helpt dat nix mehr, nu sünd wi entdeckt!« Es tat ihm wohl, zu merken, wie bekannt und verehrt er im Ausland war. Aber die Heimat versagte ihm diese Anerkennung, und das konnte er nicht verwinden. Er hatte keine Lust mehr zum Leben, »...da man mich nicht will.«

Eine Plastik hätte er gerne noch gemacht, er hatte sie schon skizziert: einen elenden, knochendürren Mann, an den sich ein ausgemergelter Hund schmiegt. Doch im September war der körperliche Zustand so schlecht, daß sich Barlach in der Privatklinik von Professor Ganther in Rostock aufnehmen ließ. Niemand außer Marga Böhmer durfte ihn dort besuchen. Auch Bruder Hans wehrte er ab, schrieb an ihn einen allzu beruhigenden Brief. Von allen Menschen wollte er nur Frau Böhmer um sich haben. Er wollte nicht mehr reden müssen. Nur mit einer seiner Plastiken, die er mit in das Krankenzimmer genommen hatte, dem »Träumer«, hielt er stille Zwiesprache und sehnte sich danach, ihre Ruhe zu erreichen.

Am 24. Oktober starb Ernst Barlach an Herzschwäche und Lungenentzündung. Drei Tage später lag der Tote in seinem Atelier in Güstrow aufgebahrt. Zur Trauerfeier waren Freunde geladen. Käthe Kollwitz, die ebenso wie Barlach ihre Werke nicht mehr ausstellen durfte, war aus Berlin gekommen und die erste, die das Atelier betrat. Sie schrieb darüber:

»Barlach stirbt am 24. Oktober im Krankenhaus in Rostock. Am darauffolgenden Donnerstag ist eine Trauerfeier in Güstrow. Ich fahre hin. Dort trifft es sich, daß ich vor den andern in seinem Haus und auch in seinem Atelier bin. Ich gehe durch eine Seitentür herein und habe seinen Arbeitstisch mit den zusammengeräumten Werkzeugen, dahinter eine

Wand mit Arbeiten von ihm vor mir. Wie ich mich zur Seite wende, dem eigentlichen Atelierraum zu, sehe ich Barlach im offenen Sarg liegen. Der Sarg steht in der Mitte des Raumes. Er ist feierlich und kostbar aufgebahrt. Ein schwerer Teppich und weiße Atlasdecken. Barlach ist *ganz* klein. Er liegt mit ganz zur Seite gesenktem Kopf, als ob er sich verbergen wolle. Die weggestreckten und nebeneinander gelegten Hände ganz klein und ganz mager. Ringsherum an den Wänden seine schweigenden Gestalten. Hinter dem Sarg Tannen aufgebaut. Über dem Sarg die Maske des Güstrower Domengels. Um den Sarg läuft sein kleiner Hund herum und schnuppert zu ihm auf.
Am geschlossenen Sarg ist dann die Feier. Der Pfarrer Schwartzkopf, der acht Jahre in Güstrow lebte und Barlach nahestand, sprach. Gut und sehr ernst. Es begann mit dem Raabeschen Spruch ›Die Ewigkeit ist stille‹. Dann Stellen aus Hiob, Stellen aus Barlachs Briefen und Büchern. Das Ringen, das Suchen, das Schreien nach Gott.
Dann ein Freund einen Abschiedsgruß in Plattdeutsch, dann noch ein anderer, dann als letzter Gerhard Marcks für die jüngeren Künstler. ›Dein Stern sei unser Stern.‹
Die jüngeren Männer trugen Barlachs Sarg hinaus in das Nebenhaus, wo er gewohnt hat. Am Tage darauf ist er in seiner Heimat beigesetzt.«
Bevor der Sarg geschlossen wurde, zeichnete Käthe Kollwitz mit schwarzer Kreide den Toten.
Unter den Teilnehmern an der Feier befanden sich auch Hermann F. Reemtsma, Karl Schmidt-Rottluff und Georg Kolbe.
In Güstrow begraben wurde Barlach nicht. Wie er nach der Entfernung des Domengels angekündigt hatte, verließ er die Stadt nun endgültig. Er hatte in seinem Testament verfügt, daß er nicht im Grabe der Mutter auf dem Güstrower Friedhof, sondern in dem des Vaters in Ratzeburg seine letzte Ruhe finden wolle. Am achtundzwanzigsten Oktober, im dichten Herbstnebel, begleiteten ein paar Menschen den Toten zum Grab auf dem hoch am Berg gelegenen Friedhof. Nikolaus Barlach und Bruder Hans gingen als erste hinter dem schlichten braunen Holzsarg, nach ihnen trug der junge Sohn von Friedrich Schult feierlich den Pour le mérite auf einem Kissen. Die Freunde folgten.

Als der Sarg in die Grube gelassen wurde, kam die Sonne hervor. Wieder sprach Pastor Schwartzkopf, danach der alte Jugendfreund Friedrich Düsel: »Gewaltig und erhaben, ergreifend und erschütternd sind seine Werke, aber schöner und edler noch waren seine Seele und sein Herz!«
Die Böhmers kümmerten sich in der folgenden Zeit um Barlachs Werke. Bernhard Böhmer versuchte, möglichst viele von den mit dem Makel der »entarteten Kunst« gezeichneten Arbeiten zurückzukaufen. Es ist sein Verdienst, daß vieles erhalten blieb, der Zerstörung oder dem Verkauf ins Ausland entging. Vor allem stand das »Magdeburger Mal« bald wieder im Atelier. Barlach hatte bei dessen Abbruch wie in einer Vision zu sehen geglaubt, wie ein Beil es zerspellte. Das war ihm erspart geblieben. Von anderen Skulpturen hütete Böhmer sorgsam die Gipsmodelle, während die Bronzen von den Nazis eingeschmolzen wurden. Nach dem Krieg konnten danach viele Figuren neu gegossen werden.
Marga Böhmer blieb im Häuschen wohnen und erhielt das Obergeschoß, in dem Barlach hauptsächlich gelebt hatte, so, wie es zu seinen Lebzeiten gewesen war. Sie, die sich vorwiegend auf Barlachs Arbeiten eingestellt und seine Werke mitgestaltet hatte, schuf nun wieder Eigenes, doch immer neu in Masken, Reliefs und Büsten das Gesicht des verstorbenen Freundes. Sie grub im Garten nach dem dort von Barlach versteckten Eisenkasten und hob die Hefte und Manuskripte heraus, die zum Teil durch Wasserschäden schwer lesbar geworden waren. Doch das meiste konnte durch Marga Böhmer und Freunde entziffert werden. Es waren Tagebuchaufzeichnungen, Dramen und die beiden Romanfragmente. Neben die knappe, lakonische Aufzählung der Abbruchdaten seiner Werke hatte Barlach ein aus einer Zeitung ausgeschnittenes Bild geklebt, einen mächtigen liegenden Buddha aus Polonaruwa in Ceylon, und darunter geschrieben: »Wer die Wütigkeit des Jahres 1937 ermessen kann, der weiß den Zauber dieser Figur zu ehren. Ich fand die Abbildung, im Erbgroßherzog-Café sitzend, und fühle mich magisch angesprochen wie von der Stimme einer Welt, von der ich nicht weiß, ob einer höheren oder nur bedeutsamen dadurch, daß sie unendlich fern von der jetzigen ist. Diese Bedeutung erfüllt mich mit höchster Dankbarkeit, denn da ist kein Haß oder Posaunenton des Selbstlobes, sondern anstatt

des einen Gleichmut, statt des andern Selbstlosigkeit mit Eingehen ins Reich des Schweigens, das Lob des zeitlos immer gegenwärtigen Lebendigen.«

»Großzügig« wurde der Presse von den Machthabern erlaubt, zu Barlachs Tod Nachrufe zu veröffentlichen, doch sollten sie nicht länger als zehn Zeilen sein. Viele Zeitungen hielten sich nicht daran. So schrieb der Journalist und spätere Bundespräsident Theodor Heuß, der auch von den Nazis in seiner Arbeit eingeschränkt wurde, damals in der Zeitschrift »Die Hilfe«: »In dem Werk von Barlach steckt eine merkwürdig bewegende, ja beunruhigende Kraft... Dem Manne, der von einem Schönheitskanon nichts wissen mochte und der nie naiv genug war, im schöpferischen Spiel des Erfindens Genüge zu finden, wuchs aus der Doppelbegabung seines Wesens, die auch die dichterische Aussage suchte und brauchte, eine schwere Last zu: Traum, Phantasie, Urgefühl, Lebensangst, Trotz, Einsamkeit, Verlorensein in den bildhaften Ausdruck eines Stückes geschnitzten Holzes, eines gebrannten Ziegels zu bannen... Seine Einsamkeit war nicht Verloren-Sein, sondern wurde ein Weg zu innerer Freiheit aus mancherlei Wirrnis.«

Einen fast volksliedhaften Ton schlug der Dichter Hans Leip an:

Seit Meister Bertram hier versank
ohn viel Bestätigung und Dank,
in dieser Nebelherrlichkeit
Der norddeutschen Tiefebenheit,
gab es solch großen Meister nicht,
dergleichen Kunst nicht noch Gesicht.

Ich sah den Engel auf dem Tier
und wußte, das sind du und wir,
und wußte, das ist jedermann,
dem Tier über und untertan,
das, ihm als Baugrund zugedingt,
ihm jäh entrinnt und ihn verschlingt.

Und las im Toten Tag noch lang
und hörte der Schöpfung krausen Gang;
ihr Mantel bauschte sich überm Wald,
deine Hände waren ihm fordernd verkrallt
wie Kinderhand uralt.

Nun ruh inmitten unserm Land
vergessen viel und viel verkannt
wird ein Jahrtausend drübergehn
dann wirst du glorreich auferstehn.

Mit ein paar kurzen Worten beschwor Heinrich Mann den Menschen und Künstler: »Warum denke ich jetzt täglich an Ernst Barlach? Früher begegnete man ihm bei seinem Kunsthändler, der mein Verleger war. Ein Landmann kam nach Berlin, er trug Schaftstiefel, in seiner Haltung war Ruhe und Kraft. Kein nervöses Gesicht; die Falten lagen, wie er selbst sie in Holz schnitt, einfach und klar. Er hat Bühnen- und Bildwerke geschaffen, alle ausgezeichnet durch eine höhere Schlichtheit; nur der geprüfte, umgetriebene Geist erlangt sie zuletzt. ›Erdgebunden‹ war niemand weniger als dieser Künstler, der dennoch gelernt hatte, die stummen Wesen um ihn her reden zu machen und den Unbewußten ihre innigste Gestalt zu geben.«

Die Werke Barlachs erlitten die gleichen Schicksale wie von den Nationalsozialisten verfolgte Menschen. Sie wurden verfemt, verhöhnt, eingesperrt, zerstört und mußten emigrieren. Viele seiner Arbeiten wurden durch Böhmer und Flechtheim nach Amerika verkauft oder bei der Auktion »Entartete Kunst« in Luzern von überseeischen Liebhabern erworben. In Amerika achtete und liebte man Barlachs Kunst. Gleich nach seinem Tode gab es in New York eine vielbeachtete Gedächtnisausstellung.

Bei einigen Werken, die Böhmer zurückerworben hatte, bestand doch noch die Gefahr, daß die Nazis sie zerstören ließen. Deshalb wurden, wie die Lübecker Figuren nach ihrer Entfernung aus dem Chor der Katharinenkirche, der Geistkämpfer und der Zweitguß des Güstrower Engels in der Lüneburger Heide versteckt. Alle noch vorhandenen Gipsmodelle hütete Böhmer und ließ, wenn möglich, davon Bronzeabgüsse machen. Doch bis heute hat noch nicht jeder Gips seinen Abguß erhalten. Die nicht veräußerten und die zurückgekauften Werke drängten sich schließlich im Atelier.

Auch Verwandte und Freunde versuchten, Werke zu schützen, so vor allem natürlich Nikolaus Barlach, Marga Böhmer, Reemtsma, der zu seiner Sammlung immer neues dazukaufte, Friedrich Schult und Schurek.

Die einzige Plastik, die die Nazis übersehen hatten, die hölzerne »Kieler Schmerzensmutter«, wurde durch Bomben zerstört. Erhalten blieb das Kruzifix in St. Elisabeth in Marburg. Als der Pfarrer und Gemeindemitglieder merkten, daß es gefährdet war, behaupteten sie, es sei gestohlen worden, und versteckten es unter Akten in der Sakristei. Als auch das nicht mehr sicher schien, verwahrte Baurat Schwedes es im Kleiderschrank seiner Wohnung bis nach dem Krieg.

Sieben Jahre lang mußten sich Barlachs Werke noch »verstecken«. Dann, nach dem Zusammenbruch, tauchten sie wieder auf. Als erste Skulpturen kehrten die drei Lübecker Figuren an ihren Bestimmungsort zurück und erhielten nun auch ihre Plätze in den Nischen an der Außenwand der Kirche. 1949 wurden, wie einst geplant, sechs weitere Plastiken hinzugefügt, die Gerhard Marcks teils nach Barlachs, teils nach eigenen Entwürfen herstellte. Auch das Mutterbild an der Hamburger Stele wurde 1949 nach Barlachs Skizzen und Modellen wieder angebracht. Der Zweitguß des Domengels fand in der gotischen Antoniterkirche in Köln seinen Platz, ein davon abgenommener Drittguß schließlich wieder im Güstrower Dom. Auch das »Magdeburger Ehrenmal« verließ das Heidbergatelier und kehrte 1956 an seinen früheren Standort zurück.

Ständige und Wanderausstellungen zeigten nun wieder Barlachs Werke in ganz Deutschland und im Ausland. Wie eine Offenbarung wurde diese Kunst gerade von jungen Menschen aufgenommen. Das Herbe, Unsentimentale, das Fehlen von Pathos bei großer Gefühlstiefe, vor allem die Menschlichkeit in dem Werk rührten die Jungen an. Diese Generation war nach dem Zusammenbruch eine suchende, und Barlachs Suche nach einem Lebenssinn und Gott entsprach ihr. Man pilgerte zu seinen Werken, füllte seine Ausstellungen.

Im Güstrower Atelier waren Dauerausstellungen, die von Friedrich Schult betreut wurden, weil sich Böhmer mit seiner Familie 1945 beim Einmarsch der Russen das Leben genommen hatte. Marga Böhmer zeigte die ihr gehörende Sammlung in der kleinen Gertraudenkapelle, die Barlach sehr geliebt hatte und von der er einst sagte: »Hier ließe sich wohl arbeiten. Das wäre wohl eine Situation für einen Bildhauer von meiner Beschaffenheit; meinen Arbeiten fehlt eben doch der sakrale Raum!«
Nun stehen viele seiner Gestalten in feierlicher Würde in dem schönen gotischen Saal.
Eine dritte Ausstellung eröffnete Nikolaus Barlach im »Vaterhaus« in Ratzeburg. Die »Sammlung Reemtsma«, die sehr erweitert wurde, fand 1962 Platz in einem Museum im Hamburger Jenischpark. Reemtsma hatte ihr mit Liebe ein schönes gläsernes Haus gebaut und die Sammlung der Stadt vermacht. Leider konnte er den Einzug der Werke in die Räume nicht mehr miterleben, weil er 1961 starb.
Reinhard Piper gab die ehemals beschlagnahmten und eingestampften Zeichnungen neu in gleicher Ausstattung heraus, betreute außerdem das gesamte literarische Werk und veröffentlichte eine Sammlung von Barlachs Briefen.
Von den Dramen wurde 1945 als erstes »Der tote Tag« vom Hamburger Ohnesorg-Theater aufgeführt, 1946 »Die Sündflut« im Hamburger Schauspielhaus. Danach gab es immer neue Aufführungen von Barlachs Stücken. Sie wurden jetzt leichter und problemloser vom Publikum angenommen als bei ihren Erstaufführungen. Barlach war nun auch als Dramatiker anerkannt. Die Kritiken setzten sich jetzt weniger mit dem Stück, als mit den Aufführungen auseinander.
Hätte es ihn gefreut? Wahrscheinlich hätte er sich nicht allzuviel darum gekümmert. Wichtiger wäre ihm gewesen, er hätte wieder schaffen dürfen und seine Visionen hätten wieder Gestalt annehmen können, ohne verfemt und verstoßen zu werden. Indem man ihm die Möglichkeit zum Schaffen genommen hatte, nahm man ihm die Möglichkeit zu leben.
Er schrieb: »Ich kann Dir auch versichern, daß ich sehr erstaunt bin dar-

über, daß meine Arbeit überhaupt Menschen bewegt. Es ist nur möglich zu erklären dadurch, daß ähnliche Gedanken und Fragen, die allein mich zum Schaffen bringen, in vielen schlummern, so daß meine Arbeit nichts ist als eine stückweise Erfüllung des Notwendigen.«

Die Techniken und die Sprache Barlachs

Die Zeichnungen

Barlach zeichnete von früh an, zuerst mit Bleistift in Hefte oder auf selbst zugeschnittenem Zeichenkarton, dessen Blätter er dann mit einem Bindfaden zusammenheftete. Die ersten Zeichnungen waren flüchtig und rasch auf das Papier geworfen. Bald benutzte er dazu auch Pinsel und Tusche oder Feder und Tinte. Manchmal kolorierte er die Skizzen mit Buntstift. Bleistiftzeichnungen überarbeitete er oft mit Tinte oder Tusche.

In seiner frühen Studienzeit übte er ab und zu eine eigenartige Technik: Er stellte zuerst kleine Ton- oder Gipsmodelle von menschlichen Gestalten her, nach denen er dann zeichnete. Doch öfter noch wanderte er mit dem Zeichenblock durch die Straßen und machte rasche Skizzen von seiner Umwelt, die er dann später gründlicher ausführte. Besonders interessierten ihn die verschiedenen Bewegungsmöglichkeiten des menschlichen Körpers.

Nach vielen dieser frühen Skizzen stellte er später Plastiken her. Um die Jahrhundertwende waren seine Zeichnungen oft davon beeinflußt, für dekorative Zwecke ausgeführt zu werden. Hier zeigt sich der Einfluß Max Klingers.

Zu jener Zeit zeichnete er viel mit Kohle und Tempera, einer Kombination wässriger und öliger Bindemittel, zum Beispiel von Gummiarabikum und Leinölfirnis.

Auch theoretisch setzte sich Barlach mit der Zeichnung auseinander, indem er ein Lehrbuch für Architekten, »Figürliches Zeichnen«, schrieb.

Nach der Rußlandreise, als er viel plastisch arbeitete, hatten auch die Zeichnungen, die nicht als Vorstufen für Skulpturen dienten, zum Beispiel Illustrationen zu seinen Dramen, weniger linearen als plastischen Charakter.
Manche der Skizzen erhielten im Laufe der Zeit Überarbeitungen und damit einen Motivwandel. Aus einem »Stadtstreicher« wurde ein »Ruhender Däubler«, die Gestalt des »Starren Fliegenden« war einmal ein Gott, dann ein Engel oder der Erlkönig.
Das Zeichnen nahm Barlach sehr ernst. Wenige seiner Blätter genügten seinem eigenen Anspruch. An manchen Abenden zeichnete er an die hundert Skizzen und warf alle fort, bis er eine einzige gelten ließ.
In den letzten Lebensjahren kehrte er wieder zum raschen, skizzenhaften Strich zurück. Diese Zeichnungen nannte Schult, der sie herausgab, »Übungen der leichten Hand«.

Die Lithographie

Neben Zeichnungen schuf Barlach Lithographien (Steindrucke). Der Druckträger ist eine Steinplatte, ein Kalkstein von großer Saugfähigkeit. Er wird glattgeschliffen, abgespült, getrocknet, mit Spiritus übergossen und abgebrannt. Die Zeichnung wird nun mit Tinte oder fetthaltiger »Lithokreide« auf den Stein aufgetragen, mit Talkum überpudert und danach mit mineralsaurem Gummiarabikum, Salpetersäure und Wasser als Ätzflüssigkeit bepinselt. Nach dem Trocknen wird der Stein mit Wasser abgewaschen und nach erneutem Trocknen mit einem Gummischwamm gummiert. Die Gummihaut haftet nur an Stellen, die nicht mit Kreide bemalt sind. Am nächsten Tag wird mit Terpentin und einer »Auswaschtinktur« gewaschen, danach die Schmierschicht mit Wasser abgespült. Die Zeichnung ist nun auf chemischem Wege in den Stein eingedrungen, bleibt aber mit der Umgebung auf gleicher Ebene. Die Druckfarbe wird mit einer Walze auf den Stein aufgetragen, mit Papier belegt und dieses

in der Lithopresse gedruckt. Nach einer bestimmten Anzahl von Drukken wird die Zeichnung wieder abgeschliffen.
Max Klinger hatte in seinem 1895 erschienenen Artikel »Malerei und Zeichnungen« der Lithographie wie auch der Radierung ihre künstlerische Eigengesetzlichkeit zugestanden. Während die Malerei Statik erforderte, gäbe die Druckgrafik durch ihr Hell-Dunkel-Spiel von Licht und Schatten den Eindruck von Bewegung. Sie dürfe flüchtig und unfertig wirken, um der Phantasie des Betrachters Raum zum Selbervollenden zu geben. All das war eine Vorbedingung dafür, Handlungen darzustellen. Aus diesem Grunde wurden Lithographien als Illustrationen benutzt oder für erzählende Zyklen.
Deshalb illustrierte Barlach auch sein Drama »Der tote Tag« mit 27 Lithos. »Der arme Vetter« wurde später ebenfalls mit Lithos illustriert. Außerdem entstand eine Rußlandserie, die Reihe von sieben Lithos mit dem Titel »Die Ausgestoßenen«, und eine Serie von Illustrationen zu Goethegedichten. Diese entsprachen besonders Klingers Forderungen an die moderne Lithographie nach Leichtigkeit und Lebendigkeit, während fast alle von Barlachs anderen Steindrucken schwerer und kompakter sind als üblich und mehr auf den Holzschnitt hinweisen, den er später in wahrer Vollendung herstellen sollte.
Die Beiträge für »Die Kriegszeit« und den »Bildermann« sind Lithos, auch ein Titelbild zu einem »Franziskus-Buch« von Adolf von Hatzfeld.
Interessante Varianten sind drei Steindrucke mit dem Thema »Die Sterndeuter«, 1912, 1916 und 1930 geschaffen, auf denen die Darstellung der Körper immer plastischer wird.
Einige seiner Werke sind mit gleichem Thema als Zeichnung, Litho und Plastik geschaffen worden, wie »Das Opfer« (Die Kupplerin), wo Barlach dann doch jeder Fassung eine von der Form her beeinflußte andere inhaltliche Nuance gab.
Wie bei anderen Techniken, experimentierte Barlach auch mit der Lithographie. So sind die allgemein Lithos genannten Illustrationen zum »Toten Tag« nicht auf einem Stein, sondern auf Zinkplatten gearbeitet. Man müßte sie eigentlich »Zinkographien« nennen. Die Technik ist allerdings dieselbe wie beim Steindruck.

Die Plastik

Schon früh begann Barlach, kleine Figuren aus Gips und Ton zu formen. In seinem ganzen plastischen Schaffen behielt er diese Angewohnheit bei, später benutzte er die kleinen Plastiken als Modelle für seine großen Skulpturen.

Die erste Bronzeplastik war die Examensarbeit »Die Krautpflückerin«, bei der er, obwohl vom Jugendstil beeinflußt, auch eigene Stilformen anwandte: »Das ist mein Stolz, meine stilistische Eroberung: die ganze Figur in drei großen Flächen ohne Benachteiligung der Bewegung zu pakken.«

In seiner Frühzeit arbeitete er in *Keramik*, beeinflußt durch den Studienfreund Richard Mutz. Keramik ist Steinzeug aus anorganisch-nichtmetallischen Stoffen, die in Wasser schwer löslich und zu mindestens 30% kristallin sind. Es wird mit über 800° C gebrannt. Während die meiste Keramik porös und leicht zerbrechlich ist, erfand Mutz ein besonders hartes Material und eine matte Glasur, die von leuchtenden Farben durchflossen war. Barlach nutzte mit Freude diese farbliche Möglichkeit, zum Beispiel bei einer Schale, an deren Rand ein Triton ruht, ein Meeresgott mit Fischunterleib. Die Schale schimmert mattblau, der Triton ist erdfarben, ins Rosa hinüberspielend.

Nach dem Florentiner Aufenthalt stellte er Figuren auch in *Porzellan* her. Man versuchte zuerst, sie zu kolorieren, was Barlach aber schließlich ablehnte. Das Weiß des Materials wurde von Kritikern manchmal als hart und kalt befunden. Barlach schrieb: »Kalt? Hart – ja! Aber Härte ist Kristall, Form, Schärfe, Unerbittlichkeit, gerade, was mir für solche kleinen Dinge erwünscht ist...«

Holzplastiken stellte er nach kleinen Ton und Gipsmodellen in Eichenholz, Teakholz, Mahagoni- und Nußbaumholz her. Im Gegensatz zu vielen Künstlern der Zeit ließ er sich nicht von Maserung und Ästen in der künstlerischen Aussage beeinflussen, arbeitete auch nicht am ganzen Stamm, sondern leimte sich Blöcke zusammen, wie er sie brauchte. »Ich soll mich abhängig machen vom Holzstück? Ich leime es mir zusammen auf das Format, das ich brauche! Denn das Format, das habe ich in mir, und aufs Format kommt es an...«

1907 fing er an, mit Holz zu arbeiten, schaute sich einiges bei Möbelornamentenschnitzern ab, von denen er auch sein erstes Handwerkszeug erhielt, war aber sonst auch hier Autodidakt. Mit Beil und Meißel schlug er die grobe Form und schnitzte dann mit dem Schnitzmesser die Feinheiten.

Die endgültige Holzplastik schien ihm oft weniger gelungen als das kleine Tonmodell, weil die Maserung des Holzes und Äste den Ausdruck veränderten. Diese Tatsache und die Unbeständigkeit des Holzes ließen ihn manchmal an andere Materialien denken. Doch immer wieder kehrte er zum Holz zurück, weil das Eckige und Knorrige vielen seiner Werke entsprach. Hier fühlte er sich mit den mittelalterlichen Schnitzern verwandt, von deren Bildwerken er meinte: »...und so stehe ich mit Ehrfurcht aber auch dem Bewußtsein der ehrlich erworbenen Selbständigkeit da...«

In seinen frühen Jahren schuf er *Bronze*plastiken, doch legte er fast 20 Jahre lang damit eine Pause ein. Dann hatte er ein neues Verhältnis zum Metall gewonnen, fand, daß manche Plastiken, die mit Schwingungen und Rundungen gedacht waren, besser durch die glatte Bronze ausgedrückt würden als durch Holz. Auch hier arbeitete er nach kleinen Erstmodellen aus Gips oder Ton. Diese überarbeitete er oft wochenlang immer wieder, bis sie ihm genügten. Durch ihre Kleinheit war es unmöglich, bestimmte Feinheiten herauszuarbeiten. Doch diese Vereinfachung war Barlach gerade recht, und er übernahm sie in die großen Plastiken.

Er arbeitete nicht nach Aktmodellen, wie viele seiner Zeitgenossen, z. B. Kolbe, Klimsch, Rodin. Er nannte die Akte »langweilige kleiderlose Richtigkeiten« und zog ihnen die Studie am bekleideten, im Alltag beobachteten Menschen bei weitem vor.

Er ließ seine Bronzen bei dem bekannten Berliner Gießer Noack gießen, ziselierte und patinierte sie niemals selbst, sondern überließ das den erfahrenen Fachleuten in der Gießerei. Besonders für Außenfiguren war Bronze geeignet.

Hier benutzte er auch Stein und *Klinker,* einen Ziegel aus einem Tongemisch von feuerfesten und leicht schmelzbaren Bestandteilen, der bei 1100–1400° C glasartig gebrannt wird. Er ist gelb, braun, bläulichrot oder schwarz und hat durch den Eisengehalt eine Ausschmelzung von bunten Glasflüssen. Dieses Material nahm Barlach für die Lübecker Figuren.

Die Sprache Barlachs in seiner Dichtung

Auf den ersten Blick haben Barlachs plastisches und sein dichterisches Werk wenig Gemeinsames – hier äußerste Vereinfachung der Form, dort fast schwelgerische Üppigkeit in der Wortwahl.

In der Dichtung gehört Barlach viel mehr zu den Expressionisten als in der bildenden Kunst. Die Expressionisten waren eine Gruppe von jungen Künstlern, die Anfang des 20. Jahrhunderts mit der Tradition brachen und neue Kunsttheorien aufstellten. Man wollte die erstarrte bürgerliche Gesellschaft überwinden und einen »neuen Menschen« schaffen. An Stelle der naturalistisch-realistischen Schilderung trat die geistige Auseinandersetzung, an Stelle der differenzierten Psychologie die Typisierung. Visionen und Symbole prägten die Sprache, sie war auch in der Epik dichterisch übersteigert.

In diesen Punkten entsprach Barlachs Dichtung dem Expressionismus. In seiner Neigung zum Grotesken wich er davon ab, auch in seiner individuellen, oft mehrdeutigen Sprache. Er war in hohem Maße wortschöpferisch, fand ungewöhnliche Worte und Wortzusammenstellungen und »malte« Bilder, die Beispiele geben (»Die Füße treiben ein Vermutungsspiel mit Dunkelrätseln des unsichtbaren Bodens...«).

Er wollte keine genauen Tatsachen schildern, sondern das, was dahinter stand (»Der Teich ist ein Stück Mystik, tief zwischen Felder gelegt...«). Jahreszeiten und Naturerscheinungen wurden zu Personen, vor allem immer wieder der Sturm, den er oft liebevoll mit humorvoll-kindlichen Worten schilderte (»Sausewind – Flitterflattermäntel – des heimgekehrten Sturmes lieber Gruß«).

Barlachs Dichtung und bildende Kunst bedingen und ergänzen einander. Im »Güstrower Tagebuch« sagt er: »Ich mußte also Mittel suchen, darzustellen, was ich fühlte und ahnte, und doch was ich sah als Mittel benutzen.« Dieses Konzept beinhaltet eine Abkehr vom platten Naturalismus und kennzeichnet seine dichterische wie seine bildnerische Sprache.

Textbeispiele:

Moritz der Hund
(den er töten lassen mußte)
»Warst du nicht, du Knäuel fröhlicher Flüchtigkeit, ein Huschen spukhaften Lächelns der schwer-ernsten Erde aus einem Zug ihres Gesichts in den andern!«

Die Hausspinne
»Denn da oben verfängt sich und hängt das Erinnerungsbewußtsein der Stube, und in dem schwärzlichen, leicht zerrissenen Netze wird es gesponnen; wie Hausschwalben nisten die Erinnerungs-Spinnen unter den Dachbalken und sind heimisch da oben wie zahmes Hausgetier.«

So, so ist es
»Arbeit und leidenschaftliche Liebe ist das einzige, was wert ist, sich auszusprechen, für stärkere Naturen: Ich will und kann nicht anders, als ich tue.
Mein Lebensstil ist bei mir beschlossen, und die Gesellschaft stört mich im Wesen(tlich)sten: mit Fahrigkeit, Zerstreuung, Amüsiertheit, Schön- und Scheingeistigkeit. Ich dagegen will: Weiligkeit, Sammlung, Freude, Wahrheit und Vollendung.«

Der Mond
»Es sind ja lauter Verborgenheiten überall in mir, d. h. im Menschen, grausam viele, aber ich halt's mit dem Mond, er sieht aus wie ein mächtiges Siegel am Himmel, und ich getröste mich meines Nichtwissens, in-

dem ich erstaune, was das für Geheimnisse sein müssen, die so wunderbar versiegelt werden.«

Däubler
»Er schmiß seine Faust, die zart und klein war, und hämmerte einen Zauberschlag in die Luft, und siehe – die Welt erstarrte, schrumpfte und gestaltete sich zum geometrischen Bilde. Das balancierte er nun auf der flachen Hand, und weil es noch glühte vom Schrumpfprozeß, ließ er es zur Abkühlung zwischen Daumen und Zeigefinger seiner Rechten in der Luft stehen...«

Zeittafel

1870 Ernst Barlach am 2. Januar in Wedel bei Hamburg geboren. Eltern: Dr. Georg Barlach, prakt. Arzt; Louise Barlach, geb. Vollert.

1871 Geburt des Bruders Hans.

1872 Übersiedlung nach Schönberg. Geburt der Zwillinge Nikolaus und Joseph.

1877 Übersiedlung nach Ratzeburg.

1884 Tod des Vaters. Rückkehr der Familie nach Schönberg. Ernst besucht die Realschule.

1887 Freundschaft mit Friedrich Düsel.

1888 Besuch einer Gewerbeschule in Hamburg, um Zeichenlehrer zu werden.

1891 Studium an der Dresdner Kunstakademie.

1892 Meisterschüler von Robert Dietz.

1893 Auszeichnung von der Akademie mit einer silbernen Medaille.

1895 Abschluß an der Akademie mit den Skulpturen »Freudenschrei« und »Krautpflückerin«. Studium in Paris zusammen mit Carl Garbers.

1896 Rückkehr aus Paris zur Mutter nach Friedrichsroda.

1897 Zweiter Aufenthalt in Paris, anschließend Gehilfe von Garbers bei Arbeiten am Hamburger Rathaus.

1898 Mit Carl Garbers zusammen Arbeiten am Altonaer Rathaus. Erster Preis beim Preisausschreiben für die Ausgestaltung des Hamburger Rathausplatzes.

1899 Übersiedlung nach Berlin.

1900 In Berlin Bekanntschaft mit Reinhard Piper. Wieder in Hamburg gemeinsame Arbeit mit Garbers am Hapaggebäude (Neptunsgruppe).

1901 Barlach läßt sich in seiner Geburtsstadt Wedel nieder, arbeitet Keramiken für den Töpfer Mutz.

1904 Ein halbes Jahr lang Lehrer an der Fachhochschule für Keramik Höhr im Westerwald. Zurück nach Berlin. Ausstellung seiner Keramik im Kunstsalon Mutz.

1906 Sohn Nikolaus geboren. Mutter: Rosa Limana Schwab. Reise nach Rußland zusammen mit Bruder Niko, um Bruder Hans zu besuchen.

1907 Berlin. Freundschaft mit August Gaul. Vertrag mit Paul Cassirer. Erste Holzplastiken: »Sitzendes Weib«, »Sitzender Steppenhirt«, »Schäfer im Sturm«. Als Bronzen: »Bettlerin«, »Bettlerin mit Kind«, »Melonenschneider«. Arbeit am Drama »Der tote Tag«. Erste Erfolge in der 13. Ausstellung der Berliner Sezession.

1909 Villa-Romana-Preis. Aufenthalt in Florenz. Begegnung mit Theodor Däubler.

1910 Barlach zieht nach Güstrow zu seiner Mutter und dem Sohn, der ihm gerichtlich zugesprochen wurde. Holzplastiken: »Der Einsame«, »Schwertzieher«, Arbeit am Drama »Der arme Vetter«.

1912 Holzplastiken: »Spaziergänger«, »Wüstenprediger«. Porträts: Tilla Durieux, Theodor Däubler, Albert Kollmann. Die Buchausgabe »Der tote Tag« bei Cassirer erschienen. Reise mit Däubler durch Mecklenburg.

1913 Holzplastiken: »Trauer«, »Die Verlassenen«. Arbeit am Roman »Seespeck«.

1914 Kriegsausbruch. »Güstrower Tagebuch«. Dienst im Kinderhort in Güstrow. Freundschaft mit Friedrich Schult. Lithographien für »Die Kriegszeit«. Holzrelief: »Hunger«. Gipsfigur: »Der Rächer«.

1915 Landsturmsoldat in Sonderburg.

1916 Im Februar durch Petition der Berliner Freunde Entlassung nach Güstrow. Lithographien für den »Bildermann«. Holzplastik: »Der Ekstatiker«.

1917 Holzplastik: »Frierendes Mädchen«. Zeichnungen zum »Armen Vetter«. Erste Gesamtausstellung bei Cassirer.

1918 Buchausgabe »Der arme Vetter«, Gipsrelief: »Der Blinde und der Lahme«.

1919 Ordentliches Mitglied der Akademie der Künste in Berlin. Krankheit der Mutter. »Der arme Vetter« als Lithographienfolge. Holzplastik: »Moses«. Erste Holzschnitte. Uraufführung von »Der arme Vetter« in den Hamburger Kammerspielen und von »Der tote Tag« im Leipziger Schauspielhaus.

1920 Holzplastiken: »Flüchtling«, »Mann im Stock«. Holzschnitte: »Die Wandlungen Gottes«. Das Drama »Die echten Sedemunds« erscheint als Buch. Tod der Mutter.

1921 Grabmal für die Mutter. Ehrenmal für die Nikolaikirche in Kiel. Uraufführung von »Die echten Sedemunds« in den Hamburger Kammerspielen. Arbeit am Drama »Der Findling«.

1922 Angebot für einen Lehrauftrag in Berlin und Übernahme von August Gauls Atelier abgelehnt. »Der Findling« und »Die Wandlungen Gottes« erscheinen als Buchausgaben. Holzplastik: »Der Rächer«. Zeichnungen zu den »Nibelungen«.

1923 Holzplastiken: »Das Grauen«, »Weinende Frauen«. Arbeit am Drama »Die Sündflut«. Holzschnitte zu Goethes »Walpurgisnacht«. »Der arme Vetter« im Staatstheater Berlin aufgeführt.

1924 Illustrationen zu Goethegedichten. Buchausgabe von »Die Sündflut«. Uraufführung der »Sündflut« im Stuttgarter Landestheater. Verleihung des Kleistpreises.

1925 Ehrenmitglied der Akademie der bildenden Künste München. Holzplastiken: »Apostel«, »Träumer«, »Asket«. Arbeiten am Drama »Der blaue Boll«. Beginn der Freundschaft mit Marga und Bernhard Böhmer.

1926 Tod Paul Cassirers. Ausstellung in der Galerie Cassirer. Holzplastiken: »Die gefesselte Hexe«, »Das Wiedersehen«. Modell des Beethovendenkmals in Gips. Buchausgabe des »Blauen Boll«. Uraufführung des »Blauen Boll« im Stuttgarter Landestheater.

1927 Seit einiger Zeit arbeitet er an einem Ehrenmal für den Güstrower Dom, den »schwebenden Engel«. Dieser wird fertiggestellt und aufgehängt. Holzschnitt zu Schillers »Lied an die Freude«. Arbeiten am Drama »Der Graf von Ratzeburg« und an den Erinnerungen »Ein selbsterzähltes Leben«. Kur in Bad Kissingen.

1928 Arbeit an der Plastik »Geistkämpfer« (Bronze), die nach Vollendung an der Universitätskirche in Kiel aufgestellt wird, und an einem Mal für Magdeburg (Holz). Gipsfigur: »Der singende Mann«. Erste grafische Selbstporträts. Uraufführung von »Der Findling« im Königsberger Neuen Schauspielhaus. »Ein selbsterzähltes Leben« erscheint als Buch.

1929 Aufstellung des »Magdeburger Ehrenmales«. Entwürfe für ein Ehrenmal in Malchin/Mecklenburg nach längerem Warten von Barlach zurückgezogen. Buchausgabe des Dramas »Die gute Zeit«. Uraufführung im Theater des Fürsten Reuß in Gera.

1930 Zum 60. Geburtstag Ausstellung in der Akademie der Künste in Berlin und in der Galerie Flechtheim in Berlin und Düsseldorf. Vertrag mit Flechtheim. Bau eines großen Atelierhauses in Güstrow am Heidberg. Arbeit an der geplanten »Gemeinschaft der Heiligen« für die Lübecker Katharinenkirche, dazu den »Bettler« geschaffen und in Klinker gebrannt. Holzplastik: »Der Wanderer«. Der »Blaue Boll« im Berliner Staatlichen Schauspielhaus unter Jürgen Fehling mit großem Erfolg aufgeführt.

1931 Einzug in das neue Atelierhaus. Für den Lübecker Fries den »Sänger« in Klinker hergestellt, in Bronze ein Kruzifix für die Elisabeth-Kirche in Marburg. Andere Bronzefiguren: »Der Zweifler«, »Der lehrende Christus«. Arbeit am »Grabmal Reuß«. Für den »Fries der Lauschenden« in Holz die »Tänzerin« und die »Träumende«. Arbeit am Relief für das Hamburger Ehrenmal, Anfang Juli Enthüllung. Das »Museum of Modern Art« in New York zeigt fünf Bronzeplastiken von Barlach.

1932 Für Lübeck »Die Frau im Wind« in Klinker geschaffen. Arbeit an einem Grabmal für Luise Dumont. In Gips »Die lesenden Mönche«. Entwürfe für ein Ehrenmal in Stralsund von Barlach zurückgezogen.

1933 Rundfunkrede in der Sendereihe »Künstler zur Zeit«. Verleihung der Friedensklasse des Ordens Pour le mérite. Antrag des Magdeburger Kirchenrates der Domgemeinde zur Entfernung des Ehrenmales. Holzplastiken: »Lesende Mönche«, »Trinker«.

1934 Ausstellung in der Kunsthalle Bern. Der Entwurf für ein Grabmal für Däubler von der Reichsschrifttumskammer abgelehnt. Das Magdeburger Mal entfernt und an die Berliner Nationalgalerie überwiesen, wo es magaziniert wird. Holzplastiken: »Wanderer im Wind«, »Der Sinnende«, »Hockende Alte«, in Gips: »Vergnügtes Einbein«. Auftrag Reemtsmas für den »Fries der Lauschenden«.

1935 Uraufführung der »Echten Sedemunds« im Altonaer Stadttheater mit großem Erfolg. Weitere Aufführungen verboten. Die Gruppe »Das Wiedersehen« wird im Schweriner Museum ins Magazin gestellt. Holzplastik: »Mutter und Kind«. Die fehlenden Figuren zum »Fries der Lauschenden« werden geschaffen: »Der Gläubige«, »Der Begnadete«, »Die Pilgerin«, »Die Erwartende«, »Der Empfindsame«, »Der Blinde«. Ein Band mit Zeichnungen von Barlach erscheint bei Piper.

1936 Ehrenmitglied der Vereinigung bildender Künstler der Wiener Sezession. Arbeiten von Barlach, Käthe Kollwitz und Lehmbruck werden aus einer Jubiläumsausstellung der Preußischen Akademie der Künste entfernt. Die bei Piper erschienenen Zeichnungen werden von der Geheimen Staatspolizei beschlagnahmt. Holzplastiken: »Der Flötenbläser«, »Stehende Frau« (Das schlimme Jahr). Arbeit am Roman »Der gestohlene Mond« und am Drama »Der Graf von Ratzeburg«.

1937 »Der Geistkämpfer« in Kiel abgebrochen. Eine Ausstellung bei Karl Buchholz in Berlin wird geschlossen, 381 Werke Barlachs aus öffentlichen Sammlungen entfernt. In der Ausstellung »Entartete Kunst« in München wird »Das Wiedersehen« gezeigt und ein Band der sonst eingestampften Piper-Zeichnungen. Ausstellungsverbot durch die »Reichskammer der Bildenden Künste«. Besuch von Leo von König in Güstrow, der Barlach malt, während dieser ihn porträtiert. Arbeiten in Holz: »Sitzendes Mädchen«, »Frierende Alte«, »Lauschende Alte«, »Der Zweifler«.

Entfernung des Ehrenmales aus dem Güstrower Dom. Erzwungener Austritt aus der Akademie der Künste in Berlin. Ausstellung von Barlachs Werken in New York.

1938 Reise in den Harz. Das Relief am Hamburger Ehrenmal wird abgebrochen. Arbeiten am letzten Auftrag, einem Taufbecken für die Johanniterkirche in Hamm.

Ab September Aufenthalt in der Privatklinik von Professor Ganther in Rostock. Am 24. Oktober Tod durch Herzschlag. Am 27. Oktober Trauerfeier in der Güstrower Werkstatt, am 28. Oktober Beerdigung in Ratzeburg.

Literaturverzeichnis

Ernst Barlach, Die Briefe I u. II, Piper u. Co, Hamburg 1968

Ernst Barlach, Frühe und späte Briefe, Hrsg. Paul Schurek und Hugo Sieker, Claassen Verlag B. C. Heye u. Co, Hamburg 1962

Ernst Barlach, Zehn unveröffentlichte Briefe an Prof. Dr. Karl Weimann, Hrsg. A. und H. Harmsen, Barlach-Gesellschaft, Hamburg 1960

Ernst Barlach, 12 unveröffentlichte Briefe an Ludwig Carrière, Hrsg. A. u. H. Harmsen, Barlach-Gesellschaft, Hamburg 1961

Ernst Barlach, Die Dramen, Piper, München 1956

Ernst Barlach, Die drei ersten literarischen Veröffentlichungen, Jahresgabe der Ernst-Barlach-Gesellschaft, Hamburg 1965

Ernst Barlach, Prosa, Band 1 und 2, Piper, München 1958

Ernst Barlach, Rundfunkrede in der Vortragsreihe »Künstler zur Zeit« im Deutschlandsender 1933, Erste Gabe der Barlach-Gesellschaft, Hamburg 1947

Ernst Barlach, Ein selbsterzähltes Leben, Piper, München 1948

Karl Barlach, Mein Vetter Ernst Barlach, Verlag B. C. Heye u. Co, Bremen (etwa 1960)

Der Bildermann, Hrsg. Paul Cassirer, Berlin 1916

Die blauen Bücher, Moderne Plastik, Verlag Karl Robert Langewiesche, Düsseldorf, Leipzig, 1912

Carl Dietrich Carls, Ernst Barlach, Das plastische, graphische und dichterische Werk, Rembrandt Verlag, Berlin 1931, 1968

Dirx, Ruth, Die Sonntagsmalerschule, Hannover 1969

Tilla Durieux, Meine ersten neunzig Jahre, rororo, Reinbek 1971

Henning Falkenstein, Ernst Barlach, »Köpfe des XX. Jahrhunderts«, Colloquium Verlag, Berlin 1978

Franz Fühmann, Ernst Barlach – Das schlimme Jahr, Hinstorff, Rostock 1967

Franz Fühmann, Ernst Barlach – Das Wirkliche und das Wahrhaftige, Hinstorff, Rostock 1970

Naomi Jackson Groves, Ernst Barlach – Leben im Werk, Verlag Robert Langewiesche, Nachf. Hans Köster, Königstein 1972

Elmar Jansen, Ernst Barlach, Werk und Wirkung, Union-Verlag 1975

Ilse Kleberger, Eine Gabe ist eine Aufgabe – Käthe Kollwitz, Erika Klopp Verlag, Berlin 1980

Kriegszeit, Künstlerflugblätter, Hrsg. Cassirer (?), Berlin 1914

Reinhard Piper, Bücherwelt, Erinnerungen eines Verlegers, Piper, München 1979

Friedrich Schult, Barlach im Gespräch, Insel Verlag, Leipzig 1948

Paul Schurek, Begegnungen mit Ernst Barlach, Claassen u. Goverts, Hamburg 1946

Paul Schurek, Barlach-Bildbiographie, Kindlers klassische Bibliographien, München 1961

Albert Soergel, Curt Hohoff, Dichtung und Dichter der Zeit II, August Bagel Verlag, Düsseldorf 1963

Katalog 1. Ernst Barlach – Werke und Werkentwürfe aus fünf Jahrzehnten, Akademie der Künste DDR, I. Plastiken, Berlin 1981

Katalog 2. Zeichnungen und Skizzenhefte

Katalog 3. Studien zum Werk, unbekannte Texte, Druckgraphik, Handschriften und Briefe

Katalog Stiftung Hermann F. Reemtsma, Ernst-Barlach-Haus, Hamburg-Kleinflottbek, Jenischpark

Katalog Ausstellung der Werke Ernst Barlachs bei G. Nierendorf, Berlin 1980

Katalog Berliner Sezession, Neuer Berliner Kunstverein 1981

Inhalt

Bildnachweis

Ernst Barlach Haus, Stiftung Hermann F. Reemtsma, Hamburg: Seite 28, 36 (2), 51, 56 oben, 69, 73 oben, 74 (2), 91, 92 (2), 111 (2), 114 oben, 121, 122, 129, 139 unten, 143, 153 oben, 171, 173 (2), 174, 189, 192 (2), 211, 212, 213.
Hans-Jürgen Wohlfahrt, Ratzeburg: Seite 35 oben, 131, 132 (2), 139 oben.
Staatliche Landesbildstelle, Hamburg: Seite 172.
Der Abdruck der Bilder auf den Seiten 133, 152, 194 und 232 erfolgt mit freundlicher Genehmigung von Herrn Professor Dr. Arne Kollwitz, Berlin.
Umschlagbild: H.-P. Cordes, Hamburg.
Alle übrigen Bildvorlagen stammen aus den Archiven der Verfasserin und des Verlages.
Verfasserin und Verlag danken der Ernst Barlach Nachlaßvertretung GmbH und dem Ernst Barlach Haus, Stiftung Hermann F. Reemtsma, beide Hamburg, sowie allen anderen Beiträgern für die freundliche Unterstützung.

Ilse Kleberger

Die Autorin wurde 1921 in Potsdam geboren. Ihren ursprünglichen Plan, Journalistin zu werden, gab sie nach dem Abitur 1939 wegen der damaligen politischen Umstände auf. Statt dessen studierte sie Medizin und promovierte. 1949–1977 arbeitete sie als praktische Ärztin in Berlin. Seitdem widmet sie sich ganz der Schriftstellerei. Sie ist mit Kurt-Eberhard Kleberger, Professor für Augenheilkunde, verheiratet und hat eine inzwischen erwachsene Tochter, Andrea. Zahlreiche Reisen haben sie nach Afrika, Amerika, Asien und in viele europäische Länder, vor allem nach Italien, geführt.
Geschrieben hat sie schon von Kindheit an. Mit zwölf Jahren gewann sie einen Geschichtenwettbewerb des Berliner Rundfunks. 1946 erschienen ihre ersten Gedichte in einer Anthologie »Junges Berlin«. Später folgten Kinder- und Jugendbücher, Romane, Biographien und Sachbücher, Bücher über den Berliner Humor und Feuilletons. Am erfolgreichsten sind ihre »Oma«-Bücher, die inzwischen eine Gesamtauflage von über 800 000 erreicht haben und auch in England, Amerika, Spanien und der ČSSR erschienen sind.
Die wichtigsten Werke: »Unsre Oma« (1964), »Ferien mit Oma« (1967), »Villa Oma« (1972), »2 : 0 für Oma« (1979), »Keine Zeit für Langeweile« (1975), »Berlin unterm Hörrohr« (1977), »Der große Entschluß« (1977), »Damals mit Kulicke« (1978), »Wirf mir den Ball zurück, Mitura« (1978), »Eine Gabe ist eine Aufgabe – Käthe Kollwitz« (1980), »Preuße, Bürger und Genie – Adolph Menzel« (1981), »Die Nachtstimme« (1982).

Das Leben bedeutender Menschen

Biographien von Karla Höcker

Ein Leben, wie es edler nicht gedacht werden kann, hat Clara Schumann (1819 bis 1896) geführt. Als schöpferische Komponistin und nachschöpferische Pianistin, als Ehefrau des gesundheitlich schwer belasteten Robert Schumann, als Mutter von acht Kindern und als Seelenfreundin von Johannes Brahms war Claras Leben von großer Hingabe, Aufopferung und Selbstentäußerung erfüllt, wie man es sich heute kaum noch vorstellen kann.
In Karla Höckers Büchern ist auf jeder Seite die Musik zu spüren. – Auf der Auswahlliste zum Deutschen Jugendliteraturpreis.

In klarer, unverschnörkelter Sprache – und daher für jugendliche Leser und musikbegeisterte Laien besonders geeignet – schrieb Karla Höcker zum 150. Geburtstag von Johannes Brahms diese neue Biographie. Ein großer Komponist wird lebendig – hineingestellt in die musikalische Blütezeit des ausgehenden 19. Jahrhunderts. Eine im besten Sinn populäre Darstellung einer Persönlichkeit, die sich hinter Knurrigkeit verschanzte und die eine lebenslange Freundschaft mit der Pianistin Clara Schumann verband. Eine Zusammenfassung der Lebensdaten, ein Werk- und Literaturverzeichnis, Angaben über Honorare und Geldwerte und die Einführung in schwierige musikalische Formen ergänzen die Lektüre des Buches in hilfreicher Weise.

Prospekte anfordern beim

ERIKA KLOPP VERLAG GMBH

Postfach 31 08 29 · 1000 Berlin 31 · Telefon 030/891 10 08